U0561100

探路新时期
学校教育改革
——宁波四中实践之路

钱洲军 ◎ 著

华东师范大学出版社
·上海·

图书在版编目(CIP)数据

探路新时期学校教育改革:宁波四中实践之路/钱洲军著.—上海:华东师范大学出版社,2024
 ISBN 978-7-5760-4770-7

Ⅰ.①探… Ⅱ.①钱… Ⅲ.①中学－教育改革－研究－中国 Ⅳ.①G639.21

中国国家版本馆CIP数据核字(2024)第053949号

探路新时期学校教育改革
——宁波四中实践之路

著　　者　钱洲军
责任编辑　刘　佳
特约审读　古小磊
责任校对　王丽平
装帧设计　卢晓红

出版发行　华东师范大学出版社
社　　址　上海市中山北路3663号 邮编 200062
网　　址　www.ecnupress.com.cn
电　　话　021-60821666　行政传真 021-62572105
客服电话　021-62865537　门市(邮购)电话 021-62869887
地　　址　上海市中山北路3663号华东师范大学校内先锋路口
网　　店　http://hdsdcbs.tmall.com

印 刷 者　杭州日报报业集团盛元印务有限公司
开　　本　787毫米×1092毫米　1/16
印　　张　18
字　　数　247千字
版　　次　2024年5月第1版
印　　次　2024年5月第1次
书　　号　ISBN 978-7-5760-4770-7
定　　价　78.00元

出 版 人　王　焰

(如发现本版图书有印订质量问题,请寄回本社客服中心调换或电话021-62865537联系)

序

林崇德

浙江省特级教师、宁波市教科所原所长沈兆良向我推荐了宁波市第四中学钱洲军校长所著,即将在华东师范大学出版社出版的《探路新时期学校教育改革》一书。我十分赞赏"探路"一词,探学校的教育改革理论和实践之路;探百年老校在新时期学校管理之路;探中学校长如何用先进教育理念促使教育创新之路;探怎样凝聚全体教职员工的力量,以党的教育方针为根本遵循,对学生德智体美劳全面培养的五育教育体系进行构建之路。读了这本著作使老朽感慨甚多。

这本书分三个部分,即探路全员育人导师制、探路研学旅行的实践、探路学科核心素养,都是新时期在中国基础教育改革过程中出现的新理念、新战略和新途径。这三个部分集中展示了宁波四中在新时期如何坚持以德育为先、以能力为重、全面发展的创新育人机制;展示了宁波四中如何落实中共中央、国务院印发的《中国教育现代化2035》中"明确学生发展核心素养"的要求;展示了宁波四中教师如何通过"全员育人导师制"来争当"四有好老师"的经验。

要了解一个学校的成长,抓好其途径很重要。宁波四中经历三个阶段:一是打基础,规范学校各项规章制度和行为准则;二是求发展,在原有基础上不断提升学校的教育教学质量;三是显特色,用创新的思想和理念,进行大胆的探索和实践,闯出学校的品牌。从这本书鲜活而充满生机的内容中我们可以明显地感受到这所178年历史的浙江省现代化学校的各项改革已经进入了第三阶段,即用创新的思想和理念办出学校特色的阶段。其教育教学质量持续上升,社会声誉日渐提高,家长满意度与日俱增,也是水到渠成的。

我很早就与宁波四中有教育科研上的联系,深知这所名校是校长领导下教师参加教育科研的典范。他们科研课题多,研究深入,成果显著,《探路新时期学校教育改革》就是一部研究成果的汇集。教育科研的成果体现了这所浙江省一级特色示范普通高中富有特色;体现了这所百年名校秉承"百年崇信、多元毓才"的办学理念,始终把课改、教改放在重要位置的与时俱进之面貌;体现了宁波窗口学校的教学、科研和实践一体化,学校、家庭和社会三教共育一体化,秉承历史重任开创教育改革、教育创新一体化,校长领导、教师示范、学生成长一体化,呈现一派蓬勃向上充满生气的格局。一代又一代,一任又一任,一年又一年,宁波四中人创造了一个又一个的辉煌成绩。作为一个远离家乡的宁波人、耄耋之年的老教师,我为之振奋和喜悦,也坚信基础教育界的同仁会来宁波四中共同探讨"探路"的课题。

是为序。

2023 年 4 月 28 日于北京师范大学

目 录

绪论 ... 1

第一部分　探路全员育人导师制　1

第一章　班主任制的沿革与班级管理制度的构建　3

第一节　中学德育的重要性与理论基础　3

第二节　我国学生管理与班主任制的发展和沿革　6

第三节　国外学生管理制度研究与给我们的启示　9

第四节　我国德育教育与班主任制度的分析与比较　25

第五节　我国德育导师制的发展和研究　34

第二章　宁波四中"全员育人导师制"的研究与实践　38

第一节　宁波四中全员育人导师制的起源　38

第二节　实施全员育人导师制的必要性　40

第三节　宁波四中全员育人导师制实施方法　43

第四节　宁波四中全员育人导师制的成效与难题　46

第三章　教师学生家长对导师制实践的体验与感悟　50

第一节　教师对导师制实践的体验与感悟　50

第二节　学生对导师制实践的体验与感悟　59

第三节　家长对导师制实践的体验与感悟　64

第四章　宁波四中全员育人导师制工作手册　68
第一节　宁波四中全员育人导师制工作手册　68
第二节　导师工作操作表　76

第二部分　探路研学旅行的实践　81

第一章　概述　83
第一节　研学旅行的概念界定　83
第二节　研学旅行在中国　88
第三节　海外研学旅行一览　94

第二章　研学旅行课程开发　99
第一节　传统课堂的教学反思　99
第二节　研学旅行的实施意义　105
第三节　高中阶段研学旅行课程设计　109
第四节　研学旅行课程框架　128

第三章　宁波四中研学旅行的特色化探索　154
第一节　宁波四中研学旅行发展历程　154
第二节　宁波四中研学旅行案例精选　167
第三节　有关研学旅行研究论文两篇　172

第三部分　探路学科核心素养的培养　187

第一章　核心素养和学科核心素养概述　189
第一节　培养学科核心素养的缘由　189
第二节　核心素养的概念　193
第三节　核心素养的形成过程　197

第二章　世界各国核心素养研究及对我国实践的启示　199
第一节　世界各国核心素养研究简介　199
第二节　国外对核心素养的研究给予我国实践的启示　202

第三章 高中教学中如何培养学科核心素养 — 206

- 第一节 我国基础教育改革研究究竟该如何再出发 — 206
- 第二节 打通知识和素养的通道 — 209
- 第三节 做到课程目标和核心素养相匹配 — 217
- 第四节 落实学生核心素养培养需特别关注的问题 — 219

第四章 宁波四中对学科核心素养培养的研究与实践 — 227

- 第一节 近年来关于核心素养的研究和尝试 — 227
- 第二节 关于走班制及教师发展的探索 — 231
- 第三节 关于对学科核心素养的认知和理解 — 232

第五章 在课堂中落实核心素养经典课例三篇 — 239

- 【第一篇】"教什么"及"怎么教"的思辨性探讨——从《骑桶者》看人的生存困境 — 239
- 【第二篇】基于高中数学核心素养"教学建模"的课堂研究 — 248
- 【第三篇】基于高中政治核心素养的课堂实践探究——以"价值判断与价值选择"为例 — 257

后记 — 263

绪 论

一

宁波四中是一所有着178年历史的老校,是浙江省一级特色示范学校,也是浙江省现代化学校。基于这所百年老校的管理,作为学校的校长,我深挖学校的传统和内涵,坚持"百年崇信、多元毓才"的办学理念,以"抓好教学质量、点亮课改品牌、彰显学校特色、促进和谐关系、打造幸福校园"五个方面为工作重点,抓细节促管理,强优势推品牌,抓效率提质量。"内练真功,外树形象",促进学校快速发展。

最近常有人问我,宁波市第四中学作为一所中档次生源的学校是如何在不延长教学时间、不提高学习强度、不挤压学生活动时间的同时,连续两年在市教研室"由起点看变化"的教学质量评估中,平均提升幅度在几十所市直属学校中名列前茅,又是如何在继效实中学、宁波中学之后率先获评"浙江省现代化学校"的。我一时真的不知如何回答,就把多年形成的想法告诉他:"把住时代脉搏,把握教育规律,顺应教育改革;以质量为动力,以课堂为支点,以德育为杠杆,以师生共同成长为目标;通过改革去改变教育过程,从而去改变教育结果。"

但静下心来细细想想,我觉得可以说上三天三夜。在这个激烈的社会转型期,我始终坚定地认为:教育是农业,而非工业;是中药,而非西药。我们要回归教育的原点,尊重学生的成长规律和兴趣意愿,致力于学生在全面发展基础上的个性发展和多元发展,发现每一位学生的不同,唤醒每一位学生的潜能,激发每一位学生的内驱力,让每一位学生成为自我发展的承担者,让每一位学生提高到他所能提高的应有高度,实现智慧提升与人格完善的统一。

作为学校的校长,一位学校的主要管理者,在明确办学理念、办学目标的基础上,不断地拉高标杆,不断地发现问题,不断地思考改进,随着时间的推移,总觉得自己的理念和实践经常会脱节,会自相矛盾,有太多的苦恼和彷徨。在苦恼和彷徨中,学校和自己也就这样一步一步地往前走。在别人的频繁追问下,我终于把自己的管理理念和教育观念理清楚了。

我很清楚,这些清晰表达出来的理念是多年学习思考的结果,是多年实践总结的结果,这背后一定是有其逻辑起点和行动指南的。逻辑起点是党的教育方针和国家的教育政策的指引,行动指南是上级指示的指导。

党的十八大,提出了当代中国教育的根本任务是"立德树人"。2018年全国教育大会上,习近平总书记强调"坚持中国特色社会主义教育发展道路,培养德智体美劳全面发展的社会主义事业的建设者和接班人",并第一次把教育定位为"国之大计,党之大计"。旨在通过强教,从而强人,实现强国,充分体现了党和国家对教育的高度重视。指出了教育的根本问题是"培养什么人,怎样培养人,为谁培养人"。党的二十大提出:"教育、科技、人才是全面建设社会主义现代化国家的基础性、战略性支撑",这对教育又提出了新的要求和期望。

《中华人民共和国教育法》指出:"教育必须为社会主义现代化建设服务、为人民服务,必须与生产劳动和社会实践相结合,培养德智体美劳全面发展的社会主义建设者和接班人。"明确回答了"培养什么人"的问题。"为谁培养人"即"为党育人,为国育才"。这两个问题是原则问题,要不折不扣地坚持和落实。

"怎样培养人"就是要落实"立德树人"的根本任务,即以树人为核心,以立德为根本。对于中学校长来说,这是学校教育在实际操作过程中值得研究的问题。要做到立德树人,在中学管理中,我认为至少应该做到以下几点。

首先,要确立"五育并举"的教育思想。由重智转向重德智体美劳,从而实现全面发展。要有大德育观,其实"体美劳"也是德的一部分,只是为了强调才分列出来,要做到"德体美劳"融合,更要做到"德智体美劳"五育融合。尤其值得注意的是,又把"劳"作为五育之一重新放进教育方针中,还强调教育必须与生产劳动相结合,显示了劳动在学生教育中的重要作用。劳动教育的确重要,联合国教科文组织曾经提出教育要让学生"学会生存,学会学习,学会关心,学会合作"。这四个学会每一个都与劳动有关,如果不会劳动,怎么生存下去?怎么学习得好?怎么去孝敬长辈,关心他人?又有谁愿意跟你合作?所以,在学校教育中,劳动教育是值得重视的。

其次,要树立正确的育人观。目前的高中教育是普遍存在"片面求智,片面追分"的情况的。很多校长都明知不对,但不得已而为之。其实同样作为校长,我是理解的,因为教育还是存在内卷的,社会的评价、地方政府的要求、家长的关注、学生的需求都会指向"分数"。校长如果不追求分数,今天的日子都过不下去,明天都不会有,还怎么谈理念,谈未来。于是,高中教育就剩下抓成绩,拼命挤压学生的时间和精力,只要学不死,就往死里学。大家都知道,抓与不抓,成绩不一样;大家还知道,不管你怎么抓,会有提高,但马上会遇到瓶颈,提高一定是有限的。我认为如此代价,换取这点可怜的提高真的是不值,这是完全错误的,因为校长没有正确的育人观,没有搞清楚"育分"和"育人"的关系。学校的确要讲教育质量,分数也是教育质量的组成部分,可以谈分数,但要提醒注意的是,你在谈你的学校高分有多少,分有多高的同时,有没有想过,你的学生的分是怎么得来的?你的学校除了分数还有什么?你的学校有没有把住时代脉搏,把握教育规律,顺应教育改革?你有没有尝试通过改革去改变教育过程,从而去改变教育结果?你有没有想过或尝试过除了虽会有限提高分数,但打不破瓶颈的挤压式教学外,还有没有能"回归教育的原点,尊重学生的成长规律和兴趣意愿,致力于学生在全面发展基础上的个性发展和多元发展,发现每一位学生的不同,唤醒每一位学生的潜能,激发每一位学生的内驱力,让每一位学生成为自我发展的承担者,让每一位学生提高到他所能提高的应有高度,实现智慧提升与人格完善的统一"的方法?以上这些问题,我也是经常在拷问我自己的,正是这些拷问促使我不断思考和学习、探索和实践。我时常想起教育家顾明远先生的一句名言"教书育人在细微处,学生成长在活动中"。我一直在尝试通过研学活动、社团活动、劳动活动、文体活动、励志活动、主题活动等活动让学生树立正确的人生观和价值观,激发学生的内驱力,提升学生"精气神",去叫醒那些睡着的学生,去唤醒那些装睡的学生,提高学生的自信、自律和自觉,从而提高教育质量。总之,作为教育者,我们一定要树立正确的育人观,要坚决摒弃"五唯",特别是"唯分数""唯升学"的不良作风。

再次,要有科学教学理念。一是要构建适合学生个性发展的学校课程体系。在教学模式的构建中,课程是最关键的环节,是育人目标、办学理念的载体。课程也是教学的先决条件,只有通过课程才能形成包括目标、内容、实施方式、评价等在内的教学链条,才能整合学校所有的教育资源,为学生服务。要在宏观层面上,推进"基础核心类、拓展深化类、实践探究类"课程的梯度建设,促成课程目标与育人目标的有机统一;中观层面上,以学生的特点为课程基石,建构"体育与健康、数学与科技、人文与社会、文化与艺术、生活与品质"等课程模块;微观层面上,形成学生自主选择的"多元毓才"的课程体系,并通过分类走班和分层教学,满足不同学生在兴趣特长和能力水平方面的需求。二是要打破传统的课堂教学方式,采取启发式、探究式、参与式、讨论式教学方式,让学生的手和脑动起来,让学生主动地参与学习,让学生沉浸在课堂当中。要做到"师退生进",也就是说,教师要改变"一言堂"和"包办代替"的做法,把思想权和话语权交还给学生。教师要精讲、少讲,要引导学生多想、多讲、多动。三是要改变评价方式,对师生的评价不能简单地强调结果性评价,要注重过程评价、综合评价和发展性(增值性)评价。评价方式的改变,会反过来促进师生的教与学的方式的改变。四是要做好五项管理,即作业管理、睡眠管理、手机管理、读物管理和体质管理。量少质高的作业,规律充足的睡眠,减少手机干扰,丰富优质的读物,健康稳定的体质是学生学习的重要保障。

结合学校工作的实际,对党的教育方针的深刻理解,对三个根本问题的深入思考,对教育立德树人根本任务切实地贯彻和落实,理应成为新时期校长的首要任务。以此为逻辑起点和思考的基点,树立正确的教育思想、育人观、教学理念和管理理念,是办好一所学校的关键。

二

校长的思想仅仅停留在理念上是远远不够的,更需要以身作则,去引领、去带动全体师生共同践行。在正确思想的引领下,在科学理念的观照下,我所在的学校主要在以下三个方面作出了创新性实践,并取得了我自认为满意的结果。我把我的想法、做法和成果与大家作一简要的分享。

(一) 让德育的杠杆来撬动教学质量的快速提升

每一位学生的能力是有极限的,无论投入多少时间和精力都会遇到瓶颈,要打破这个瓶颈,一定要找到支点和杠杆,我认为,在学校里德育就是那最大的杠杆。

一是重视德育过程,加强身心体验。重点解决学生思想问题、行为问题和心理问题,唤醒学生的内驱力和激情,实现同频共振。

二是引领研学活动,知行合一。一个校长如果不会抓教学质量,走不远;一个校长如果只会抓教学质量,走不高。教育,绕不开的是育人。我主动挖掘四中独特的德育资源,创新育人模式,极力推动四中具有独创性的"文化行走"课程的深入和推广。十年来,宁波四中师生的文化行走足迹遍及大江南北,编写了14本校本教材,形成数百万字的成果集,2020年由我主编出版《探路特色化研学旅行》,对此作了理论和实践的总结。国务院官网、教育部官网、《光明日报》、《中国教育报》、中央电视台等主流媒体纷纷报道。2018年,《开展研学旅行,提升学校文化自信》入选全国中小学德育工作典型工作经验。

三是坚持劳动教育,育人不倦。习近平总书记指出:"要在学生中弘扬劳动精神。"我们深度挖掘始于1969年盘山劳动实践的教育价值,拓展实践内容,结合学科教育,提升德育实效。盘山劳动实践越做越扎实,影响力日渐增大。在宁波四中已经坚持了53年的盘山劳动实践活动也吸引了媒体和社会的广泛关注,反响强烈,成为浙江省的德育教育典型案例。学校也成为浙江省中小学劳动实践教育项目试点学校,我被省厅点名参加了校长主题论坛。

四是搭建多彩平台,多元毓才。学校有27家社团,让每一个有梦想的孩子都能在宁波四中找到让梦想发芽的土壤:艺术节、体育节、科技节、社团嘉年华等活动,让各具特长的学生感受自信,收获成功。

(二) 让"自主智慧课堂"成就每一位学生

如果说德育是最大的杠杆,那么课堂就是那个最关键的支点。课堂是一个凹地,所有的教育都要汇聚于此。我最关注的是课堂的质量,最期待的是课堂生态的改变和课堂活力的真正发生。为了实现这个愿景,我极力推动"自主智慧课堂"建设。我以"自主智慧"来命名课堂,是因为我认为,自主的课堂一定是教师与学生平等、以学生为中心的课堂,一定是沟通顺畅、思维活跃的课堂,一定是高效的、充分运用现代教育手段的课堂。在对各种课堂模式的研究和借鉴中,我提出了课堂的六大要素,即"导学、练习、交流讨论、互动展示、总结提升、复习巩固"。我注重在课堂中落实学科核心素养,发动各教研组积极研究,积极实践,让学生在"学得、习得、悟得"的三结合中提升课堂效能。2019年由我主编出版了《探路学科核心素养校本化》一书,作了详细的阐述。

(三) 让管理赢得人心、提升人气、凝聚精神

一是精细管理,构筑质量基石。教学质量是每一所学校的重中之重,是学校的生命线。我提出要把质量"放在心上,挂在嘴上,捧在手上,落在行上",让质量意识深入人心。质量源于细节,我相信,细节管理是形成良好校风学风的基础,是提升质量的重要推动力。我提出了"精细化、精确化、高标准、高效率"的工作思路,推动学校研究课堂教学,提高教学实效;研究学习特点,实施细节管理;研究教学行为,优化教学程序。近年来,宁波四中高考质量不断提高,学生在各类统考和竞赛中成绩突出,学校声誉、社会美誉度都在不断提升。

二是创新管理,提升教育实效。管理创新需要统一思想,征得全校教师的理解和认可;管理创新要培养欢迎改革、敢于改革、善于改革的精神;管理创新要讲求情怀,提倡奉献。随着浙江省课程改革的不断深入,宁波四中也和许多兄弟学校一样经历着改革的阵痛。在克服困难的过程中发现,有些问题是现有的学校运行机制下无法解决的,创新学校管理体制才是唯一的出路。于是,在积累大量课改工作经验的基础上,我们打破传统的"班主任制",试行"全员育人导师制",践行"做有故事的导师,实施有温度的教育"。建立了网格式德育模式,理顺了德育处与教务处的管理关系,打通了学校管理的"任督二脉"。导师制的实施拉近了师生距离,平衡了行政班之间的差距,增强了教师的职业使命感,加强了家校联系与沟通,真正实现了全员育人的目标。2018年由我主编出版《全员育人导师制》一书作了提炼总结,在我校召开的省新课程改革推进会和全国基础教学改革研讨会上,以及我在教育部骨干校长培训期间,都以此为主题作了专题报告,得到了大家的好评。在教育部综合考评中,我校导师制课改实践获评宁波普

高仅有的"优秀"。

三是系统管理，凝聚最大力量。管理系统论认为，在一个运作系统中，每一个人都是一个子系统，正如零件之于机器、细胞之于身体。对一所学校来说，每一位教工就是那一个个重要的细胞。首先，让每一位教师都得到最大的发展。我加强师德宣传引导，打造敬业精业的教师队伍；加强对青年教师的培养，实施"青年教师成才工程"；加强骨干、名特教师的辐射引领作用，促使教师队伍业务水平的整体提升。其次，让每一位教师都发挥最大的作用。在学校这个系统中，"一个都不能少"，每一位教师都很重要。但教师是有个体差异的，能力有强弱，能量有大小。我注重教师的多元评价策略，提倡"教师无论水平高低，只要尽全力就好；无论能量大小，只要是正能量就好"。这样，做到人尽其才，各尽所能，极大地调动了教职工的积极性。再次，让每一位教师都在团队中获得成长。我重视团队建设，强调教研组和备课组建设，做到集体备课，逐步打造校本学案和校本练习，真正做到合作与共享。加强导师团队建设，在互相支撑中得以成长。

四是人文管理，共筑和谐校园。我很赞成"活力四中，幸福校园"的提法，我奉行"平衡"和"妥协"两个词。"平衡"就是平等和公平，对所有教职工，摒弃自己的主观好恶，一视同仁。但也明确平等和公平不等于"均等"，在分配上落实"多劳多得，优质优酬"的原则。"妥协"，是指在坚持原则基础上的适当的改进和退让。领导者是人，不是神，要听得进意见，要学会自省。在发现处理问题不当或出现两可方案时，不应固执己见，要勇于改进，适当退让。

正是这些点滴过程，使教师和学生的潜力和活力得到了释放，"同频共振"的效应得到了加强。学生的学习兴趣有了，自律、自信和自觉提升了，学习效率提高了，好的成绩、素养、品性、习惯也就这样水到渠成了，这是过程和结果的辩证法。

以上只是我的一孔之见，挂一漏万。我总是觉得，管理一所学校，就如调制一服中药，需要因人而异，因时而化，辨证施治，需要点点滴滴的关注和积累,其中的奥妙不是短暂的管理生涯能完全研究得深透的。我只知道,作为校长对教育事业要有一种朝圣精神,要做正确的事,要正确地做事,既要学会云端的舞蹈,更要学会贴地的飞行。虽任重道远,但未来可期。

三

我原在宁波市李惠利中学担任教学副校长整整十一个年头,积累了较为丰富教学管理经验。后来到宁波四中整整十年,在探索和实践过程中,我一直在路上。我觉得,在学校管理工作中,有创新理念、有深入思考、有实践价值的有三件事:构建了全员育人导师制,做强了特色研学旅行,落实了学科核心素养校本化。所以本书主要内容就是写这三个部分。每一部分由理论研究、实践探索、案例分析组成。接下来,我对每个部分作一简要说明。

第一部分:全员育人导师制的实践

毋庸置疑,改革必然带来改变。新课程改革和新的高考制度的改革,必将带来教育理念、课程结构、教学内容、课堂形式、考试方式、招生方式等一系列的变化。如果我们还是用老的学校管理模式去应对新形势,难免会产生很多不适和矛盾。只有以变应变,才能顺应形势,这也是我们毅然推行全员育人导师制的原因所在。

还记得2015年的9月,我们经过一个暑假的研究学习,慎重研讨,在高一年级取消了班主任,实行了高一年级全员育人导师制。改革措施一出,立刻引来各路媒体的高度关注,媒体从改革创新的角度对全员育人导师制给予充分肯定,教师以摸石子过河的姿态给予全力的支持,学生因对改革好奇给予欢心的接受,家长则以期盼的心态给予审慎的观望。

随着全员育人导师制的推行,困难接踵而至,不同的声音也时有发出。

"开弓没有回头箭",团结一心其利断金,我们首先要做的就是统一思想。领导层在认真准备的情况下,召开了多次统一思想的会议。会上,大家交流实践得失,总结经验和教训,畅谈感想和体会,探寻理论和方法。

全员育人导师制实施以来,我们从没间断探索和研究。在理论上,我们对全员育人导师制与班主任制进行对比,对全员育人导师制与班主任制下的学科导师制进行对比,大家看到了全员育人导师制的优越性;在实践上,我们对搜集来的材料和数据进行分析对比,让大家看到全员育人导师制下学生的巨大变化和进步。全体教职工对全员育人导师制的认同逐步加强,思想统一了,工作的信心涨了,干劲足了,效率高了。

在前进中,我们遇到的困难和需要解决的难题层出不穷,如:三个导师在并列的前提下如何既分工又合作?年级组与各职能部门如何对接?轮值导师如何避免轮流班主任化?在上下联动、齐心协力、勇克难关的思想指导下,我们不断研讨和试行,解决了一个又一个难题。

一转眼,宁波四中实行全员育人导师制八年了,从高一年级的12个班级发展到全校高中三个年级36个班级,实现学校的全员育人导师制也有了四个年头。我们在摸索中一步步走来,路上荆棘密布,却走出了一条通往教育梦想之门的光明之路。我们构建了以学部主任为首的年级管理团队,以三位导师为主体的班级管理团队,还构建了整个年级的区块化和线性化相结合的交叉立体的管理组织机构,我们形成了有效的管理体系,摸索出一套适应新课程改革和新高考制度改革的学生管理新模式。

在新模式下,我们的管理和教育落到了实处,我们有了在各个教育层面精耕细作的能力。在宁波四中这片肥沃的土壤里,每个教育者和受教育者茁壮而快乐地成长着,短短八年,我们的校园喜讯频传,取得了一个又一个傲人的成绩。

第二部分:研学旅行的实践

我们通常把学生学习的知识分为三个层次,即事实性知识、方法性知识、价值性知识。事实性知识可以通过记忆来获得,方法性知识和价值性知识只能通过实践体验获得。研学旅行就是课堂外让学生进行实践和体验的教育途径之一。所谓"读万卷书,行万里路""纸上得来终觉浅,绝知此事要躬行""知行合一"说的都是这个道理。这也难怪"人民教育家"陶行知先生提出了"生活即教育"的理念。教育从关注学生知与不知、能与不能走向悟与不悟,这才真正符合育人规律。这也是我们率先进行研学活动的初衷。

早在2011年,宁波四中与北京师范大学合作举办了"人文素养实验班",为了突出"人文素养"这一特色,培养学生的"人文素养",实验班试着开始了研学旅行活动,当时叫做"人文行走",这也成为了宁波四中研学旅行的雏形。

宁波四中的研学旅行经历了由点及线、从线到面、由面成体的发展过程。2011年至2012年,由点(一个班级)开始试水。2011年首次尝试短线行走——慈城的慈孝文化,这是宁波四中人文行走的雏形。2012年首次尝试长线行走——湖北荆楚文化,并于同年开始共建研学旅行基地——儒家文化的传承地——宁海力洋孔村。2012年至2013年,由点及线(几个班级)进行尝试。2013年至2015年,从线到面(一个年级)共同参与,开始在全国画文化行走地图。2015年至2016年,由面成体(全校)构建多元化的课程形式,形成短线、中线、长线相结合的研学旅行的体系。短线主要有:宁波周边文化考察,如慈孝文化、梁祝文化、海洋文化等。中线主要有:省内或周边省份的文化考察,如鲁迅笔下的绍兴文化、江苏的吴越文化、泉州的海上丝绸之路文化等。长线的是国内外文化考察,如湖北的楚文化,安徽的徽文化、西安的秦汉唐文化、佛教文化、道教文化,敦煌的陆上丝绸之路文化等。国外路线包括与韩国、德国、加拿大、新西兰、澳大利亚等姐妹学校之间的互访。十余年来,宁波四中的研学旅行从无到有,从有到优,在全世界画文化行走地图,构成一条走家乡、走邻省、走中国、走世界的文化行走地图链,形成了研学旅行的课程体系,也积累了一整套研学旅行的实施办法。

随着研学旅行的不断开展,规模的不断扩大,引起了同行们的关注和上级领导的肯定。2016年11月29日,《光明日报》头版以"行走山水,感受精华——宁波市中小学开展文化特色教学"为题报道我校"人文行走"实践活动。同日,中国政府网以"宁波市中小学开展文化特色教学"为题,把宁波四中作为典例作了报道。2016年12月2日,教育部等11个部委发布《关于推进中小学生研学旅行的意见》。2016年12月26日,《中国教育报》又以"宁波鼓励中小学生在'行走的课堂'中获取真知——纸上得来终觉浅,社会实践要躬行"为题,以我校"人文行走"为例作了报道。同日,教育部官网同题全文刊登。由此可见,当时在宁波四中推行了五年的"人文行走"得到政府部门的认可,在全国层面成为了典范和参照。不出所料,2018年,我校以"开展研学旅行实践,提升学校文化自信"为主题的"人文行走活动"入选了"2018年全国中小学德育工作典型经验",宁波四中是宁波市唯一获此殊荣的高级中学。

可以说,宁波四中在研学旅行上走在了前列,当好了模范生的同时,也尝到了先行者探索的艰辛和成功的甜蜜。在这个教育改革的当口,我们很愿意把我们并不完全成熟的做法总结出来,通过此书与所有同行分享,在希望得到同行指正的同时,也想为推进中小学的研学旅行摇旗呐喊、添砖加瓦。

的确,最好的课堂在路上,我们要一如继往地把握立德树人的正确方向,与时代同呼吸,与祖国共命运,让我们行得更远,走得更有意义。

第三部分:学科核心素养的培养

平日里,常听人说起,现在学校教育出来的学生这也缺,那也缺。我想这里所说的缺的东西,说白了就是"素养"。的确,学校教育需要培养学生的全面素养。其中,支撑起一个健全的人的"核心素养"尤为重要。一直以来,我们并非在教学中不重视学生的核心素养培养,只要是学科教学,一定会涉及学生核心素养的培养,只不过有时是无意的,甚至是盲目的,没有如当下这般有明确的目标。

自从2012年以来,各学科课程标准(修订版)陆续颁布。培养学生的核心素养已经成为新课程改革的重要目标。而培养学生核心素养的任务最终应该也必须落实到学科教学中。因为在学校的教育活动中,学科教学是学校教育教学的基本形态,是发展学生核心素养、关键能力和必备知识内容的基本路径。

2013年,党的十八届三中全会提出,要将立德树人的要求落到实处。2014年教育部研制印发《关于全面深化课程改革落实立德树人根本任务的意见》,提出"教育部将组织研究提出各学段学生发展核心素养体系,明确学生应具备的适应终身发展和社会发展需要的必备品格和关键能力"。国家从战略的高度,开始明确并落实学生的核心素养培养。

2013年,在浙江省推进的新一轮课改背景下,宁波四中立足学校实际,把课程建设目标定位为"科学和人文并重,全面和个性共举,基础和创新融通",为特色人才的培养提供丰富的课程资源。在课程建设中,四中开始关注并重视学科核心素养问题。虽然我们试图在课堂教学中体现核心素养的培养,但凭我们教师当时的教学经验和理论水平,无法准确表述各学科核心素养的内涵,也没有全面系统地进行研究和实践。

2016年9月,在北师大举行的"中国学生发展核心素养研究成果发布会"上,会议发布的研究成果对中国学生身心发展的核心素养做了界定,并且明确了各学科核心素养的内涵。这给学校培养学生的核心素养指明了方向,确定了内容,使学校把各学科核心素养落实到课堂的愿望有了确切的依据。于是,宁波四中开始以化学学科为试点,着手进行在教学中如何落实学科核心素养培养的研究,取得了初步的成果。

2017年1月,宁波市基础教育第二批教学行动研究项目开始投标,学校将"基于学科核心素养的'目标—教学—评价'体系的建构"的课题进行申报,成功入围。学校以此为契机,在全校全学科开始对学科核心素养问题进行全面的研究,并付诸课堂实施。学校通过专家讲座,全员普及核心素养的有关理论知识,提高全体教师对这个问题的认识;组织各学科教研组长和备课组长多次召开学科核心素养研讨会；组织相关学科教师编写充分体现学科核心素养的校本教材；同时，确立了8项学科核心素养校级招标课题。

在当前教育教学改革的大背景下，我们在研究和实践的过程中，不断地明晰了什么是"素养"，什么是"核心素养"，什么是"学科核心素养"等概念。不断地深入理解了学科核心素养的落实，主要任务在学校，首先环节在课程，关键实施在课堂。

在经验和资料不断的积累过程中，我有了表达的冲动，想借助本书第三部分，阐述清楚在普通高中学校落实学科核心素养的目的和意义，准确定位学科核心素养，明确核心素养的内涵。在此基础上，通过每一门课程的教学案例，来阐明如何把各学科的核心素养通过课程落实到课堂中去，以实现学科核心素养培养的校本化。

学生核心素养培养及学科核心素养的校本化研究方兴未艾，这是一项大工程，需要教育界人士的共同努力。我们在此呈现自己粗浅的研究和实践，希望能够为学生核心素养培养工程添砖加瓦。

我想通过此书，把我们对"全员育人""研学旅行""学科核心素养"三个学校教育重要方面的研究和实践呈现给教育界，供大家研讨和切磋，也为我国的教育改革，尤其是高中的教育改革提供一些借鉴和论证的依据。同时，我非常期望得到专家及教育同行的批评指正，让我们与教育的梦想之门靠得更近！

第一部分

探路全员育人导师制

第一章 班主任制的沿革与班级管理制度的构建

第一节 中学德育的重要性与理论基础

一、德育的内涵和功能

德育在教育体系中具有举足轻重的地位,是一个需要智慧也呼唤智慧的教育领域。那么什么是德育?学术界对此争论不休,至今未达成一致意见。比较一致的观点总结为:"德育是教育者按照一定社会或阶级的要求,有目的、有计划、有组织地对受教育者施加系统的影响,把一定的社会思想和道德转化为个体的思想意识和道德品质的教育。"教育大辞典则解释为:"德育,旨在形成受教育者一定思想品德的教育。"而在西方,一般指伦理道德教育以及有关的价值观教育。

对德育概念所做的不同解释,实际上反映出个体或阶层对德育范畴理解的角度和价值取向存在一定差异。对于我国的中学德育我们可以概括地总结为:"教育者根据一定社会受教育者的需要,遵循中学生品德形成的规律,以言传身教为有效手段,通过内化和外化,发展受教育者的思想、政治、法治和道德几个方面素质的系统活动过程。"

我国的中学道德教育是整个教育体系的重要组成部分,有着广泛而丰富的内容,如道德品质教育,社会主义、爱国主义和集体主义教育,理想和信仰教育,家庭美德教育,民主与法治教育等。中学德育就是要通过切实有效的手段和方法把德育内容转化为青少年的行为准则,以提高他们的思想觉悟,培养他们的行为习惯,从而有效发挥学校教书育人的主导作用,实现学生科学文化和道德品质都达标的目的。

二、德育的本质及功能

正确地理解德育功能有助于理解德育的重要性,也有助于理解德育概念本身。德育的主要功能有三个:德育的社会性功能、个体性功能和教育性功能。德育的社会性功能随着时代的发展,所体现的范畴日益广泛,主要是对社会政治、经济、文化以及生态环境等方面产生影响的功能;德育的个体性功能主要指德育对德育对象个体发展能够产生的实际影响,不仅包括德育对个体生存和发展的影响,还包括德育对个体享用性的影响。个体享用性实质是让个体在道德学习与生活中领会、体验道德人生的幸福、崇高、人格尊严与优越。因此,德育个体享用性功能的实现是与最高的德育境界相联系的。德育的教育性功能就是德育的价值教育属性。正如赫尔巴特所说:"教学如果没有进行道德教育,只是一种没有目的的手段。"他强调技能和知识固然很重要,但是与做人的价值观相比,教学如果离开了道德教育,它就只是一种工具而已。所以,实现德育的教育性功能就是整个教育活动精神本质的实现。

三、德育的对象与德育主题

(一)德育对象

德育对象是德育过程中所有因素作用的焦点。学校的德育对象就是学生,是受教育者,他们是学校全部德育工作的出发点和落脚点,也是我们研究学校德育问题的焦点,一切教育活动若是不从德育对象出发,是不人道的,也是不科学的。德育对象一直都是道德生活的主体,并一直以自己的方式生活于道德之中,理解、掌握、运用着道德规范。这就意味着教育工作者必须首先认识到受教育者本身具有的道德禀赋,德育过程或价值引导情境中,学生的道德学习过程并不是由外而内,而主要是由内而外的一个过程。

因此,从根本上来说,德育对象的道德发展是一个起因于受教育者个性的阶段性特征和心理变化的过程。这就要求德育工作者要掌握一定的心理学知识,了解学生不同年龄阶段的个性心理特征和不同的气质、性格与道德形成的关系等,进行有针对性的因材施教。因为许多道德问题往往与学生的心理问题,尤其是与个性及其发展的阶段性联系紧密,如青少年的吸烟、早恋等问题就与他们的心理发展阶段有关,中学德育必须针对这一中学特有的现象,根据学生个性实际,采取相应的、有针对性的方法进行德育,塑造出健全人格的人。

(二) 德育主体

谁是德育主体?教育和德育理论中对此争议较大。20世纪80年代以来,在我国内地存在着"单一主体论""双主体论""主体转化论"等。不同主体理论的出现,最主要的是关注我国教育活动中忽视学生主体的理论和实践所带来的问题,从而对单一主体中教师主体的怀疑和否定的结果,其实质就是反对传统观念中的"教师中心论",具有积极的意义。但是,他们对教师作为教育活动单一主体的怀疑及否定本身也存在着问题。如果视学生为单一主体,固然有尊重学生,符合教育规律的一面,但是由于学生只在学习过程中是主体,而在全部教育过程中学生的主体作用是建立在教师主体作用发挥的基础上的事实使这一理论难以成立。本书在此所论的德育主体是指与德育对象即受教育者(学生)相对应的德育施教者——教育者。只有人才能教育人,换言之,即只有自身受过教育的人才能教育人。这条原则对道德教育来说尤为重要,因为社会学习理论早已提示,教育者的人格是中学生进行价值学习的关键性中介,离开作为德育主体的教师和其他教育工作者谈学校道德教育是不可思议的事情。德育主体有两种形态:专门德育工作者即班主任老师及德育处或政教处,以及非专门德育工作者即德育教师以外的其他任课老师及教育者。

第二节　我国学生管理与班主任制的发展和沿革

作为"学高为师,身正为范"的班主任老师,不能不对我国班主任制度的历史沿革有所知晓,下面对班主任制度的历史沿革进行梳理。

尽管班级授课制的创立已有三百多年的历史,但与此相应的班主任制度却是姗姗来迟。虽然中国近代第一个学制一经产生,就有设置班主任岗位之构思,然而在其实践过程中,多有变异,且时断时续。班主任制度的正式确立,迄今不足半个世纪,虽说从制度层面上看这只是短暂的实施,但从育人功能上讲,它却具有悠长的历史。

一、师儒训导制

中国古代的学校教育自诞生以来,一直以"明人伦"为职志,无论是私学还是官学,大多采用个别教学形式,没有进行编班分组或分科教学,自然也就谈不上所谓班主任了。

班级授课制固然是班主任制度赖以建立的基础,但班级授课制的基本任务是智育,班主任制的基本任务是训育。中国的传统教育素有"道德中心"的特质,首重训育是顺理成章的。

春秋末期,孔子以"吾从周"为志向,创立儒家学派,并开设了私学,冲破了学术官守的局面,使教师成为一种专门职业,并以"修身"或"成己之仁"作为教育的要务,师儒训导制由此奠基。由此孔子不仅"管教",更重"管导",且以严己宽人、以身作则、内省外察等作为育人的原则,因而在功能上可视为班主任制的渊源。后经孟子、荀子等传人的充实,成为此后儒学教育的基本模式。

为皇子教育而建立的"师保傅制",其中的太傅、少傅即是专责训育的。隋唐以降,最高学府国子监中皆设"监丞"一职,而府、州、县学又专设"训导"一职,其职责即专事训育。明清国子监中又专设"绳愆厅",由监丞主其事,训育职能愈益强化。

二、级任教师制

1862年京师同文馆正式创立,并首次采用了编班分级的授课方式,使班级授课制得以移植。当时国文馆设正提调2名,帮提调2名,对学生进行管理,正提调可以不"逐日到馆",而帮提调必须"轮班在馆管理一切",如"文移稿件""学生画到"等。虽然帮提调的管理对象是同文馆全体学生,但其责与班主任之职已有许多相同之处。

1878年张焕纶创办正蒙书院,为中国普通教育采取班级授课制之嚆矢,该校把学生"分为数班,即今多级教授制,每班置一班长,每斋置一斋长,斋长上有学长"。这种班级管理之制已初具班主任制之意味。因"学长、斋长、班长"递相监督而统一于教员,"以养成学生服从法律性质"。

1904年1月13日,《奏定学堂章程》(癸卯学制)颁行,其中规定,小学"各学校置本科正教员一人","任教授学生的功课,且掌所属之职务"。就实质而论,此乃学级制的肇端。在同年颁布的《各学堂管理通则》中,又规定各校设"监学"或"舍监",专责学生管理。五四运动后,学监制改为训导主任制。1922年,《学校系统改革案》(壬戌学制)颁行后,中学实行选科制,更失采用级任制的根基。1927年国民政府明令中学废止选科制,从而为采用级任制铺平了道路。1932年12月24日,国民政府颁布《中学法》,明确规定中学实行级任制。级任教师负责一个学级的主要课程的教学和组织管理工作。由于当时的学校规模较小,一个学校往往只有一个班;而若有多班,则相应配备多个级任教师,因此级任教师与班主任已是名异实同了。

三、导师制

1938年3月28日,国民政府又将级任制改为导师制,是日,中华民国国民政府教育部颁发《中等以上学校导师制纲要》。在《中等学校导师制实施办法》中规定:"各校应于每级设导师一人,由校长聘请专任教员充任之","各级导师对于学生之思想行为学力及身心,均应体察个性,依据训育标准表之规定及各校教导计划,施以严密之训导,使得正常发展,以养成健全人格","训导方式除个别训导外,导师应充分利用课余及例假时间,集合本级学生谈话会、讨论会、远足会、交谊会以及其他有关团体生活之训导"。级任教师负责班级管理领导工作,这无疑与班主任更为接近了。

四、班主任制

与此同时,在中国共产党领导的老解放区则最早使用"班主任"这一名称。1934年《中华苏维埃共和国小学制度暂行条例》中即规定:"每班设主任教员一人,一班学生在四十名以上者,得增设助教员一人。"在1942年绥德专署教育科的《小学训导纲要》中,强调教导合一时,提到了"班主任"这一名称。《小学训导纲要》中说:"实行教导合一制,必须加强班主任的责任,否则教导主任就忙不过来。"

1949年7月21日,陕甘宁边区政府发布了《关于新区目前国民政府改革的指示》,要求废除训、教分离制度,实行教导合一,这一原则从两方面实施:一方面,教师不只教书而且要参加具体的指导工作;另一方面,组织上训育与教务统一。在学校组织上(适用于完小),校长下设教育主任,取消级任导师,每班设主任教员。

新中国成立后,也曾一度在中小学设级任主任,后又撤销级任主任,设班主任。1952年3月18日中华人民共和国教育部颁发《小学暂行规程》和

《中学暂行规程》,其中规定:"小学各班采取教师责任制,各设班主任一人,并酌设任科教师";"中学以班为教学单位……教员人数每班以二至三人为原则……每班设班主任一人,由校长就各班教员中选聘"。自此以后,班主任制在中小学教育中普遍施行。

此后,在学校教育中具有重要意义的班主任工作,更是受到党和国家的关心与重视。1963年和1978年在《全日制中学暂行工作条例(草案)》中规定:"学校应加强对班主任工作的领导,选派政治觉悟较高和较有教学经验的教师担任班主任。"对班主任的任职条件提出了一定要求。考虑到班主任工作的特殊性和艰巨性,1956年教育部规定:对从事班主任的教师予以适当补贴。党的十一届三中全会后,则正式实行了班主任津贴制度。1979年11月,教育部、财政部、国家劳动总局颁发了《关于普通中学和小学班主任津贴试行办法(草案)》。

党和国家对班主任所付出的艰苦劳动,总是给予崇高的评价。1960年我国召开了第一次全国文教群英会,不少班主任受到表彰。1984年又专门召开了全国优秀班主任发奖大会,共有2914名优秀班主任受到表彰。1988年8月10日、20日国家教委又相继颁布了《小学班主任工作暂行规定》和《中学班主任工作暂行规定》,既进一步表达了党和国家对班主任工作的重视,又预示着班主任制将进一步得到巩固和完善。

第三节 国外学生管理制度研究与给我们的启示

实现对学生的管理、教育与指导是现代学校教育一个十分重要的目标,当前各国的中小学校里都有类似于班主任职能的岗位设置,不过其具体的工作对象或工作范围存在差别。除了考察我国近代教育史上实行过的学生管训制度之外,研究对比国外优秀的制度,对于探寻班主任岗位可能具有的职能、改革班主任的相关设置有着十分重要的意义。以下主要呈现了美、法、日三国的相关制度,并尝试对这几种制度的职能分配方式做出比较。

之所以选取这三个国家的制度,是基于如下考虑:第一,美国实行地方分权的教育行政管理体制,其学生管理与指导工作与我国相比有很大不同,可以探讨二者不同的原因及两种模式的成功之处。第二,有着悠久历史文化的法国,其教育管理实行高度统一的中央集权制,这与我国的管理历史有相近之处,近些年来法国十分注重学校内部管理体制的改革,这使得他们的学生管理与指导制度相对灵活很多,对于正处在变革期的我们这些变化和多样性十分值得借鉴。第三,日本作为世界上为数不多的实行班主任制的国家,同样十分注重学生的集体主义教育,我国最初的学制也是向邻国日本学习的结果,继续考察日本的教育有一定的意义。

一、美国相关制度与管理办法

(一)美国的学生管理体系

美国中学,尤其是综合高中,实行课程上的"选课制"和学制上的"学分制"。学生没有固定的年级和班级,所以负责学生管理与指导工作的不是固定的班主任,而是由辅导老师、家房老师、训导主任、学生自己以及社会力量多方分别执行,共同负责。

首先是训导主任,训导主任是管理全校学生的大总管,他的主要任务是处理比较严重的学生违规情况,比如学生停课、开除等。由于美国社会实行严格的法律管理,很多时候训导主任要跟当地的警方和法院合作,处理一些严重的问题。

其次是家房老师,家房老师的任务是每天上课前或找一个固定的时间,把同一年入学的学生聚在一起,开展一些管理活动。比如,读一读通知,开展学生会的选举工作等。家房老师是任课老师,通常只负责维持秩序,不管学生的成绩或纪律问题,经济上也没有特殊优待。

再次是辅导教师,每个学生一入学就分配给一个辅导老师,辅导老师的主要工作是指导选修课程,联系家长,做学生的心理辅导等。美国的辅导老师制度具有自己的发展历史和工作特点,它的职能更侧重指导而非管理,正由于它的独特之处,最近几年受到我国一些研究者的关注,我们将在后面对其作详细介绍。

再者是学生自己,美国的中学生有自己的两个管理部门:学生会或称学生自治政府和学生内阁。学生会的职能是组织学生活动,"协调各个俱乐部、社团的活动,筹款,文艺表演,全校性的舞会,节日游行"。学生会的成员由竞选得来,基本组成是各年级的学生。学生会还负责就一些事件和活动与老师、校长谈判,得到他们的同意。甚至在校区的教育董事会里面,也有学生会委员。学生内阁的成员是学校里每一个家房老师选出来的学生代表。内阁每星期通常会跟校长开一次会,反映家房里学生的要求。校长也通过他们,把学校对学生的期待,或是一些头痛的问题,带回去与同学们讨论,找出解决方法。当然,学生会的权利并不是无限的,还是要在学校的领导下展开工作,校长对学生会也有取缔权。但总的来说,美国中学的学生自治组织充分发挥了学生的自主权和自我管理能力,培养了学生民主、自治的精神,为学生迈向成人社会提供了绝佳的锻炼场所。

除此之外,家长在学生管理活动中也发挥了重要作用。一方面,学校欢迎家长及家长组织参与学校教育,定期为家长和家长组织代表提供访问学校的机会,使他们能为学校提出建议。另一方面,美国的家长组织也积极介入与学生有关的学校、地方和全国政策的制定过程。例如,全国、州和地方家长教师联合会会在学校、社区以及任何政府机构和其他组织做出影响儿童的决定前,"支持并为儿童代言,并积极影响立法"等。全国家长联合会也致力于"完成儿童与青少年养护的法律,团结教师与公众力量,使儿童与青少年在身体、情感、社会和精神上获得最大的利益"。

（二）辅导老师制度

最近有研究者开始关注美国的辅导老师制度，希望能从中获得班主任制度改革的启发。"辅导老师"也称指导老师、学生顾问等，是美国中学里面负责学生管理与指导工作的主要教师之一。

一些大型的学校，辅导老师的分工较细，如有学业辅导、健康辅导、升学辅导、职业辅导等。在美国的中学里，辅导老师是处于任课教师与行政人员之间的专职教师，他们不任课，但工作明确，专门性强，有固定的工作对象和工作范围，是学校学生管理系统中必不可少的专门人员，对美国的学生工作起着关键作用。

辅导老师在美国是一个涉及个人职业生涯以及心理问题的重要行业，目的是帮助人们解决在生活、工作等方面面临的各种问题。20世纪初期，美国社会由于工业技术高度发达，生产规模不断扩大，急需大量有文化、有技能的劳动力，而当时的高等教育尚未大众化，中学生面临的"最大问题"就是就业。对于十几岁的学生来说，到底该选择哪些职业课程、接受何种职业训练以及如何做好职业准备，都需要有人给予指导。

但在二战以前，"中学的辅导老师都是由教师兼任的，他们所受的培训很少，也不需要什么资格证书"。当时的辅导主要是给学生提供职业指导及职业信息，指导的方法也比较简单。二战以后，随着美国社会问题的增多和心理学的进一步发展，学生辅导工作专业化的呼声愈来愈高，一些州开始制定辅导人员的培训计划，要求教师要经过辅导专业的研究生训练后，才能做辅导老师，更新辅导人员的工作也从这时开始。到了20世纪初，在美国"获得指导与咨询硕士学位的人数达上万人，其中极大多数成为中学的辅导老师"。到目前，辅导老师与学生的配备情况虽各州不同，但比例大致相同。

（三）辅导老师的工作现状

进入20世纪末期，美国社会的发展日益复杂化，社区和家庭指导学生的职能受到削弱,学生的学校适应不良情况日益严重,美国辅导老师职能随之也发生了变化,由之前的职业辅导为主转向了以职业辅导、心理辅导和人际关系辅导为主的全面辅导工作。

此外,受辅导与服务的对象范围也得到扩大,向上扩展到高校学生,向下延伸至小学。总的来说,辅导老师制度具有以下要求严格的行业资格:作为辅导老师,必须达到由美国心理学会和全美学校心理学家学会制定的专业标准,参加这两个机构审批认可的培训计划的培训并取得硕士或博士学位;要持有州政府颁发的职业资格证书,并且职业资格证书需要定期接受审查和更新。辅导老师的主要职能定位在学业辅导、职业辅导和心理辅导,适应了现代社会的升学就业机制和学生的心理需求。

美国的辅导老师有独立的薪金待遇,与任课教师不同,他们的薪金收入划分到单独的系统。当然,由于美国是传统的个人主义价值导向,学生的道德教育与集体主义教育缺乏重视,辅导老师主抓学生的指导工作,对于德育方面,如果学生没有大的纪律问题,学校是不会过问的。但我国一直十分强调思想道德教育与集体主义教育,这使得我们的制度背景就有很大的不同,在制度借鉴时需要加以注意。

二、法国相关制度介绍与特点分析

法国实行民主共和的政体,其基础教育是高度中央集权的。但在这样的体制下,法国的中小学内部并不是铁板一块,而是有许多灵活之处。这些活动的机制构成了法国学生管理与指导制度的闪光点。从 20 世纪 60 年代起,法国开始改变中央集权下的封闭的学校运营体制,探索民主开放的学校建设,全面整合家长和社区各方的力量。1975 年颁行的《初等中学教育基本法》中明确提出"教师、家长、学生三者组成'学校共同体'的构想"。目前,法国学校学生管理与指导系统中相关人员和机构设置有校长、副校长、年级委员会、校务委员会、教育工作顾问或称督学、学监和方向指导顾问等。

(一) 多主体的学生管理模式

长期以来,法国的学校体系是"教学"与"教育"两项职能相分离的,督学是法国普通中学里特殊的合作者。督学的活动基本上是对学生在校内和校外的行为进行监督、检查和保持学校的纪律。由于学校中的教育问题日益严重,这方面的力量要求增强,所以出现了代替"督学"的行政人员——教育工作顾问,教育工作顾问主抓学生的管理和指导工作,起到一个鼓舞者和倡导者的作用。

法国学校管理中最高的集体性决策机构是校务委员会,具体到年级中是年级委员会。校务委员会决定、调整学校的生活,其活动由一系列法律法规来保证。委员会解决与家长的联系的问题,讨论在学校发挥作用的家长协会的活动纲要,阐述自己针对学校生活的一切问题的意见和愿望。年级委员会执行重要的教学任务,评价学生学习活动及效果,研究涉及班级生活、课业组织、给予学习后进生以帮助等所有问题。年级委员会由学校领导或他的委托人领导,它联合同一年级的教师、家长和学生。它的成员由在该年级任教的"全体教师、两名家长代表、两名学生代表、负责方向指导工作的顾问、负责教育工作的顾问组成",同时"在某些情况下吸收社会工作者"参加。

可以看出相对于我国单主体的学生基层管理与指导岗位,法国的学生管理与指导系统呈现出多层次、多维度的网状结构,各方力量都在学生管理与指导工作中发挥了作用。从年级委员会、校务委员会到督学、方向指导顾问,不仅有教师的参与,更有家长的参与、社区的参与和学生的参与。每个岗位都有它特殊的功能,通过各个岗位之间的联系与合作,学生管理与指导工作成为一项共同的事业。反过来从我国的实际看,学校或教育系统关门办学的倾向严重,全社会的关注和支持甚为缺乏。一方面,学校在很大程度上仍受制于教育行政部门,即使听到了各方面的意见、建议,也无法汲取；另一方面，家长、社区、教师、学生在参与学生工作的积极性上相比学校部门差距太大，家长委员会几乎形同虚设，社区组织既不健全也不关注教育，而学生自己参与管理的机会就更少了。这使得学生管理与指导工作的专业性发展受到很大局限。

(二) 中学"方向指导"制度

"方向指导"是法国中等教育中帮助学生选择升学方向和就业出路的重要教学管理机制，它在很大程度上补充了其他国家惯用的考试制度。在当代法国教育系统中，"方向"一词逐步代替着"筛选"，力求帮助学生面对教育制度的多样化结构，根据自身能力和兴趣，找到适合个人发展和社会需要的学业选择和职业出路。

"方向指导"体系是在教育管理发展过程中逐步确立起来的。早在19世纪末、20世纪初，西方国家就开始关注学生的方向指导工作。1970年法国建立了第一个类似于学生指导的机构，即巴黎的"为青年选择职业提供资料和建议办公室"。进入20世纪后半期，方向指导的目的逐渐定位为帮助学生进行职业规划、确立人生方向。20世纪70年代初法国的教育改革将"大学统计室"改为"国家教育与职业信息局"，负责提供各种就业信息的"学业职业方向指导中心"改称为"信息与方向指导中心"，负责传递信息的工作人员统称为"方向指导顾问"，为国家公职人员。

1975年，法国政府颁布了历史上著名的"哈比法"，建立了统一的初中制度。考虑到不同学生不同的学习背景和学习需要，当时的统一初中被分为两个阶段：前两年的观察期和后两年的指导期。前两年对学生实施共同的基础教育，而在后两年的教学中加强对学生的方向指导。1989年，法国政府颁布的《教育指导法》中明文规定"学生有权得到有关学业、职业方向的指导与信息，这是受教育权的一个组成部分"。

(三) 方向指导的机构设置与工作实施

"方向指导顾问"的具体工作由各个系统、各个层级的工作部门负责，其中"国家教育与职业信息局"主要负责采集、整理和发布信息。该局通过其学区代表处和遍布全国的几百个信息与方向指导中心收集有关信息,经过整理后出版的微型指导手册免费发放给每个学生,并且在每一所学校的资料与信息中心都能找到。"信息与方向指导中心"主要负责直接为学生提供信息和方向指导。它的工作包括发放微型指导手册,免费提供各种详细咨询,接待来访者等。学区指导中心的每一位指导顾问都要联系一两所中学,根据学校的需要提供就业方向信息,并帮助学生恰当地选择升学或就业的方向。当然这其中既包括长远打算,也包括为近期目标而制定的切实可行的计划。担任"方向指导顾问"的人必须经过专门培训并获得证书,而且选拔标准非常严格,因此他们在学校、学生和家长中有着非常高的威信。当然负责方向指导的不仅有"方向指导顾问",目前在学校一级,主要是由教师、"方向指导顾问"、驻校顾问、驻校心理学家、社会服务助理以及情报和方向指导督学六方面组成。

法律规定了方向指导顾问履行下面的具体任务:"研究学生的兴趣;弄清他们的能力和倾向、在学校和家庭中的适应性;了解学生及其家长关于学校体系、职业、劳动安置条件、当代生产发展趋势等情况的认识程度;解答他们关于教学和职业选择的问题,以及如何以最好的方式发挥学生的个别才能问题;参与学生选择和参与各种学习的过程;保障与实业界、生产部门的联系。"

目前法国的中小学实行分阶段教学,每一阶段有都具体的工作目标与任务,便于学生在每个阶段都能多方向选择。初中划分为三个阶段:其中第一年为"观察阶段",旨在使每个学生掌握学习所必需的知识和方法。第二、第三年为"加深阶段",其中第二年开设选修课,第三年就要为学生提供职业信息并对学生加以指导。第四年为"方向指导阶段",这时就要指导不同的学生选择不同类型的高中或直接就业,以实现初步分流。高中阶段,学生还有继续选择的机会,如进入普通高中还是技术高中,或是接受两年制的职业教育,要根据学生自己的能力和兴趣。"方向指导"的独特之处就在于它正在逐步取代很多国家的升学考试制度,在学生分流的关键时期,通过为每个学生提供指导建议来帮助学生确定未来的方向。虽然最终的方向决定权还是以学生和家长为主,但学校和指导顾问的意见会作为重要参考。我国在学生毕业前也会有一种"考前指导",与法国的"方向指导"相比较,有以下几点不同。第一,指导的主体不同。我国的指导者多为班主任老师,这些老师并没有经过专业的培训,指导只是"兼职"。第二,指导的目标不同。受社会风气的影响,升学是很多人唯一的梦想,教育的分流倾向不强。最后,缺乏专业的指导途径,国家没有相关部门提供详细的指导信息,教师也只能凭借自己对学生的了解给予一些个人的看法。

三、日本相关制度介绍与特点分析

日本作为我国一衣带水的邻国,同样经历了漫长的封建时代,在二战后的几十年间,日本由一个破落的战败国迅速崛起,立于世界强国之列,其中教育的贡献不可小视。日本的教育历程,在一定程度上说更贴近我国的历史背景与社会实际,更有借鉴的价值。

(一) 为班主任减负的学校行政管理

日本实行中央集权式的公立学校管理体制。20世纪70年代以来,受社会发展的要求和美国的中小学教育改革的影响,日本政府与教育界开始思考本国的教育改革。其中最重要的是改变以往的教育委员会与学校之间垂直的上命下服的关系。在中央集权的日本公立学校体制中,地方教育委员会作为政府的职能部门是法定的学校管理责任者,它的权限其至还包括学校管理规则的制定。而校长只是受教育委员会委托,掌管具体的日常校务和监督教职员工作。20世纪末,日本开始改善中央对教育的过度控制,重构教育委员会与学校之间的权力关系。其中重要的一项就是减轻学校的行政负担。以往日本的基层学校每年都承担大量的各级各类调查统计、各学科各种竞赛活动的组织任务,应付来自都道府县各相关部门的事务委托或工作查询,学校核心管理业务以外的行政负担非常沉重。为使校长及教职员专注于职责,教育委员会开始致力于通过整理工作,停止或精简对学校的依赖以减轻学校基层的行政冗务。另外,与直接控制的减少相对应的是教育委员会对学校的支持性和服务性职能的加强,主要包含两方面的内容:一是帮助学校处理一些特殊情况,如突发事件、向父母及居民做出某些说明、与有关机构的联系协调、媒体宣传等;二是为学校提供需要的相关专业服务,如涉及儿童的保健卫生、安全管理、设备管理及法律诉讼等。

目前,我国的学校管理主要还受制于政府教育机构的行政管理,过多的行政事务一层层压在班主任身上,使班主任成为名副其实的行政"主任",在这种状况下,班主任其他职能的行使也受到了严重影响。而行政负担的减轻,就意味着班主任工作量的减少,这对班主任工作的改进将是一个巨大的贡献。此外,如果相关部门能够提供专业性的支持,如帮助学校处理特殊事件、为学校提供需要的专业性服务等,将大大弥补班主任指导工作中的不足,在遇到上述特殊事件的时候,主管学生工作的老师就不会显得无所适从了。

(二) 班级管理中的学生自主

与我国相似,日本同样强调集体主义在个人发展中的重要性。在日本人看来,儿童早期教育要注重培养儿童在集体中与他人合作相处的能力。反映在教育实践中,日本从小学开始就十分重视学生集体观念、合作精神和合作能力的培养。儿童进入一年级时,他们就加入了班级群体。从入学这天开始,教师就会反复强调群体中的协调性,并按照班级的活动计划,以班级或小组活动的形式培养学生的协作能力。可以说,几乎所有的活动,包括学术的和其他非学术方面的,都以班级或小组的形式进行,以培养学生自主合作的意识,促进学生个性的全面发展,表现出鲜明的特色。

与我国相比,日本的班级小组活动的一个很重要的特点是鼓励学生自主自愿的合作,注重学生主体性的发展。体现在实践中,班级小组活动虽然主要是由教师掌控,但在大多数情况下,教师是不会介入学生活动的。他们会放手让学生独自去处理一些问题,以培养和锻炼学生自主活动的能力。班级会议是学校正常生活的重要组成部分,几乎每天的早晨和下午学生都要集合开会,一般在10分钟左右。会议由班主任老师组织,但主要由学生干部主持,向班级学生通报有关情况,布置任务,以上活动大多数情况下教师是不在场的。正是这种有意识的引导,再加上班级小组活动的常态化、活动分工明确、活动目标清楚等优势,学生们在完成各自小组的活动任务时,往往不需要教师的提示和监督,人人都能尽职尽责、齐心协力把事情做好,表现出良好的集体自主意识。反观我国的班级活动,大多由班主任指挥开展,即使不是班主任主持,学生也多听凭班主任领导,缺乏自主性的组织与自主意识的培养。

(三) 协会班级管理向家庭的延伸

在日本各地都存在民间教育机构协会——PTA,它主要是指校区内的家长和老师为了一个共同的目标——孩子们的幸福成长,而自发组织的团体。这是日本学习和引进美国PTA的成功经验,于1945年开始推广实行的。上到全日本的总会,下到各个地区、市、县的分会,直至每个中小学校都有协会。

协会具有以下特点:第一,无论大小都具有周密的组织和领导机构。例如在学校的协会中,每一位家长以及学校的老师都是会员。他们来自不同年龄、性别和职业,为了共同的教育目标,平等参与,相互理解,精诚合作。第二,学校协会的会长一般是由本校区内有一定地位、并热心教育的学生家长来担任,副会长中除了一位学校的教务长外,其余几位也是学生家长。除此之外,还有运营委员长、干事、书记、会计和事务员等职,其中除了个别学校的教工之外,几乎都是学生家长。而校长则是以常务顾问的身份出现于PTA协会中。

协会立足于社区、学校、家庭三个领域,在密切的联系和协作中实现了管理、德育双重功能。除了校一级的负责人,每个班、每个年级,还有每个校区内各个居民小区都有代表委员,所以这是一个人数众多、既松散又紧密的网络。这个网络使得对学生的管理和指导无处不在,真正令人感受到整个社区的人们都在关心、爱护着自己的孩子。由于建立了这样一个联合机构,学校不再是管理学生的唯一权威,家长不是客人,而是学校的同盟,家长和教师形成了一种亲密的伙伴关系。

这个组织的存在不仅在学校和家长之间搭起了一座沟通的桥梁,也对及时处理学校或班级中出现的问题起到了有效的作用。与此同时,父母为教育活动而热情奉献的生活态度,则在不知不觉中对孩子的人格形成产生了积极的影响。

协会有丰富的活动设置和宣传途径供学生、教师、家长和社会各界的人士交流。如每个学期,PTA协会要出一份"PTA广报",内容图文并茂,主要有各种活动的报道及照片,还有校长感言、俱乐部介绍、心理教室、授课风景等等。协会每年也会组织一些活动:如"爱心义卖""小铃铛钱袋"等。

在日本超市的一些物品的包装袋上,可以看到一个指甲盖大小的小铃铛图标。这些日用品包括餐巾纸、色拉酱、糖果等等。别小看这小小的铃铛图案,那可是宝贝呢,因为它可以成为孩子们的"小钱袋"。原来,本着"让所有的孩子在平等、富足的环境中接受教育"这一理念,日本有一个推动全民参与赞助教育事业的"铃铛标志财团"。任何公司都可以自愿申请在自己产品的包装袋上加印"铃铛标志",成为其赞助公司。铃铛标志上都有不同的"点数",贵的东西点数大,便宜的点数小。而每一个点,其价值为一个日元。虽然十个日元也买不到几粒糖果,但积攒起来就不是个小数字了。如同所有的草根运动一样,这个铃铛运动就是从每个家庭收集铃铛标志开始的。妈妈们在拆除物品的包装时会检查一下是否有小铃铛图案,有的话就剪下保存起来。在每个月的规定日子里,孩子们把家里收集起来的铃铛图案拿到学校。接下来,全校的环境委员们——由协会选出的家长担任——集中在一起,将这些铃铛图案分门别类,然后再计算点数、登记、装袋。工作虽然繁琐、细微,但大家干得依然有条不紊。这样的活动每月一次,有工作的妈妈也会事先作好安排准时参加。每个月,学校再将这些整理好的铃铛标志寄给铃铛财团,经核实后,赞助公司会将相应的金额汇到学校的账户上——这时候,小铃铛图案终于变成了钱,这一公益项目也不断推动着日本教育事业的健康发展。

四、国外制度的启示

纵观以上各国的学生管理与指导制度,以下几点值得我们注意。

(一) 学生管理、指导与教育三大职能系统随着年级的递进呈分化趋势

在前面的论述中我们就提到过,目前各国学生管理与指导工作是按照不同的思路分配任务、设置岗位的。西方国家大多按照需要的职能类别把工作划分为管理系统、教育系统和指导系统几个方面,在每一个系统下分摊工作给具体的负责人,使得专职教师负责专门工作。例如美国的辅导教师专门负责学生的心理与学业辅导,法国的"方向指导"教师专事升学与就业的选择指导。而我国是按照行政组织机构逐级分摊工作任务的,这样虽然管理起来更加省力,却妨碍了教育工作的专业化发展。随着社会的发展,学生管理与指导工作不可避免地要向着前一种方式发展。这种模式不仅适应了教育的现时代要求,也顺应了教育逐渐专业化的趋势。在这种模式下,教师的专业性要求也更强。

(二) 管理主体的多元化

在学生管理问题上,我们以往的思考多从管理方式、管理手段上下功

夫,而缺乏对管理主体的考虑。学校是学生学习生活的重要场所,但并不是唯一场所,教师尤其是班主任也不可能作为学生管理的唯一负责人。引入多主体进行学生管理,是国外制度给我们的重要启示。

首先是家长的参与,日本、美国和法国的学生管理制度都引入了家长的力量,家长不仅参与学校活动,更间接或直接地影响学校及教育主管部门的决策。家长不再置身事外或只听从学校的指挥,而是成为学校的合作伙伴。不仅如此,家长们还有自己严格的组织机构及运作方式,有定时的活动和会议的召开。我国的"家长委员会"并没有形成制度、规范,在参与的内容和深度上完全不一样。

其次是社会力量的介入,不仅是家长,社区人员、社会工作者都可以成为学校教育的理想合作者,相关制度措施的配套更形成了全社会关心教育,参与办学的良好氛围。最后也是最重要的,就是在尊重学生心理发展阶段的基础上,逐步引入学生的自主管理。学生如何成为未来社会的主人,与学生在校期间是否可以做并做好自己的主人,有必然的联系。纵观各国的学生管理制度,学生自主管理力量的引入都成为优质教育不可或缺的资源。

(三) 重视学生指导工作

陈桂生教授曾把学校职能划分为"固有职能和派生职能也即工具职能两大类"。其中固有职能包括个体个性化职能和个体社会化职能。派生职能包括学校自我保存的职能和照管学生等职能。

所谓派生职能,就是在学校产生之初并不存在,但随着社会发展、学校变革而附加给学校的职能。在现代,指导已成为学校的派生职能之一,包括学业指导、职业指导与心理辅导等。首先,学生虽然每天都在学习,但如何学习,如何找到适合某个人或某个科目的学习方法与路径,如何选择个性化的求学之路,都需要教师进行指导。系统的学业指导对于学生的帮助远远大于缺乏指导的孤立学习。其次,自资本主义大工业革命之后,社会职业成为人们生存的必要手段。手口相传的传统行业退居二线,必要的职业指导也被引入了学校教育。职业指导可以帮助学生了解各种职业的特点,找到适合自身发展的职业教育,提前做好职业生涯的选择。相比美、法、日三国,我国的职业指导教育目前处于十分薄弱、亟待改革的阶段,如何在普通教育阶段引入职业指导课程成为当务之急。

最后,社会构成的复杂、个体压力的增加等一系列现代社会现象带来人们心理问题的增多,心理健康教育受到了学校关注。随着我国社会的发展,关注学生的心理辅导也会成为必然。

(四) 德育职能实现的多途径

与我国班主任一人主抓德育的局面相比,其他国家的德育实现了途径的多样化与多方力量的整合。

日本的道德教育模式更具有集体主义教育的鲜明特征。除了实践性德育方式即让学生在富有道德意义的德育活动中受到道德熏陶与感染的运用,多方力量参与德育以及德育活动中学生主体性的开发都是获取德育成效的优秀方法。也就是说,如何做到不停留在教师一人的表面说教,而是力求让学生"过一种有道德的生活"是德育工作最核心的问题。

当然,德育模式和道德教育途径绝不仅限于以上的举例,这并不在本书的讨论范围之中,但改变班主任一人承担德育责任,并且只凭谈心、说教等方式工作的现状是我们必须考虑的问题。

(五) 三项功能的联系与整合

以上我们概述了三大职能的划分、归纳了各国的学生管理与指导制度,并重点关注了职能实现问题。不过当我们按照功能划分理论来进行分类时,一个不可回避的问题是,很多时候这三大职能的实现是同步的。

举例来说,当日本协会的家长委员在参与学生课外活动的管理时,这些管理活动实际上也是一种环境渗透性德育,是学生在自主管理制度下发挥自身的主体性进行自我管理的过程,也可以看作学生接受主体性道德教育的实践性课程。所以管理、指导与德育三大职能的联系与整合是不可避免的,它们不仅在功能实现层面无法清楚地分离,在技术操作层面也不可能完全单独进行。

综上所述,从逻辑层面分析,我们可以得出当前班主任或导师"可能"具有的职能与人员配备方式。

班主任或导师作为学生管理与指导工作的基层岗位,其职能应该是学校职能在德育管理职业指导两方面上的反映。从文章对我国历史上学生管训岗位的职能梳理,到这一部分对国外相关岗位的介绍,我们可以大略得出班主任或导师岗位在我国现行教育管理体制下需要实现的职能。

首先,我国传统的职能实现思路主张"训教合一"的原则,近年来又提倡学生的"个性化发展"。而事实上对学校所承担的非教学职能进行硬性的分类也是一件很困难的事情。因为很多时候职能的实现与具体工作之间缺乏一一对应关系。所以,由班主任一人融合并统领所有工作的习惯也就延续至今。

其次,通过前文的分析我们可知作为级任教师的工作量本来并不太大。主要承担"思想道德教育与行为习惯的培养"。兼或负责组织班级进行自我管理活动。但时至今日,由于学校内部行政机构的繁冗,社会附加给学校的派生职能增多。导致班主任的职能定位可能会更加繁复。

最后,西方国家从20世纪中叶开始,目光转向现代社会环境下学生除去习得知识、技能之外,所产生的一系列社会适应问题。如心理健康问题、职业选择问题、学校适应问题、个体发展规划问题等,这些问题的关注和解决为学校增加了一系列的附加职能。当如此的社会状况反映到我国之后,在没有专职人员负责的情况下,也很可能成为班主任的职能。

第四节　我国德育教育与班主任制度的分析与比较

班主任制度作为中国德育教育的主要模式与载体,自改革开放以来,正从恢复探索阶段不断朝着专业化的阶段发展。但是,并没有达到无可挑剔的合理化、完善化,制度中欠合理、不健全的某些方面还在制约班主任的工作与专业化发展速度。

中小学班主任的工作是脑力与体力并需的特殊性工作,不少班主任工作积极性不高,甚至有些班主任产生了倦怠感。此外,中小学班主任的待遇与所承担的工作和所付出的努力是不相称的,即班主任的实际付出远远大于工作报酬,加之中小学班主任的培训制、考核评价制不健全,导致班主任工作热情不高,更何谈提升自身的专业化素质。本节主要依据笔者的访谈调查与相关二手调查资料以及相关方面的学术研究,就中小学班主任制度在中小学班主任工作界定、工作考评机制、待遇问题及培训制中存在的不合理、不完善之处展开具体论述。

一、中小学班主任岗位问题

近年来,中小学普遍存在教师不愿当班主任的现象。在各地关于班主任职业状况的调查中,"不愿当班主任"一项的统计数字令人堪忧,有的地方接近七成,因而出现了中小学"班主任危机"。

众多教师不愿当班主任的原因杂而多,既有主观原因,也有客观因素。其中,最主要的原因就是班主任职责的广泛、繁重,压得班主任们身心不适。那么,我们是否应该反思一下班主任们身体上和心理上是否真正乐意或真正能够承受这么多职能呢?

我们从现行的德育教育目的和班主任制度层面上进行分析,发觉制度层面对中小学班主任职责的界定可称得上过于笼统、广泛,学校的德育教育功能主要都要靠中小学班主任来实现,从学生个人到整个班集体的管理,事无巨细都得经过班主任操持。这是导致班主任工作量超负荷的根基,具体表现如下文。

(一)中小学班主任岗位职责界定过广

我国中小学班主任制度规定了班主任完成基本任务应承担的责任和义务,即班主任工作职责。《中国教师》期刊上的调查表明教师认为班主任工作负担过重,根本原因就是班主任制度对班主任岗位职责界定过广而造成的。

从现有的国家与地方的政策法规来看,班主任的职责包括向学生进行思想政治教育和道德教育、教育学生努力完成学习任务、教育和指导学生参加学校规定的各种劳动、指导学生课外生活、进行班级日常管理、负责联系和组织科任教师商讨本班的教育工作、做好本班学生思想品德评定和有关奖惩的工作以及联系本班学生家长等项目。可以明显看出,以上规定体现了高度重视学生各方面素质发展的特点,班主任各方面的职责都是围绕学生的发展而设计的,但是,对班主任职责的包含面甚广,班主任制度设计欠合理,教育管理班级方面没有涉及学校科任教师与其他教职员工参与或辅助班主任教学或管理班级,班级管理的众多事务与责任落在班主任一个人身上,职责很重。

我国中小学班主任通常在每天其他教职人员可以休息的时候,还要负责学生的自习,比任何领导与科任教师留在学校的时间都要长。中小学班主任不同于大学班主任或者班级导师,基本上是由主科学科的教师担任,并且每星期有超过十二节的课时量,丝毫不比其他科任教师少。其他的各项管理工作也要一齐抓,要利用更多的时间开展班级管理、道德教育方面的工作,组织学生参加学校组织的各项活动与社会实践,与家长、任课教师进行沟通等。教学任务与多方面的班级管理工作的叠加,使得班主任非常忙,压力很大。已有研究表明:我国中小学教师人均日劳动时间为9.67小时,比其他的岗位多出1.67小时,其中班主任的工作时长还远远大于这一数字。

由此易得,身为教育者、组织者、管理者和领导者,班主任的责任实在太重了。因此,班主任的心理压力相比一般教师更高,严重的还导致心理疾病的出现,产生职业倦怠等。

班主任繁重的岗位职责是导致职业倦怠的重要原因之一,职业倦怠使班主任对班级工作感到厌倦,职业幸福感也随之慢慢磨损甚至消退。职业倦怠的班主任,身心健康被破坏,造成精力与体力的不支,导致无法有序有效地开展班级管理,班级的凝聚力变得涣散,对学生的学习效果、班集体的班风营建等方面均有不良影响,为工作带来很多负面的效应,更何谈取得良好的工作绩效。更甚者,部分班主任自感无法承受压力与辛苦而主动辞职,很大程度上影响了学校工作良好有序地开展,班主任专业化发展进程也随之受到一定的阻碍。因此,中小学班主任是在整个学校德育教育中职责过重的岗位,问题的解决已经刻不容缓。

事实上,学校的全部工作与育人是密不可分的,教育与管理学生是不能全部压给班主任一人的,班级的科任教师也应该有份,行政管理人员也有份,教育学生、管理班级是每个教职人员的责任。目前,大部分科任教师往往持有教文化课就不需要担任德育教育职责,不需要管理班级其他工作的错误观点,尚没有认识到协助班主任育人的重要性。

总之,当前科任教师在指导学生学习与管理学生方面没有明确的分工与任务,其工作积极性与工作潜力都没有得以充分发挥,全体教师教书育人的作用也就不能凸显,这是我国中小学班主任制度规定的欠科学之处,更是教育资源的严重浪费。

(二)中小学班主任岗位评价欠科学

繁杂的工作、沉重的职责是人们有目共睹的班主任工作现状,在这种情况下如果采用的评价制度不科学、不人性化,势必会影响班主任的工作热情。在新课程改革、高考选课走班轰轰烈烈开展的今天,对中小学班主任岗位工作的评价制度仍没有一个科学、完整的评价体系,没有明文的规定,因此各中小学在对班主任工作进行考评时某种程度上都存在以下问题。

1. 评价指标与主体单一

目前很多中小学对班主任工作成绩和能力的考察,仅限于对学校教学任务完成的情况,而对班主任工作艺术与应对特殊教育状况的过程则无从考证。以智育成绩论断的标准已成为一个不成文的最重要的评价标准,班级学生的整体成绩偏低,那么班主任的教学能力和管理能力就会被否定,甚至有的班主任将不再被继续任用。

例如,学校评价班主任工作时就常常按照班级的考试成绩排名,或者以学生升学率的单一智育层面评定班主任工作成效的好坏,其他方面的衡量居于次要之位,甚至被忽略。其中初高中班主任工作的评价尤为看重智育成绩,并且逐步形成了单一的以学生升入重点高中、普通高中、一本、二本、三本的比例为评价标准,根据班级学生的考试分数高低直接评定班主任工作水平的高低。

这对班主任个人价值无疑是一种最深的打击与否定。实际上,我们应该认识到部分中小学班主任确实是因为自身的素质或经验的缺少致使教学成效不理想、班级学生的整体成绩不够理想。但是,我们也应该认识到每个班级的学生的素质也都不尽相同,学习能力有强有弱,学生的性格、爱好、特长也都不尽相同,学习的自主性也有所差别。所以,单纯以学生的学习成绩高低作为标准评定班主任的工作是极其片面的。

除了以学生学业成绩标准来评价中小学班主任工作之外,对班主任工作的主要评价者是学校德育处主任、学校教学主任、校长等校级行政管理的领导,因此,评价主体较为单一,通常以他们的主观判断作为评定班主任工作好坏的重要依据。

学校行政领导有权对班主任工作做出评价,但是学校领导不能掌握班主任工作过程中的全部信息。行政领导人员掌握全方位班级信息的机会并不多,有的仅凭借对班主任的工作印象或与自己关系的远近给予班主任考评。比如,对有名气的教师就给予很好的评价与荣誉,对以往绩效平平的班主任教师就缺乏应有的重视,给予不客观的评价;与自己关系较好的班主任教师就给予较高的评价,反之,就不认真对待,敷衍了事。无形中,对班主任工作的评价变了味,成了人际关系的较量,因而对班主任工作很难做出公正、客观的评价,这无疑是当下中小学班主任考评制度中存在的不合理之处。

事实上,学生不单是教育的对象,更是重要的教育合作者和教育促进者。学生是和班主任接触最多的群体,学生心中自然存在着一个衡量班主任工作好坏的标准,家长是配合班主任工作的合作对象,应是班主任工作中不可缺少的评价主体。学生与家长衡量班主任教学与日常管理工作的标准更为真实有效,而现今很多中小学在考评班主任工作时并没有把学生和家长作为班主任评价主体纳入考评工作。

已有研究表明,虽然有一部分学校把家长、学生纳入到考评主体当中,但是他们的评价并不占主要分量,没有充分发挥其评价作用,部分学生和家长持有多一事不如少一事的观点,如同应付差事似的评价班主任的工作,缺乏对班主任评价的正确认识,因而不能全面客观地反映班主任的实际工作情况,中小学班主任评价实质上还是以学校管理者为主的评价。我认为,每个评价主体都在班主任考评中起着不可小觑的作用,各方人员要认真对待,对班主任进行多主体的评价。

2. 评价重结果轻过程

目前,中小学对班主任实施的考核评价多是由学校管理者根据班主任的主要职责制定评价标准,在期末或者年终将班主任的工作结果对照评价标准进行考评。这种终结性的评价只能对班主任的工作作出成效判断,但是绝对不能全面、客观地把班主任工作过程的情况如实反映。对于班主任的育人工作,如不了解其具体的过程,只看结果是难以公正做出判断的,因为事物都有不断变化的发展过程,结果相同也不见得过程相同,除了重视终结性评价外,过程性评价也是必不可少的。

目前,大部分的中小学学校考评班主任时主要是看学生的整体表现,包括学生学期总体成绩、学习风气等。但由于学生形成的最后表现需要一个或短或长的过程,所以中小学班主任在工作过程中付出的心血和精力不是终结性评价能考察到的。比如帮助学习困难生克服心理障碍、鼓励学生学习兴趣、培养学生的思想道德、了解学生心理等工作,这些工作的价值主要体现在班主任帮助学生的过程之中,比如,有的班主任给予问题学生精神鼓励并主动帮助学生克服困难,提高学习效率,而有的班主任则缺乏耐心,消极对待;有的班主任把班级的日常德育管理工作做得井井有条,比如定期给学生看教育视频、讲先进的真人真事,而有的班主任对德育工作只是勉强对待、敷衍行事,只重视学习成绩,忽视德育教育过程对学生精神与身心素养的提升。

工作过程做得好坏同样也应是考评班主任的重要标准,但这些过程往往没有人去重视和考察,导致中小学班主任的过程性考评评价没法顺利进行。我国的中小学班主任制度中既然对班主任岗位的职责有广而全的要求,对班主任工作的考评也应当从各个方面展开,这样才能使班主任岗位的评价工作做得更好,才能让更多班主任接受,才能体现出国家、学校对班主任的尊重,从而提升班主任的工作热情。要用发展的眼光去观察班主任工作前后过程中的表现,这样,具有过程性与发展性特点的班主任考评将更具公平性。中小学班主任工作的评价应该是一个终结性与过程性并重的系统制度。

二、中小学班主任培训制问题

班主任岗位的专业性源于一般教师劳动的专业性,但又高于一般教师劳动的专业性。班主任的专业化发展是时代发展的需要,班主任培训是促进班主任专业化发展的重要途径,也是我国中小学班主任制度中的重要组成部分。班主任培训是指对班主任有目的、有计划、有组织地进行培养和训练,它是班主任队伍建设的重要组成部分。中小学班主任培训包括职前培养与职后培训两部分。加强班主任培训有利于提高班主任队伍整体素质和班主任工作水平,有利于中小学班主任充分推进素质教育,但我国中小学班主任的培训制度还存在一些有待完善之处。其中,主要问题是职后培训有失系统。

职前师范教育培养阶段中德育教育内容相对贫乏,不少高等院校甚至不为师范生提供各种活动课程或者实践教育类的机会。因此,职后的培训挑起了提高班主任素质的重担。但是,一些小县城还有偏远地区的中小学校中存在对班主任"重使用轻培养"的现象,只是应付政策式地进行培训,培训机会很有限,班主任工作水平的提高基本依赖于班主任自身的实践摸索与经验积累。总的来看,中小学班主任的在职培训针对性、实效性不高,缺乏系统的规划。主要表现为以下几点。

首先,培训层次不明朗。自教育部颁布《全国中小学班主任培训计划的通知》后,我国中小学班主任的培训开始趋向于制度化,各地区中小学班主任的培训机会开始增多,但培训制度并不系统,缺乏层次性。《全国中小学班主任培训计划的通知》规定"首次接任班主任的教师在上岗前或半年内的在岗期间需接受不少于三十学时的专题培训",但缺乏对各个层次班主任培训的具体规定。

现实中中小学班主任的国家培训或是地方培训,针对资历不同的各层级班主任,内容基本一致,缺少对应层次。笔者调查的中小学班主任提出,中小学学校的班主任教师都有不同的层次,既有新手教师直任的班主任,也有当过一定时间教师后上岗的,还有长期担任班主任工作的,因此,班主任们的理论、实践、能力存在大小不等的差异的问题。

其次,现在的校本培训或者更高层次的培训,对各种类型与层次的班主任教师的针对性并不强。新任班主任需要掌握基本的工作规范与管理班级的方法,其他班主任则需要其他的对应培训内容,否则就失去了培训的意义。访谈中的中小学校里,针对不同的班主任对象选取不同的培训内容的工作做得并不是很好,没有得到班主任们的普遍认同,培训大多是集体的全员培训,满足不了各层次班主任的现有需求。培训内容应针对新任班主任、普通班主任、优秀班主任、城市班主任、农村班主任的不同需求进行改变,为处在不同层次的每一名班主任提供适合的培训,如新任班主任应侧重于基本知识和技能的培训,普通班主任应侧重于教育素养的提升,优秀班主任则应侧重于班主任工作的创新等。

最后,培训者的培训没有做到位。中小学校大多依赖于校本培训的培训模式,中小学班主任是培训的实施对象,而学校主管培训的人员参加高层次培训的机会很有限。培训者的培训做不好就难以保障培训的质量,这会直接影响培训效果。因此,如果缺少对班主任培训系统的管理制度,班主任队伍将会完全处于低水平、欠科学的层面,班主任队伍的整体素质发展将被严重束缚。此外,城市与农村环境不同,班主任的处境也不同,工作存在差异,因此在农村中小学班主任的培训内容设计上应尽可能体现其工作需要,符合校情与师情,不应照搬照抄。

三、班主任队伍构成与发展无阶梯

一方面,相对于学科教师,或者行政管理干部来讲,班主任是一个无层级岗位。学科教师的专业发展有阶梯,只要持续不断地努力,达到一定年限就可以评定相应的专业技术职称,甚至还有特级教师等荣誉称号。学校行政管理干部也有助理、副主任、主任、副校长、校长等级别。只有班主任这个岗位是一个无阶梯的专业管理岗位,班主任之间的差异只有工作年限的差异,而没有专业职称上的区别,在政策上没有激励其发展的有效机制,职业角色的局限和固定使班主任工作显得单调而重复,也使班主任专业化缺乏目标引领和动力来源。

另一方面,班主任岗位缺乏系统的职业生涯规划。职业生涯是一个人终生经历的所有职业发展的整个历程。在班主任工作还没有真正成为主业的情况下,教师当班主任很少出于自愿。有的是为了达到评定职称所规定的班主任年限,有的是领导安排了不好推辞。可见,接受班主任岗位大部分情况下都是不得已而为之,实际上他们内心深处的想法是"能不干的时候就不干了"。显然,班主任们既没有职业生涯规划,也没有长期从事班主任工作的思想准备,仅仅将班主任工作视为短期的过渡阶段。

正是以上两方面原因,导致一些教师不愿做、不会做、不宜做班主任。应当说,长期以来广大中小学班主任兢兢业业、教书育人、无私奉献,他们做了大量教育和管理工作,为促进中小学生的健康成长做出了重要贡献。但在现实生活中,一些教师在担任班主任工作的问题上,确实存在着"不愿做""不会做""不宜做"的"三不"现象。

首先,目前不愿做班主任的现象普遍存在。现在的学生多是独生子女,管理难度大,班主任工作很辛苦,甚至有风险,吃力不讨好,弄不好两头受气,自寻烦恼,令许多教师觉得不值得。相较之下,做普通的任课教师就比较轻松和简单,"无官一身轻",只要完成课堂教学任务,对学生中出现的问题是可以不管不问的。

其次,部分新教师不会做班主任,需要有经验的教师"传帮带"。一些教师能够基本胜任教学工作,但缺乏当班主任的能力,不会管理班级,组织不好活动,不会做学生的思想工作,虽然工作也很辛苦,但效果不佳,自己也常常感到很苦恼。在现实生活中,能够上好课却当不好班主任的教师并不鲜见。有些班主任付出了体力,付出了脑力,付出了精力,最后仍得不到学生、家长及学校的认可,工作没有见成效,其原因就是不会做班主任,不懂得如何才能当好班主任。这样的教师其实需要一些有经验、有方法的班主任的引导,让其在德育教育上得以成长。

最后,有些教师的确是不宜做班主任。自身有特殊困难的教师,如生病的(包括心理疾病)教师、怀孕的女教师、家里有特殊困难的教师等等,都不宜做班主任。就算勉强做了班主任,也对班级的建设很不利。

第五节 我国德育导师制的发展和研究

1. 班主任制度的起源与局限性

从17世纪捷克教育家夸美纽斯提出班级授课制以来,班主任便诞生了。300多年来,世界教育一直沿袭班主任制。苏联在30年代就有了班主任,卫国战争之后,正式颁布了《班主任服务规程》,确立了班主任制度。新中国成立之后,我们在教育上主要学习苏联的理论,将原来的级任制或导师制一律改成了班主任制。1952年,国家教育部颁布《中学暂行规程(草案)》,其中明确规定:"中学每班设班主任一人,由校长在各班教员中选聘,在教导主任和副教导主任领导下,负责联系本班各科教员指导学生生活和学习。"从此,班主任制及班主任的基本职责就在我国被正式确定了下来。

随着信息社会的到来,班主任制度开始动摇。现代教育越来越关注学生的个性化发展以及学生的全面发展,主张实施多元化的教育形式和内容。传统的单一形式的班主任制度难以适应个别差异,难以照顾到每个学生,难以保证优生和差生的全面发展,个人的创造性发展受到了极大的限制。

从学生角度看,我国大多数普通中学各班级内普遍存在学生数较多的现象,班级常规管理的工作任务相当繁重,班主任对每一个学生的学习、生活、个性、特长等不能完全关心到位,影响了学生的个性化发展,也影响了现代教育的思想与实践的衔接。

从教师角度看,目前大多数的学校德育工作主要由政教处和班主任来实施,责任心强的班主任由于日益增大的压力和负担使得身体不堪重负,精神压力越来越大,而多数非班主任的教师则在承担学生课程学习以外的教育方面责任甚轻,以至于许多教师除了课堂教学和作业批改之外不再与学生发生联系,这是一种巨大的资源浪费。

2. 国外导师制的起源

关于"导师制",《辞海》上的解释为"英国高等学校的一种教学制度,14世纪开始采用。导师对学生负有教学和辅导的责任,亦有兼顾学生的一般福利和生活行为方面的指导。每一导师指导学生四至十人"。导师制的创始人是曾任温切斯特主教和英格兰大法官的威廉·威克姆。当时在牛津、剑桥率先实施导师制,此后逐渐在伦敦大学及其他许多学校推广。它与现行班主任制具有迥然不同的运行方式,可实现教师对学生的有效指导和教育。但由于经费和人力的限制,一般只在研究生教育中实行"导师制"。随着各国经济和教育的发展,一些实力较为雄厚的大学也开始在本科教育中实行"导师制"。英、美等国还在中学职业指导过程中采用导师制,一些私立寄宿制小学尤其是进行宗教教育的学校对学生的生活指导也采用导师制,还有针对研究性学习项目或天才学生加深学习的导师制等。

3. 导师制在国内渐进发展

在清末民初西学东渐时,一些西方教育制度在中国得到传播和实践,如学分制、导师制。新中国成立前,我国在中等以上学校曾经尝试实行导师制,如1938年,当时的教育部以法令形式颁布了《中等以上学校导师制纲要》,但因为历史的原因,并没有贯彻实施。浙江大学在竺可桢校长和费巩训导长的领导下,曾有一段时间也实行了导师制,并取得了一定成效。新中国建立后,由于政治上的影响,我国教育全面学习苏联的经验,教育制度基本采用苏联的模式,1952年改学分制为学年制,学分制与导师制则多用于研究生教育。改革开放以后,尤其是随着高等教育的不断发展与改革的不断深化,素质教育不断推进,对本科学生的培养方式再次受到人们的重视,全国有部分高校陆续开始实行本科生导师制。北京大学2002年已在本科生中试行导师制,浙江大学2002年已在本科生中全面实施导师制。

十几年前就有学校提出在中小学实施导师制。近十年来,很多学校对导师制进行了尝试,但是由于在理论和过程管理及评价方面没有很好的跟进,结果成效甚微,没有得到很好的推广。

近几年,国内已有一些高中,如南京市第一中学、浙江省长兴中学、北京市第八十中学以及佛山的一些学校进行了导师制的有效探索。如南京一中采取了班级导师负责制和学生固定导师指导制相结合的制度。确保每个导师有固定学生,每个学生有固定导师,每个导师既面向全体授课对象,又对指定的若干学生的个性、人格发展和全面素质的提高负责。

浙江长兴中学实行的是"德育导师制",具体地说就是在"整体、合作、优化"的教育理念指导下,将学校班级德育的诸多目标、诸多任务分解到担任"导师"的任课教师身上,是一种既教书又育人,既管教又管导,形成整体、合作、优化的班级管理教师群的一种班级管理模式。

深圳中学将3个行政班组成1个单元,由3位科任教师共同负责,每位科任教师同时也是本单元40名学生的导师。导师负责组织学生参加学校活动,了解学生各科学习情况,与学生单独谈话,与家长沟通联系,学期末在网上写出每个学生的评语。

银川市第十八中学在原有教师值周制的基础上,推行"全员导师制"的育人模式。学校成立了以班主任为核心、班级科任教师为成员的导师组,在学习、生活、品德和心理等方面为各自"承包"的学生提供全方位、个性化的指导和帮助。

此外,北京市第八十中学则致力于为有特殊兴趣爱好的学生选择导师,指导学生的深入发展;佛山市高明一中借鉴其他学校培优扶差的经验,结合自身的教学资源,实行了"学科导师制"的教学模式;还有的学校在课题研究方面对卓有成效的学生进行重点培养,建立师生之间良好的科研导师制等。

在新课程改革的过程中如何通过"成长导师制"实现全员育人模式的

构建,切实提高学校德育管理和教学管理的效益,是一个值得深思的问题。宁波四中导师制的全员育人模式设立了"成长导师",旨在推动每一个学生在共同基础上的个性化自主学习和多元发展。为了与分层分类走班和"七选三"高考新模式的管理配套,"导师制"取消了行政班班主任,所有课任教师均须担任学生成长导师,让每一个学生都拥有成长导师,推动学生个性化学习。

2013年起,浙江省率先试点新一轮新高考改革,推行"七选三"高考模式,使得课程选择权真正回归到了学生手中。如何兼顾每一个学生的选择,给予他们充分的个性化指导,是摆在每一个普通高中领导面前的全新课题。

面对一个系统化的教育改革方案,高中学校如果再以简单的课时数量或课程设置的调整来应对,是很难适应新的教育形式与高考改革的。依据新的教育改革方案,学生有了更大的选择权,面对如何充分尊重学生的课程选择权的问题,我们的答案是:学校应以灵活的学科小组为主导的学习班,逐步代替以行政班为主导的教学班。新的教育改革与高考模式的改变带来了学校教学模式的变革,学生评价标准、教师评价标准、课程评价标准以及一系列过程都将发生系统性的变化。而只有学校教育管理模式的变化,才会带来教学模式与评价模式的根本转变。宁波四中成长导师制就是基于此理念下的一种教育管理模式的改革。

第二章 宁波四中"全员育人导师制"的研究与实践

第一节 宁波四中全员育人导师制的起源

宁波市第四中学是浙江省第二批一级特色示范普通高中,具有178年的办学历史。如今,这所百年名校坚持与时俱进,秉承"百年崇信、多元毓才"的办学理念,始终将课改、教改放在重要位置。2013年起为进一步适应浙江省深化普通高中课程改革的需要,学校尊重学生个体差异,勇于突破,敢于创新,不断推进分层教学。

十几年来,宁波四中的发展可以说与浙江省新课程改革的不断深化息息相关,紧密相联。2006年浙江省启动普通高中课程改革实验工作,学校被浙江省教育厅审定成为首批浙江省新课程改革样本学校;2011年浙江省普通高中多样化发展选修课程建设试点,学校又率先成为浙江省普通高中多样化发展选修课程试点学校;2012年浙江省深化普通高中课程改革进入第二阶段,当年,学校又被浙江省教育厅批准成为浙江省深化普通高中课程改革实验基地校;2014年9月《浙江省深化高校考试招生制度综合改革试点方案》公布后,2015年8月学校通过省教育厅相关专家和领导的严格评审,以高得分成为浙江省第二批普通高中一级特色示范学校;2015年10月浙江省实施新高考改革后首次学考、选考,成为浙江省课程改革的一大里程碑,学校也于2016年成为国家教育部"基础教育课程改革示范"实验学校。通过把宁波四中的改革和发展历程与浙江省高中课程改革的进程相比对,我们不难看出,宁波四中紧跟浙江省课程改革的步伐,一直站在课程改革的潮头,走在前列,起到了表率示范的作用。

2015年11月,在浙江省深化普通高中课程改革和适应高考招生制度改革典型经验研讨会上,省教育厅韩副厅长强调:"学校管理要能适应深化课改、考改的需要,要科学、合理地安排三年的教学",韩副厅长特别提到,"希望行政班三年不变,让走班教学成为一种常态"。宁波四中已经在教学上实行分层走班制度,为适应新教学管理,从2014级新生入校起,学校不再分文理科,行政班三年不动,全面推行"成长导师制"。宁波市教育局已经确定,以我校"成长导师制"为模本,推广高中导师制的实施。教育部基础教育一司副司长杜柯伟,教育部基础教育课程教材发展中心副主任刘月霞,浙江省教育厅副厅长鲍学军,浙江省委教育工委副书记、省教育厅副厅长汪晓村等领导相继来访,关注我校导师制实施情况;辽宁省、重庆市、安徽省教育厅等同行也来校取经学习;浙江省高中骨干校长培训班、湖州市新任校长培训专程来我校蹲点学习数周乃至数月,重点学习我校"成长导师制"的运行。由于"成长导师制"的社会影响力,宁波市普通高中特色发展推进会、教育部与宁波市教育局的共建签约仪式等大型会议均在宁波四中召开现场会。媒体也高度关注,《浙江新闻》、《宁波新闻》、《宁波日报》、新浪网、搜狐网、新华网等媒体的竞相报道,不仅是对我们莫大的肯定与激励,也让我们对进一步完善全员"成长导师制"充满信心。

在此期间,学校进行了顶层设计,构建了以五大课程领域和校训"诚朴爱"六个方位的魔方式自主选择课程体系,并严格按照课改的要求进行了课程的实施,率先进行了分层分类的走班教学实践。

随着课程改革的不断深入,我们也和许多兄弟学校一样遇到了很多两难的问题。这些问题的出现,我们是有思想准备的,我们知道,所有的改革本身都是在破解难题的过程中进行的,也是在破解难题的过程中取得成功的。更何况偌大的一项省一级的高中课程改革工程,不可能为某一学校量体裁衣,每个学校都必然会经历改革的阵痛。我们必须经历想尽办法克服困难的过程,我们发现,有些问题是现有的学校运行机制下无法解决的。

要想解决,只有从学校管理体制上下手才能成功。于是,我们开始着手进行教育管理模式的改革,开始打破传统的"班主任制"并试行"全员育人导师制"这一新的学校管理模式。我们以教育科研为先引,推动学校的管理改革,推进学校的各项管理工作。

第二节　实施全员育人导师制的必要性

要改变一项现有的、运行几个世纪的学校教育管理模式谈何容易,这需要有充分的理由和理智的判断。我们认为在新课程改革的背景下,实行"全员育人导师制"有以下四方面的理由。

一、新课程改革和新高考改革的要求

新课程改革和与之相配套的新高考改革的要义是强调在学生全面发展基础上的个性发展,把自我发展的选择权还给学生。首先,要把选择权还给学生,让学生自己选择自己的发展前途,就要进行生涯规划。作为尚未成年的中学生,要对自己的未来进行生涯规划,需要教师付出更多的时间和精力,在充分了解学生的个性特点的前提下,个性化地进行指导。而在目前的班主任制管理模式下,很难做到这一点。其次,当学生根据自己的个性特点,确定发展方向后,学校需要提供与每一位学生发展相匹配的课程供学生选择和学习。这就势必要打破行政班的模式,进行走班教学。班主任制度在行政班集中管理的情况下,尚有许多问题,更何况在行政班被打破以后,管理起来必然捉襟见肘。可见在新形势下,"全员育人导师制"势在必行。

二、传统的班主任制的局限

传统的班主任制在新形势下存在着很多问题,我们不能对班主任制全盘否定,毕竟这一制度到目前为止一直被世界教育管理界所推崇,我们也是在班主任制下成长起来的。但又不得不承认,这一制度在新课程改革和新高考改革的背景下,存在着诸多的缺陷。主要有以下四方面问题。

一是班主任压力太大。作为班主任要面对四五十个学生,无论大小事务一人包揽,的确辛苦。几乎所有学校都形成了班主任苦不堪言,其他科任教师袖手旁观的局面。班主任有限的时间和精力很难应付大量的学生思想工作和学习生活管理任务,其他教师又很难也不愿插手管理班级。因此,教师不愿当班主任的现象普遍出现。每当学校新学期要安排班主任,校长要花费大量精力才能勉强完成。有些教师在做了大量思想工作的情况下才勉强当了班主任,但很难尽心尽责。

二是班主任无法深入开展工作。班主任工作除去日常的班级管理工作外,最重要的是与学生谈心、家访、分层分类实施个别指导,但由于同时要管理太多学生,精力不济,很难深入细致。

三是教师当班主任在客观上会受到许多限制。客观上讲,教师做班主任的确存在着许多制约因素:年龄问题、身心健康问题、赡养老人问题、抚养子女问题、目前的二胎问题,等等。面对高强度的班主任工作,不同年龄段的教师都有各种各样的主客观理由,来证明自己无法胜任班主任工作。

四是传统的班主任制度存在着很大的不确定因素和局限性。其一,班主任在管理能力上必然有相对的强弱,由于能力不同,所带班级往往会有很大的差距,这是客观存在的事实。这也是为什么很多家长在学校分班级时挖空心思要挑选优秀班主任的原因。其二,如果班主任由于个人客观原因要中断班主任工作,那么对于一个运行正常的班级来说无疑是一次小小的地震。家长学生不得不接受新班主任的管理风格和工作模式,这对班级的影响是不可避免的。

三、班主任与学科导师制双轨运行的弊端

很多人也看到了班主任制度的问题，尝试着做出一些改变。于是，有学校开始试行"班主任制下的学科教师导师制"，让班主任与学科导师制双轨运行，来解决以上存在的问题。这种管理模式的确能够带来改变的可能，通过制度的约束，让每一位科任教师都来配合班主任管理和指导学生，在一些实行改革的学校起到了一定的作用。但此方法最终还是不尽如人意。我校也对该模式进行过尝试，但在一阵热潮过后，最终只能是流于形式。究其原因，还是因为班主任制度太强势。学科导师虽然分管了十个左右的学生，也努力去管理，但由于班主任的存在，最后名存实亡。学生已经养成了有事找班主任的习惯，学科导师显得名不正言不顺，心有余而用不上力，最终往往徒有导师之名，而很难行导师之责。班主任与学科导师制双轨运行的弊端和运行过程中的尴尬告诉我们一个道理：只要有班主任的存在，导师制只会流于形式；或者说，班主任制度不取消，导师制无法真正落地。

四、教师职业教书育人、一岗双职的本质回归的呼唤

教师的定义有很多，但韩愈《师说》里的定义简洁到位，耳熟能详，堪称经典——"师者，所以传道授业解惑也。"他说出了教师职业的一岗双职本质，即"传道"与"授业、解惑"，且首要任务是"传道"。教师的使命，除了教学之外，还得育人。有些教师专心学科教学，而且还在学科教学中渗透德育，就自认为是一名好教师了，其实不然。在新形势下，教师理应教育教学一岗双职，要贴着学生开展工作。也就是说，每一位教师都要参与到学生的管理中去。否则，不深入了解学生，不参与学生的生涯指导，就无法促进学生的个性发展，也就无法真正成为一名新形势下的合格教师。

第三节　宁波四中全员育人导师制实施方法

"找到短板,拉高标杆,创新对策",这是教育改革应有的方法。在全员育人导师制的管理模式中,宁波四中对已有班主任管理模式中合理有效的部分,特别是优秀班主任的先进经验和做法加以了充分的肯定和保留。这种模式不是完全摒弃班主任制的管理模式和方法,而是在此基础上的继承完善和创新发展。

一、明确全员育人导师制的实施目标

1. 通过对全员育人成长导师制管理模式的构建和完善,进一步提升学校教育教学质量。

2. 仔细研究成长导师制的模式和细则,促进每位学生的个性发展,明显缩小学生的学业个体差异。

3. 不断构建和谐师生关系,促进教学相长,推动教师的主导作用与学生的主体地位相统一。

4. 使家校沟通更顺畅,更好地体现学校、社会和家庭三位一体的教育效益。

5. 提升每位在校教师的职业幸福感,增强教师的职业责任性和自觉性。

6. 在研究中不断探索和化解新时期学校遇到的德育难题和困惑。

二、构建全员育人导师制的管理框架

1. 建学部、全导师。宁波四中在实行"成长导师制"的各个年级建立学

图 1.2.1　宁波四中"成长导师制"组织机构示意图

部,由校长室任命学部主任,享受中层副职待遇,学部主任直接隶属于以德育处为主的各职能部门。

2. 小班化、均分组。配合"成长导师制",宁波四中将班额控制在每班36个学生左右,实行小班化管理。同时,将每班学生均分为3个小组,每小组12人左右,并使每一组学生的学业水平、性别等均衡分布。

3. 聘导师、全员化。每一学部一般有近40余位科任教师,除个别教师有特殊原因未担任导师,其余36位教师均被学部聘用为"成长导师",每位导师与一组12至15位学生结对,即每班3位导师,全学部36位导师。

4. 立首导、重团队。每三个班级的9位导师中,选择一位协调能力强、有经验的导师担任这三个班的首席导师,重点解决疑难问题、调停班际矛盾、协调重大活动等,同时建立了班级导师首问机制与协调机制、疑难首导协调机制、导师团体考评机制等。尤其值得提出的是,在导师考核中,学校不单独考核每位导师,而是考核导师团队,即关注一个班级三位导师之间的相互配合、支持,以及由此带来的班级整体提升。这一举措大大促进了团队凝聚力,减少了团队内耗。

5. 调关系、建体系。学部主任下辖四位首席导师,四位首席分管自己在内的三个班级的九位导师。为了使学部与各职能部门工作接规,四位首席导师既有合作又有分工作,分别为行政首导、教学首导、德育首导、生活首导,这样,各年级组组建了五人领导小组。每个班级由三位导师组成领导团队,这三位导师也各有其职,分别为教学导师、德育导师、生活导师,形成了既分工又合作的关系,同时,又与学部首席导师无缝对接。这种导师制管理体系的建立,一方面加强了各年级的领导团队;另一方面,每一位教师都是导师,形成了全员导师的管理模式。可以说,全员育人导师制真正构建了学生管理的网络体系,为学生的全面个性发展提供了有力的保障。

三、落实学部主任、各类首席导师、各类成长导师的职责

在学部主任的总体负责下,首席导师和成长导师主要有以下几个方面的职责。

1. 学生生涯规则指导及学业选择指导与监控。
2. 参与学生综合素质评估与测定。
3. 班级日常管理与班级活动的组织。
4. 个性导师活动日的设计与实施。
5. 学生自我管理的指导。
6. 家校沟通交流。
7. 本学科教学与辅导。
8. 小组成员习惯培养与校正。

第四节　宁波四中全员育人导师制的成效与难题

八年来,全员导师制的实践,取得了一些可喜的成绩,让学校管理上了一个台阶,但同时也存在一些问题与困惑,有待我们不断去探索。

一、全员育人导师制取得的成效

1. 建立了各学部的核心领导团队,加强了各学部的领导力。德育工作需要全时空性:从横坐标上看,要形成德育管理网络;从纵坐标上看,要形成德育管理层级;从管理者来看,要形成管理团队。首先,如果没有全员德育机制和网状德育体系,德育将只是以班主任为第一责任人的单线状态,无法实现全覆盖。我们常说的"班主任不在,学生不听话,没法管理",就是由于德育管理的单线状态造成的。而导师制,形成了全员育人机制,构建了德育管理网络,让学生的德育不再留有空白。其次,管理层级脱节,也会造成管理的混乱。以往学校各部门与学部、班主任之间的关系不是很清晰,导致了管理上的脱节。导师制进一步厘清了德育管理层级,让学校的每一个部门与各学部、导师之间的关系丝丝入扣,进一步提升了管理效率。最后,学部有五人团队,班级有三人团队,形成团队管理模式,更有智慧,更富战斗力。

2. 从班主任到导师的角色转换,拉近了师生距离。导师面对十二位学生,工作更加到位。过去,班主任给人的印象通常是一个字"怕",学生谁都不怕,就怕班主任;而现在的导师给人的感觉是"亲",因为导师面对十几个学生,完全有精力经常相处,悉心指导。再加上导师活动日的设计,极大地拉近了师生之间的距离,德育效果就更加显著了。

3. 导师的影响力逐步显现,学生管理得到加强。在新课程改革、新高考体制下的"七选三"分层分类走班教学的背景下,学生管理难度加大。我们如果把管理学生比作是放风筝,把十二个学生当作是一个风筝,那么以往班主任一个人放着三至四个风筝,的确会出现顾此失彼的现象;而导师制实施后,一个导师只放一个风筝,就容易多了,不管你走班走到哪里,总有一条线牵在导师的手里。这样,导师在学生的生涯指导、选课指导上发挥切实的作用,走班制教学班的管理问题也迎刃而解,学生的管理势必得到了加强。

4. 平衡了行政班之间的差距,促进教育质量提升。根据我们的管理经验发现,不同的班主任之间一定有强弱,而且所带教的班级差距很大,形成班级间的不平衡,这成为学校管理一直没有解决的难题。反观导师制的实施,我们在配备导师时考虑到年龄、性别、学科、专长、能力等方面的因素,使导师形成合力。如果有教师由于个人的原因无法担任导师,学校又暂时排不出导师的情况下,也可通过另外两位导师的暂时合作解决问题,不会太大地影响到班级的现状。实践证明,班级三位导师分工合作,团队管理,各班成绩更为均衡。

5. 增强了教师的职业使命感,一岗双职得以实现。正如上文所述,班主任是个辛苦活,每个学校都会遇到班主任没人当的难题,这也是每一位校长的一件头痛事。而全员导师制真正落实了教师的一岗双职的使命。自从实施导师制后,每一位教师几乎都担任导师,个别没有担任导师的教师也会积极要求担任导师。这表面看来是一个从众心理现象,实质上却是教师职业使命的回归。

6. 加强了家校联系与沟通,有力地促进学生的成长。家校联系无外乎家长会、家访、家长个别约谈等方式。对班主任来说,精力牵制最多的也在于此。每年班主任全班家访一次已很不容易,因此如果学生没有出格的事一般不会约谈家长,更谈不上对家长教育子女的指导和研讨。开家长会,一般学校都会安排在考试后,且过程流于形式:家长济济一堂,随后学校领导讲话,教务主任或政教主任讲话,班主任讲话。当大家都讲完,已八九点钟了。最后,一些想了解自己子女学习情况的家长会围着班主任,你一句,我一句,人多口杂。这导致虽然家长会一般都很晚结束,但效果并不理想。

导师制实施后,教师的家访相对轻松,一般每位导师每学期可以不止一次地根据需要进行家访,不仅如此,约谈家长也成为常事。更值得一提的是,家长会呈现一种新的面貌:每次考试后,全校会有几百场家长会召开,各位导师会根据他所指导的学生的不同情况,分组召开小型的家长会。有几位家长参加的,有几组家长学生一起参加的,有全体家长参加的等不同类型。不光家长会的针对性十分强,而且家长会的研讨性也很强。这样的家长会不再是走过场,家长会的效果也得到了充分的体现。

导师制的优势还有很多,这里不再一一列举。

各级领导了解这一德育管理改革后,都给予了充分肯定。

"可以用'老树新芽'来形容宁波四中的导师制,宁波四中在生源普通的条件下,凭借全员育人导师制的管理模式,获得了一系列办学成果,令人赞叹……这是全国具有示范意义的管理模式。"

——刘月霞(教育部基础教育课程教材发展中心副主任)

"宁波四中全员育人导师制符合新课改理念,是值得推广的德育创新模式。"

——杜柯伟(教育部中外人文交流中心主任,原教育部基础教育一司副巡视员)

"宁波四中的全员育人导师制,是在新课改的实践中,克服困难,不断摸索总结出来的宝贵经验,这是难能可贵的。它打破了传统的行政班管理模式,有效实现了对学生走班教学和生涯指导的服务。这一创新卓有成效,值得推广。"

——刘希平(浙江省政协提案委员会主任,原浙江省教育厅厅长)

"宁波四中是一所古老而有朝气、优质又有特色的学校,全员育人导师制的实施,必将推进宁波四中的进一步发展。"

——汪晓村(浙江省文化卫生体育委员会主任,原浙江省教育厅副厅长)

"宁波四中是宁波市导师制的排头兵,宁波四中的全员育人导师制已经是一个比较成熟的模式,正在全市逐步推广。"

——张明华(宁波市副市长)

综上所述,在新形势下,很多过去在班主任管理体制下无法实现的事,通过导师制的实施都能较好的得以实现。导师制的优势是显而易见的。

导师制实施八年来,我们做了很多的研究和尝试,总的来说开展顺利,成效显著。但还是存在一些困惑有待进一步研究和破解。

二、全员育人导师制目前存在的问题

1. 由于这是一项开创性的工作,许多理论还需要论证、还需要在实践中检验,广大教职工的思想还需要进一步统一,认识还有待于提升,经验还需要不断地总结。对出现的问题还需要不断地思考和解决。

2. 由于全员导师制后导师的工作量相比原来的班主任并没有减少,但津贴费反而比以前减少了(由于绩效工资总量的限制,导师只能拿到原来班主任的三分之一),这些收益的减少对个别优秀的教师可能不够公平。

3. 轮值工作如何安排到位问题。三位导师可以采取轮值的方式来分担教师的工作压力,这无可厚非。问题是在一位导师轮值时,其他两位导师如何配合工作,做到分合有序,让每个导师人人有事做,事事有人管,这亟需一个行之有效的方案。

4. 导师间的合作问题,包括如何处理好自愿组合与组织审定的关系,如何根据教务处安排适当调整语数外加学考科目教师。

5. 首导如何把工作贯彻到整个年级。德育、教学、生活、行政四位首席导师如何管理各班的领导团队,这个问题还需要规范。

6. 导师手册包含了导师制工作的指导原则,如何让导师通过学习和领会将工作原则贯彻到整个工作中去,并且在实践中不断修订和完善,这仍需要在未来持续思考。

第三章 教师学生家长对导师制实践的体验与感悟

全员育人导师制的实践,是全体教职工和全体学生家长共同参与和成长的过程,在这个过程中,小至个人、大到学校都得到了前所未有的收获。本章我们用导师、学生和家长的实践经验和感悟将这些收获呈现给大家。

第一节 教师对导师制实践的体验与感悟

我和首导姐妹们共同成长

李 珍

2018年初春,我们又聚在那个熟悉的小饭店,一起谈谈最近的工作,一起聊聊彼此的喜怒哀乐。说来也是奇怪,一周七天,我们有六天是在同一个地方办公的,近乎天天碰面的人,却还是有那么多说不完的事情,聊不完的话题。

我们是谁?我们有一个很高大上的名字:首席导师核心团队。什么是首导?首导与普通的导师存在着哪些差别呢?担任首席导师又需要具备怎么样的能力呢?尽管我已经带着这个身份工作了三年,依然很难准确地定位这个称呼的边界和内涵。如果真要了解这其中的奥妙,就要把时间拉回到三年前的那个夏天。

1. 初识

2015年的7月,刚完成高三任务的我们,正准备重新投入到班主任的队伍中,不曾想,一个通知打乱了原本的计划,原先12个人的班主任队伍,突然变成了36个人的导师队伍,而身处其中的我们除了导师的身份之外,第一次被冠以"首席导师团队"的称呼。首导是什么样的角色?我们自己也疑惑重重。希望能从别人那里得到一些现成的答案,然而,没有现成的经验可参考,我们只能摸着石头过河了。

于是,我们第一次相聚在那个小饭店,从这个身份的定位,到这个身份在日常运行过程中要处理的具体事项;从彼此的管理范围,到彼此之间的相互配合;从正午的炎热到暴雨骤临后的微凉……在时间的流逝中,我们渐渐有了对这个身份的初步认识。简单地说,这个身份是介于校方、学部主任和导师团队、学生之间的一个角色。或许,比较接近于曾经的年级副组长,需要协助学部主任做好年级工作,协助导师们处理班级事务,以及做好学校各项工作的上传下达。确定好首导身份的内涵和工作职责,我们就马不停蹄地开展各自的工作了。

2. 新知

9月的天气炙热依旧,不想出门的心情也依旧强烈,然而时间不会因你的心情而放缓脚步,对我们的考验拉开了序幕。新的工作充满着机遇与挑战,我们小心地试探、摸索,努力寻求着在传统和创新之间的交集。所幸事情的进展比想象中的要顺利,学部主任的引领和老师们的支持,帮助我们解决了一个又一个难题,事情的进展日渐顺利,我们也有了前进的动力和大展手脚的信心。

然而,冲突终究要出现,问题也总是会产生。就像潜藏许久的根,总会随着春暖花开的时节,慢慢冒出头来。

一次,我们将一个日常的通知以常规化的形式告知导师们,并要求在限定的时间内完成上交。然而,猝不及防地,一个质疑的声音在身边响起:"这个操作合理吗?这个操作必须吗?这个操作可以停止吗?"突然的质疑,让原本已经习惯了简单的上传下达的我们变得有些惶然。面对这些质疑,我的内心竟本能地有些逃避,这应该是我们要去回答的问题吗?这不是该由学校来解答的疑问吗?我具备让他人信服的能力吗?

诚然,事情的后续没有变得更复杂,通知也沿着既定的轨道完成了。然而,我们已经意识到必须重新定位我们的工作范畴。这件事让我们实实在在地体会到,我们的这个团队,并不仅仅担任收发室的职责,也并不仅仅承担各项通知和任务的告知工作。每位导师要面对的是十几个学生,46个人的班级,还有同班级的搭档。学部主任所要面对的是学校管理层、36个导师和整个年级的大小事务,我们要面对的有别于导师细致入微的日常工作,也有别于学部主任的统筹管理,那么我们这个团队的工作重心又在什么方面呢?

关键在于清楚首导团队要面对的群体:学部主任、导师团队、学校的各个部门、学生群体。针对这些群体,应把首导团队的职责做具体的区分。

职责之一:协助学部主任,规划安排年级事务,并就年级实际情况做出教学安排等方面的调整。例如在高三选考临近时,首导团队针对目前走班较为浪费时间的情况,和学部主任共同商议,提出解决措施,对课程时间进行了重新的安排和规划。

职责之二:协助教务、德育、校方、生辅等多部门,共同处理年级组中的具体事务。例如本年级学生在行为方面出现偏差时,首导团队针对其具体情况,及时和相应导师进行沟通,了解情况后,协助德育部门共同处理。在师生和德育部门之间起到润滑和过渡的作用,从而达成妥善处理的目的。

职责之三:及时处理和反馈学校的各项安排,在面对36个导师团队并且每周轮值教师不同的情况下,及时传递和通知校方的各项任务及安排,做好信息的上传下达。

职责之四:协助导师进行班级管理,同时,对导师工作上的疑难困惑进行沟通解决。每个首导面对的是三个班级、九位老师、一百多名学生。除了事务性的通知,在日常的管理中,首导也要及时了解对应班级的情况,针对可能出现的问题,和导师共同探讨和应对,既做到未雨绸缪,又能够坦然应对。

在一个协作的关系圈中,我们要应对的不是冷冰冰的资料和文件,我们要沟通的也并不是习惯了听取和接受的学生。我们要面对和协作的是一个个丰富和鲜活的个体。对此,我们应该去倾听、去学习,在团队协作的路上,这是非常值得学习和记忆的一课。

3. 回首

回首我们前行的道路,竟在不知不觉中已经走了那么久。似乎要写下一些什么才能证明我们曾经走过的痕迹,于是我在脑海中翻阅岁月的照片:那个下午,我们一起在校园钟秀池边拍照,我们穿着心仪的服装,带着灿烂的笑容;那个清晨,我们和学部主任一起制订一周计划,一个口头表述,一个按键如飞;那个黄昏,我们为高三临考的安排争得面红耳赤,在归家的路上,依旧不舍得放弃自己的方案;那个夜晚,我们窝在东钱湖酒店一起磨稿子,虽然上台演讲的只有一个人,我们却仿佛人人要上台一般对着稿子精雕细琢……

我和我的首导姐妹们还将继续前行。回首过往,幸而,一路上有你们!

拉近心灵距离　提升教育温度

邱　萍

为充分适应浙江省"七选三"新高考模式,宁波四中从2015年8月开始取消了原有的行政班班主任制度,在新高一试行全员育人导师制。

下面谈谈我从去年8月做导师以来的体会和感悟。

1. 面临挑战

2017年6月,我送走了原高三学生;8月,迎来了新高一的学生。春去冬来,三年一轮,我已经习惯了这样的工作节奏。但这一届新高一的编班、上课模式改用导师制了。这意味着已经十年不做班主任且快要退休的我,又将"重出江湖"。当时我很郁闷,甚至有点抵触、有点害怕,因为导师制没有现成的经验可以借鉴。但作为一名党员和老教师,面对挑战,我怎能临阵脱逃呢?我毅然决定担任高一(4)班的导师。

2. 努力尝试

既然做了导师，我一定会努力去做。虽然只能边干边摸索，但不去尝试，怎么知道结果呢？

暑假里，学校就新高一导师制的实施进行了专题培训。8月军训开始后，我边实践边总结。军训两周的导师制实践，让我初步熟悉了导师制的各项要求和实施的办法，也取得了一些成效，发现了一些问题。这为进一步落实导师制的各项要求，解决实施中存在的各种问题做了一些准备。我也初步尝到了导师制的甜头。

我体会到：学生思想工作由过去的班主任一个人做，转化成三个导师一起做，德育和教学实现高度融合，拉近了师生间的距离，师生关系比以前更加密切；家长和社会对学校的信任和认可度进一步提升；学生受关注度和幸福感也得到了提升。

3. 成果显著

经过一个学期的探索和实践，导师制取得了学生受益、家长满意、教师认可的"三丰收"。

因为做了导师，不管是轮值还是不轮值，都会在意学生各方面的情况。现在跟学生接触的机会多了，拉近了与他们的距离，我会把学生当自己的孩子看，在思想、学习、生活上关心他们。对犯了错误的学生"晓之以理，动之以情"，不会在大庭广众之下训斥他们；对单亲家庭的学生，尤其呵护；对体育生，不歧视，尽量挖掘他们身上的闪光点。学生跟我也亲近了，不管遇到什么事，学生第一个想到的就是我。开学不久，一个男生因话不投机，就打了另一个男生，还打出了鼻血。我没有马上批评他，而是把他叫到一个角落，问他缘由。他说爸妈离婚了，心情不好，最后竟趴在墙上嚎啕大哭。听完他的话，我的怒气一下子化为同情。经过我和其他导师的疏导，并及时跟家长进行沟通，现在这个男生既阳光又自信，身兼体育委员和电教委员双职，工作认真负责，每次见到我总是礼貌有加，还在微信里叫我"邱妈妈"，我感到很欣慰！

不仅如此，在我的和风细雨的教育下，我们班的期中语文成绩在年级段里名列前茅，但我几乎没有占用过语文课以外的学生的学习时间。我想这主要源于导师制拉近了师生的距离，增进了师生的感情，学生学习的主动性增强了。

高一快结束了，学生在导师的疏导下、教育下，在学部主任和四个首导的监督下不断成长。现在班级的风气、学习氛围比以前有了很大改观，几乎是老师在与不在一个样。我班还被评为年级最整洁教室三等奖。高一徒步拉练中，在三位导师的带领下，全班学生都坚持到最后。

导师制让我切实感受到导师不仅仅要教书，更要育人；不仅是学生学习、生活的导师，更是学生人生的导师。

因材施教　循循善诱

陈珂玮

从2015年开始，宁波四中实行了全员育人导师制。三年来我见证了学生们的成长，他们在学校这个大集体中学习知识，锻炼体魄，收获自信和坚强。在担任导师的三年中，我边学习、边探索，摸索出了一些粗浅的经验。

1. 增强育人意识，开展个性化教育，进行亲情化指导

教育工作的本质是育人，就是鲁迅所说的"立人之事业"。实行导师制的目的之一就是要促进学生全面、健康的成长。特别是要加强学生健康人格的培养，以一种"全人"的教育理念培养学生，提倡教师在关注学生学业进步的同时，注重对学生的道德品质的培养，使学生成长为自尊、自信、宽容的人，培养学生会学习、会生存、会关心、会合作。

过去教师以单一的传授学科知识为教学目标，在教学方法上以说教为主，忽略对学生的情感、态度的关注与培养。导师制要求教师改变传统的教育教学理念，注重与学生谈心、及时交流，全面了解每个学生的家庭、学习、生活情况，针对性的帮助学生解决问题，培养学生的健全人格。

担任导师后，我思考着怎样突破传统的教育模式。每个学生都是鲜活的个体，我们要善于发现个性、研究个性、发展个性、利用个性，让学生各有

所长地发展,以适应激烈的社会竞争。

导师育人最重要的手段就是与学生的交流。通过交流,让学生感受到导师对自己的关注和期待;让学生敞开心扉,师生共同直面问题、解决问题;减轻学生的学习和心理压力,攻克学习上的难题和成长中的困惑。

要建立民主平等的师生关系,尊重学生,与学生做朋友,遵循其身心发展的特点和认知水平,循序渐进地进行指导,对在学习上、生活上有困难的学生及时帮助。

找学生谈心是我与学生交流的常用方法,形式有每两周一次的导师日主题交流、个别交流,也有三五个同学一起闲聊。

主题交流是通过导师有意识地设计话题,深化师生的联系,主要有以下几项作用:引导学生进行人生规划,确立学习目标;根据个人实际情况,帮助学生选择合适的课程,培养主动学习的良好习惯;教导学生处理好同学和师生关系;增强学生的公民意识和社会责任感等。个别交流在看似不经意的闲谈中,往往会发现学生自身或者班级中存在的问题,然后导师会根据学生的性格特点,有针对性地制定解决方案。

例如小迪同学,爸妈只有小学文化,以开餐馆谋生,生意兴隆的同时却没时间、也没能力指导孩子,因此小学和初中都把孩子托给老师管理。小迪的学习习惯不好,上高中才3天,初中的班主任老师就打电话给我,托我对他多关照。了解情况后,我和小迪进行了第一次谈话,和他约定,高中阶段要努力培养自主意识,学会自主管理,学校的生活和学习等事情要主动和父母多交流。半个月后,我把小迪的妈妈请到学校,介绍了小迪的在校情况,并向她了解小迪在家的表现。他妈妈高兴地告诉我,孩子在学校与老师同学相处得很愉快,回家会主动和父母讲学校的事情,这是好势头。一个多月下来,小迪积极参加班级篮球比赛、校运动会等活动,为班级获得了一些荣誉。可是高中科目多,知识面深广,小迪从小是靠老师管着学习的,学习主动性弱,尽管数学、物理、化学、英语四门课都请了家教老师辅导,但期中考试后小迪同学除英语、数学在班级处于中等水平外,其他学科都在班级下游。由于课内课外双重学习压力,小迪上课时常犯困,心理压力大,常常借助打球、玩游戏来释放压力。鉴于以上情况,我再次把他妈妈请到学校,三人一起讨论了对策:先把英语和数学两科家教停掉。此后,由于课外学习压力小了,小迪玩游戏少了,精力也更加充沛了,不仅英语成绩达到年级中上水平,还在全市口语大赛中获得二等奖。同时,他的数学成绩也能保持在班级中游,其他科目的成绩也进步了。在高三励志大会后,他对我说:"老师,谢谢您为我付出那么多。"学生的肯定就是对老师的最高赞赏。

三年下来,我与许多学生都成了知心朋友,他们有烦恼愿意向我诉说,有困难愿意寻求我的帮助,有喜悦愿意与我分享,师生之间建立了一种亦师亦友的和谐关系。

2. 找出学困症结,研究脱困方案,指导学习方法

五指伸出都有长短,一个班集体的学生学习成绩自然也有好差,针对这个问题,个性化教育就显得尤为重要。

学困生的学习困难大多是源于错误的学习方法,但每个学困生的情况又不相同,这就要求指导老师对每个人仔细分析,制定改进方案。学困生经历了各种各样的失败,容易产生自卑心理,失去信心和勇气,甚至会出现心理问题。为此,我找了有关心理学方面的书籍,现学现卖,指导他们对自己进行积极的心理暗示,如对自己说"我能行""我可以"。只要他们取得一点进步,我就及时给予表扬和鼓励,帮助他们调整心态,同时引导他们掌握良好的学习方法,养成良好的学习习惯。这一过程是漫长的,各种问题也是会反复出现的,作为导师需要时时强调、监督和提醒。为了帮助他们体验成功,我会为他们设置一些难度低的目标,再加上我的指导和帮助,在完成这些目标后,他们终于体验到了成功的喜悦。

小成同学是理科的尖子生,数学、物理、化学、生物成绩都很好,被称为"理科王子",但文科成绩却不理想。作为英语老师,我了解到,他文科成绩差的原因是该背诵的东西不愿意背。此后,我利用课余时间,把他叫到我

办公室,对他进行朗读指导,让他用语感帮助记忆;让他把平时听写、默写和测试的错误找出来,再做一遍;在学习方法上,让他从基础抓起,循序渐进。

一段时间后,小成的英语、语文成绩明显提高。高二下学期开始,为了应对理、化、生的考试,他几乎把所有的课余时间都用在了理科上,文科成绩又明显下降,甚至到了不做作业的地步。按照学校制度,他是要被处分的。通知了家长后,他爸爸反复考虑,决定让他先放弃文科学习,希望我们老师理解。我觉得人的精力是有限的,有些人如果很投入地想做好一件事,也许就没有精力做好另一件事,因此我告诉小成爸爸,可以同意小成把更多的精力放在理科上,但也不能完全放弃文科的学习。11月选考结束,小成再次将重点转移到语文和英语上,因为一个多学期放松了语文和英语的学习,加上原本文科基础不扎实,他学起来很吃力。但在我的耐心帮助和不断鼓励下,半个多学期后,小成的文科成绩明显上升。

3. 做好家访工作,增进家校联系,发挥家长作用

学生来自不同的家庭,每个家庭有各自的特点。导师必须对学生家庭进行深入细致的了解,才能让教育更有成效。本校的学生家庭普遍存在家长文化程度低、不重视子女的教育、家长与学生沟通不畅、学生的家庭学习环境差等情况。为此,我班级的几位导师常常互相商讨,从各个角度了解学生的学习、思想、家庭状况。我们非常重视家校联系,采取各种方式与家长沟通,如共同走访学生家长、邀请家长来学校交流、与家长电话联系、网上交流等。家长了解学生在学校的表现,教师也了解学生在家的情况,一旦发现问题,及时进行家校联动,共同解决问题。

小东同学的性格非常内向,住得离我家近,经常和我在公交车站相遇,我就会借此机会和他说说话,告诉他学习方法,帮助他巩固所学内容。他被我的真情感动,我布置的任务,他都努力做好,包括完成各科需要补做的作业,长此以往,各项成绩有了显著提升。他母亲告诉我,孩子父亲在孩子小学时做规矩太严了,造成孩子过分内向,我的开导对孩子影响很大。我

和小成的导师交流了他的情况,我们又一起去他家家访,我们故意赶在他父亲在家时拜访。我们夸小东勤快,值日负责,为人朴实,与同学相处融洽,学习进步很大,尤其英语学习积极主动,语音语法学习刚开始入门就已掌握得不错。小东笑着说:"是您一步一步把我领进门的,您给我补了音标的知识点,公交车上又帮我复习了语法,这些对我帮助很大。"我们又有意识地引导小东谈了他对老师、同学的看法。小东讲了周围同学的一些优点,他提到这个班级的老师和同学都很善良友好,班级像积极向上、温馨和谐的大家庭。他父亲坐在一旁,表情由紧张到放松,最后高兴地说:"谢谢老师,谢谢你们让我知道孩子这么多的优点。"

导师制让教师们的教育教学方法得到了改变,师生的平等地位得到充分体现,能够及时实现心与心的交流,导师与家长之间也实现了良性互动。导师制让学生受益,也让教师自身的能力得到提升。导师制为教师更好地开展教育教学工作提供了施展才能的舞台。

第二节　学生对导师制实践的体验与感悟

我的 FRANCIS

汪圣凯

刚刚踏进宁波四中的校门,我就惊奇地发现每个班有 3 个"班主任",这样的模式让我感到十分新奇,甚至感觉自己提前进入了研究生时代。这样的模式,让我们与老师走得更近了,而老师也比初中时更关注我们了。

他,男导师,中等身材,腰杆笔直(如同他"做人一定要正直"的品格),皮肤白皙,挺直的鼻梁上架着一副眼镜,那镜片后的双眼不时透出睿智的光。他有着江南水乡男子的韵味,温文尔雅,声音低沉稳重。他教我们英语,浑身散发着文质彬彬的书卷味。

开学已经四个月,每一次成功、每一个坎坷、每一次失败,无不伴随着他细心的教导和关爱,这种爱如冬日里的阳光,让我倍感温暖,倍感高中生活的美好。

开学前8天的军训中,他在似火的骄阳下一直辛苦地陪伴着我们。8天下来,他变黑了,变瘦了,但目光依然有神,是他让我们明白了军训的真正含义。

当我们很多人懒得去跑操时,他发现后并没有发火,而是用他在澳大利亚教学的经历,告诉我们体质的重要性。这以后,我们都积极地去跑操了,他也会陪着我们一起跑。有同学的成绩不理想时,或同学间有了矛盾时,他总会把他们一个个叫出去教导。我也曾经历过这样的教导,但他并没有发火,而是循循善诱,让我们自己反思错误。

在激励着我们不断奋进时,他和蔼可亲,让我们感到了温暖和信任。他发火时,全班同学都肃静了,如同长官在给失败的士兵训话,在他的激励下同学们总有使不完的劲儿。

一手漂亮的英文字,透露出他的潇洒脱俗;一口标准的英文,让我们望尘莫及。诚实、坚强、自信是他人格的缩写。

他不但是一个被孩子们喜爱的 Francis 老师,还是尽心尽责的导师和专业精湛的英语教师。正如清朝郑燮在《新竹》中所写:"新竹高于旧竹枝,全凭老干为扶持。明年再有新生者,十丈龙孙绕凤池。"他就是我们所热爱的胡智星老师。

淡文浅述师生情

周婷婷

即使高中只有那匆匆三年,即使您只是我人生中的一个过客,但是您依然在我的生命中留下了浓墨重彩的一笔。

您是我高中时代的第二任导师,也将是最后一个。您有着洒脱的性格。您,时而严厉时而温柔,像只捉摸不透的猫。但有一样,我可以很确定——您有一颗善良、无私的心。

　　说真的,刚开始还有点不太习惯。您有点啰嗦,让我难以接受,这就好比处在青春期的孩子即使知道父母的唠叨是好意,却依然有点抵触。您总爱说纪律与学习的事,尤其爱说做人的事,一说便要说上好久。时间久了,我也就慢慢习惯了。当有一天,我发现已离不开您的唠叨时,我才明白,我的心,早已开始接受并喜欢甚至依赖您的唠叨了……

　　您对我们非常严厉,不允许我们犯一丁点儿错误。您的宗旨十分明确:要让优秀成为我们的习惯。您说,您希望我们什么都要争第一,学习要如此,其他的事情更应如此。同学们受到了您的鼓舞,开始暗暗憋劲,准备在运动会创下佳绩,而您和其他老师一起为了这件事操碎了心。终于功夫不负有心人,我们班在这次运动会中获得了总分第三的好成绩。当很多同学从不在乎学习、畏惧学习、不懂得学习,转变成爱学、会学、有信心学时;当我们亲眼看到几个曾经的捣蛋鬼,都变得遵纪、上进、可爱时,我们才明白,您绝对是对的。谢谢您的严厉,谢谢您的逆耳忠言,让我们逐渐觉悟,让我们走向成熟,让我们品尝"优秀",让我们欣赏自我。"让优秀成为一种习惯"是您送给我们的忠告,我们知道我们再也不会忘却。虽然目前我们还不是最优秀的,但是我们坚信,等我们完全习惯了优秀,优秀必然会成为我们的习惯!

　　"刀子嘴,豆腐心",在我们了解您之后,这是所有同学对您的评价。高二下半学期的期末考试中,我失利了,后来的我浮躁懒散,恨不得下了课就直奔操场与朋友们打闹聊天。您在一天中午,把正在扎堆聊天的我叫了出来。"你是想放弃了吗?""没有。"我回答道。您接着说:"你这样做就是在走向失败,你一直是我心中的好孩子……我知道说完这些你一定会暗自抱怨,但我不管,我只要你振作起来。"恰是那些话让我突然醒悟,操场的缤纷在我的视线里一丝丝地褪去,取而代之的是前方更加多彩的道路。若不是您的批评,我的前途将多么无助。

　　您永远是那个能够倾听我们诉说的人,您的理解可以让我们获得前进的动力。步入高三,班里的后起之秀云起,我感到空气中充满了压力。我有多次红了眼眶,对自己十分不满。我找到您,在您的办公室里,您眼中炽热的光温暖了周围的一切。您默默注视着滔滔不绝的我,听着我对自己的不满与无奈。您用您的心承接着我的痛苦,尽管这个过程中您一句话都没有说,但发泄后的我顿感周围的空气不再那么沉重,微风拂过脸颊,有种轻松的感觉。

那之后的每一天我都充满了动力。听前辈们说,您在我们学校工作已经十余年了,我真的很佩服。您说过,您喜欢我们,就像喜欢自己的儿女一样。我也切身地感觉到了您那亲情般的温暖。

时光荏苒,岁月匆匆。留下的,除了身体的印记亦有心灵的痕迹。翁老师,您的无私,是对岁月最好的诠释。谢谢有生之年让我遇见了您,成为您的学生。我想我这一辈子,都会受益无穷。

淡淡的文字,诉说着我浓浓的情意。我对您的感情,溢于言表。我想把我对您的感激化作我的优秀。

我记忆中的"串串"老师

李琪琪

第一次遇见张老师时,我还不是宁波四中的学生。那时的我中考失利,带着郁闷与烦躁的心情踏进四中咨询。当时对面坐的便是张老师,他告诉我,四中很好,不用担心。后来,我忐忑地步入四中,开始了高中新的旅程。

第二次遇见张老师,是新生报到。当时我因为找教室迟到了,踩着铃声走进教室。原以为老师会为我第一次来学校就表现得不紧不慢而责备我,却听到一个声音:"有些同学迟到了没关系,希望找到教室后,下次不要再迷路了。"我一抬头。竟是第一次遇见过的老师,便觉好巧。他介绍道:"我姓张,教你们数学。我的名字特别好记。"说罢,转身,在黑板上写下"串连"二字。又是一惊,好漂亮的字。他又补充道:"不是物理中的串联。"这时我才仔细地观察他,戴着一副眼镜,看起来书生气十足,笑起来竟憨憨的有些可爱。看来我的高中生活不会太枯燥乏味。

与张老师相处久了，叫他"张老师"是极不习惯的，只有当着他的面会礼貌性地叫叫。而背地里我们都亲切地称他为"串串"。

记得一次讲函数的取值问题时，他提到了大学里的高等数学，随后便炫耀般地写了满黑板的公式，写后道："唉，说了你们也不懂。"这样调皮的串串往往会引来一阵哄笑。上他的数学课我们又怎会累呢。

印象最深的一次，是与串串一起去安徽进行人文行走的时候。他布置我们写日记，并说第二天晚上来亲自检查。为了让串串满意，我思考了很久，才开始奋笔疾书。快到时间的时候，我恰巧被找去开会，只好一再叮嘱室友留在房间内等串串来检查。开会期间，我一直心神不定地惦记着检查日记的事。会议一结束，我就飞奔回房。欣喜的是，推开房门时，串串正在认真地看我的日记。最后，我的日记竟然得了一个此次活动的最高分9分。他走后很久，我仍处于紧张、兴奋的状态。那种感觉可以盗用串串的一句话"说了你们也不懂"。之后的一天，我们去了徽州古城。下车后，串串特意等着我们，说我们同班的要一起行动。身为当地人的串串带着我们走街串巷，不仅耐心地等待女生购物，还带我们去了"不为人知"的小弄堂。那天晚上，月光洒在我们身上，影子印在身旁，串串和我们促膝长谈，讲到他少年读书的故事、他土生土长的家乡，还讲到如何学好数学、班级同学的情况等。那天和串串在一起的美好时光，至今记忆犹新。我们感觉串串那些贴心的话只可能对家人说，所以我们把串串当成了自己的家人。

串串也有生气的时候，不过他的生气也是温柔的。尽管他不喜欢同学们吵闹，但每次面对同学们的吵闹，他也只是皱皱眉头，并没像其他老师一样大发雷霆，连大声说话也没几次。每每这个时候，我都在想，那些吵闹的同学应该懂他的这种温柔，理解他的苦心，不该再吵闹了。

因为太喜欢串串，所以想和他交流得更深些。于是，原本对数学没兴趣的我，也会经常跑去他的办公室问题目。久而久之，我的数学成绩也有了很大的进步。一次，路过串串的办公室，看到他趴在办公桌上小憩。有人来问问题,他便睁眼解答问题,随后再继续趴着。联想到串串为我们改作业和上课意气风发的样子,我不免有些心疼,心想他为我们付出了这么多,我们也应该努力了。

串串与我们,与我的故事很多,虽然都是些普通得不能再普通的小事,但就是这些小事让我们的生活有了那么多开心和感动。他是一个一视同仁的好老师,他说不同的人有不同的性格和优点,我不知道我在他眼中是怎样的一个人,但我希望能变成他眼中比较闪亮的一个。他对我而言,是我遇到过的最喜欢、最崇拜的老师。

第三节　家长对导师制实践的体验与感悟

有温度的导师制

郑瀚家长

一位称职的"园丁",要根据花草树木特有的习性,修剪草木,嫁接插枝。保护草木不受损害、不长歪,这需要园丁付出许多心血和智慧。宁波四中的老师就是这样的"园丁",他们从早上7点到下午6点,甚至到晚自习8点30分,都在班级中辛勤工作。光从时间上来看,这需要付出多少的体力?面对青春飞扬、叛逆期的高中生,又需要怎样的智慧?而我们家长则希望自己的孩子受到更多的关注和教导,这么多压力积累在一起,如何能经受得住这样的考验呢?为此,有智慧的宁波四中领导推出了导师制,这是有温度、人性化的教育改革制度,这让我们的孩子在感受温暖的同时得到了更好的教育。

未成年的学生永远需要老师的引领,导师制使得班级一下子有了三个班主任,像202班,有认真勤勉的化学王老师,有耿直、才华横溢的语文曾老师,有素朴严厉的数学王老师。在走班制的今天,三个老师文理搭配,紧紧拧成一股绳,教学的凝聚力极大地增强了,我想也只有宁波四中能做到这一点。

三个导师互帮互助,减少了重复劳动,工作有张有弛,得心应手,乐趣无穷。老师幸福着,孩子也幸福着。

一个导师对应负责十几个学生,导师对自己管理的每个学生的学习动态、生活细节都了如指掌,因材施教得以实现。例如我孩子的导师化学王老师,不仅关注孩子的听课习惯、作业情况、错题规范,还给出选课建议,点点滴滴,细致深入,每一次的沟通与鼓励,都让我觉得能成为四中的学生是幸福的,能成为四中的家长是省心的,感谢四中的导师们!

导师制之我见

李新明家长

经师易求,人师难得。一位优秀的老师在学生成长路上的重要性不言而喻,在社会快速发展的背景中,在新高考的制度下更是如此。一班一主任的制度已不适应这种新环境了,面对新情况,我们迫切需要革新。变则通,通则达,宁波四中的导师制就适应了高考改革的新制度和社会环境的新变化。我认为宁波四中的导师制有三大优点。

第一大优点便是能够"精准扶贫"。国家推行精准扶贫的政策是为了社会公平,而教育上的"精准扶贫"则是为了使教育公平化。不同的学生有不同的特点和层次。以往"天女散花"式的教学很难有效地针对不同层次的学生进行因材施教。再加上班主任数量较少,也很难有精力对全部学生的生活和学习产生帮助。这些问题遇到导师制便迎刃而解,导师制如春雨般润物细无声,使教师资源最大化最有效地被利用,使导师的指导有的放矢,能够有针对性的面对学生的问题。

第二大优点便是在"导"上面。可能会有很多人问,导师制不就是班主任增加了吗?但我觉得导师跟教师是不同的两个概念。导师更注重于对学生的启发式教育,能使学生举一反三。导师制还强调要以"学生为主体,教师为主导",这也是现代教学的指导思想。以往的教学都是以教师为主体,学生被老师牵着鼻子走,显得过于被动,这既不利于学生独立思考,也不利于学生培养独立学习的能力,而恰恰学生独立学习的能力在之后的生活学习中显得尤为重要,这更显示出导师制"以学生为主体"的重要性。当今大学采用的都是导师制,宁波四中在高中时就采用导师制,不仅锻炼了学生在高中时的独立学习能力,更能与大学接轨,承上启下。导师是学生学习道路上的路标,学生的路还很长,得由他自己一步一步走,而导师能够帮助学生走得更踏实、更远。

第三大优点便是有利于培养全面发展的复合型人才。以往单一的班主任制对培养全面发展的复合型人才有一定的局限性,导师制中的导师人数更多,不同的导师有不同的教学方式和不同的知识特长,对培养全面发展的复合型人才有一定的促进作用。如我孩子班级的导师有政治老师、历史老师、英语老师,他们有不同的学科教学特点,管理学生和教导学生也有不同的特色。政治老师慎思明辨,晓天下大事,观社会百象,于是他的学生为人处世便都会带有一种辩证的思维;历史老师博古通今,为人笃实沉稳,所以他的学生也必然是沉稳弘毅的;英语老师,学贯中西,热情待人,她的学生也会被她感染,变得开朗大方、细心好学。正所谓一花独放不是春,百花齐放春满园。我们不要填鸭式的教育,我们要的是多样迷人的个性!

陶行知曾说过,教师是"千教万教,教人求真",学生是"千学万学,学做真人"。我相信在宁波四中导师制的这些优势影响下,学生们都会成为"真人"。

导师制感悟

郑宇杰家长

宁波四中刚推出导师制时,家长们都抱着观望和怀疑的心态,但如今,孩子们的变化却给了我们信心。我的孩子是高二(7)班的学生,他的导师给了他巨大的帮助和无微不至的关怀。我谈一下自己对导师制的感悟。

1. 加强了老师与学生心灵的沟通。老师能在第一时间了解到孩子高中时期的心理变化及对各任课老师的认知和评价,能及时地联动各科老师对孩子进行有效的帮扶，使之均衡发展。两年时间，孩子由原来因对个别老师的抵触而影响学业，到最终各科成绩稳步向上，不偏科、不厌学，发生了很大的变化。

2. 导师是孩子的生活之友。高一，孩子第一次开始住校生活，作为家长，非常担心他处理不好学习和生活上的事情，同时也希望他能慢慢成长起来，学会独立地管理好自己的学习和生活。当听说"导师制旨在从心理、生活、学习上协助学生，使他们更健康、愉快、高效地生活"后，我和他妈妈放心了不少。在跟孩子的交流中，得知孩子刚住校时，遇到过一些困难，他的导师发现后，及时对他进行了指导，于是在导师的帮助下，他很快适应了住校生活。现在，每次见到回到家的孩子，我和他妈妈都会感到孩子越来越独立，越来越成熟了。

3. 导师是孩子的学业引导之师。在学习上，孩子的主动性一直很强，这也是一件让我很欣慰的事。高中三年是非常辛苦、非常关键的三年，学习任务很重，因此快速适应高中学习节奏，找到合适自己的学习方式对孩子来说很重要。在这方面，他的导师给了他很大的帮助。孩子的导师会不定时地依据他的学业情况帮助他调整学习方法，为他安排学习进度、学习目标等。所以，孩子的学业虽有波动，但始终稳步而全面地发展着。

4. 导师是孩子心灵的疗愈师。高中时期的孩子正处于青春期，他们有很多心理问题，需要有人指导。作为父母的我们，很多时候不能深入了解他们，更不能完全理解他们，很容易与孩子产生矛盾和分歧。孩子的导师因为和孩子相处的时间长，所以更了解孩子的变化，能及时地帮助孩子解决青春期的心理问题。高一时，我的孩子非常叛逆，学习成绩忽上忽下，情绪波动很大。但经过导师的悉心帮助后，孩子的心态得到调整，情绪逐渐平稳，能够进入紧张而有序的学习状态，成绩平稳提升。

导师制根据学生个性上的差异，能更有效地实行综合性辅导、及时处理学生的青春期心理及学业成长上的问题，为国家培养高层次人才打下基础。感谢宁波四中的导师制，感谢宁波四中的领导和导师们！

第四章　宁波四中全员育人导师制工作手册

第一节　宁波四中全员育人导师制工作手册

《宁波四中全员育人导师制工作手册》包括以下内容。

导师制组织架构、学部主任职责、首导职责、导师职责、导师工作基本信息统计、受导学生名录、受导学生基本信息、班级导师团队工作会议记录、主题班会（导师活动日）情况记录、主题活动开展情况记录、学生约谈记录、家校联系记录、学年导师工作亮点及反思、导师工作纪实性素材粘贴处等栏目。

这个手册是学校全员育人导师制的工作规范，它应该具有科学性、先进性和很强的可操作性。宁波四中的全员育人导师制在省内外的学生管理模式上属于首创，并走在教育改革的前沿。

表 1.4.1　宁波四中全员育人导师制工作手册

宁波四中全员育人导师制工作手册
宁波市第四中学
导师工作手册

导师姓名_____
时间跨度____年____月—____年____月

目录

导师制组织架构

学部主任职责

首导职责

导师职责

导师工作基本信息统计

受导学生名录

受导学生基本信息

班级导师团队工作会议记录

主题班会（导师活动日）情况记录

主题活动开展情况记录

学生约谈记录

家校联系记录

学年导师工作亮点及反思

导师工作纪实性素材粘贴处

导师制组织架构

校长室
|
德育处及各职能处室
|
学部主任
|
首导
|
导师

学部主任职责

学部设一位学部主任,四位首导。学部主任人选由德育处为主的职能处室提名推荐,由校长室讨论后决定聘用。

工作职责:

(1) 学部主任主要在德育处及各职能处室领导下开展工作。

(2) 根据学校、德育处等职能处室工作计划,落实首导具体分工。

(3) 根据学校、德育处等职能处室工作计划结合本学部具体情况制定学部工作计划,督促本学部首导、导师按时制定班级工作计划,并检查计划的贯彻落实情况。

(4) 加强学部团队建设,召开学部核心团队办公例会,研讨并贯彻落实校长室及各职能处室的各项工作,并对学部工作作出重要部署。

(5) 重点研究并抓好本学部的导师工作、学生教育教学工作以及班风、级风建设。

(6) 组织召开学部教师会议、学生干部会议、全体学生大会等,分析研究年级各方面的情况,提出并落实有关措施,促进年级各项工作的发展。

(7) 指导并协助首导、导师解决工作中的困难,处理或协助处理本年级的偶发事件。

(8) 配合德育处做好本学部首导、导师团队的考核工作和学生考核工作。

(9) 安排好值周导师,配合学校各职能处室落实本学部有关工作。

(10) 根据学校安排督促导师团队组织好导师活动日、主题班会、家长会,督促检查导师和家长的联系工作。

（11）组织或协调好本学部的思想教育活动、课外活动、社会实践活动、公益劳动、卫生大扫除等各项主题活动，以及各项管理工作。

（12）完成学校交办的其他工作任务。

首导职责

学部设一位学部主任，四位首导。首导由学部主任为主提名推荐，经职能处室讨论，最终由校长室决定。每位首席导师一岗双责，既负责联系三个行政班级，又根据分管工作直接联系学部所有班级的成长导师。

（1）首席导师参与学部核心团队管理工作，定期参加学部核心团队会议。按照学校德育处、教务处等学校相关职能处室及学部相关通知，及时将计划转达给各位导师，并督促落实。

（2）首席导师负责参加学校德育工作核心团队会议，并及时将会议内容转达给相关导师，协助或敦促相关责任人落实。

（3）首席导师按德育处、教务处、学部的工作计划，组织落实以行政班为单位的学校大型活动，在相关活动中承担分工。

（4）首席导师应加强与成长导师和值周导师的沟通，协助、指导成长导师和值周导师做好班级自修、出操、集会及其他常规工作的管理，同时协助处理突发性事务。

（5）首席导师应及时反映导师诉求，在职责范围内给予一定帮助，主动对接学校相关部门，力争解决和解释问题。

（6）首席导师承担导师的基本职责，在必要的时候临时承担相关班级值周导师和学部主任的工作职责。首导要做好班级的日常巡查工作，确保班级和年级秩序正常运作。

（7）其他学校和学部的临时性工作。

（8）除了履行以上一些共同的职责，为加强学部管理，首席导师分为行政首导、德育首导、教学首导、生活首导，其职责如下。

行政首导职责

（1）协助学部主任做好各项行政性工作。

（2）负责学部内活动经费项目的规范管理。

（3）负责家长和学校之间的联系，做好新高考政策的解读、资料收集工作并向导师、学生做好宣传工作。

（4）做好学生综合素质评价及学生生涯规划指导工作。

德育首导职责

（1）联系德育处团委，根据德育处团委工作安排及时准确通知并督促相关导师落实。

（2）负责学部宣传工作，负责撰写整理学部各项主题活动的微信公众号图文。

（3）协助导师做好学生德育工作，重点关注全年级学生的德育、心理层面的沟通和疏导。

（4）每月按周及时总结有关学生在德育方面的问题或个案分析并反馈到相关导师，同时对下阶段德育工作提出整改措施及建议，上交学部。

教学首导职责

（1）联系教务处教科室，根据教务处工作安排及时准确通知并督促相关导师落实。

（2）协助导师做好学生学业工作，重点关注学生的学习、学业层面的交流和辅导。

（3）每月按周及时总结有关学生在学业方面的问题或个案分析并反馈到相关导师，同时对下阶段教学工作提出整改措施及建议,上交学部。

生活首导职责

(1) 联系总务处、校医室及宿管老师,根据这些处室工作安排及时准确通知并督促相关导师落实。

(2) 协助导师做好学生在生活、晚自修、住宿纪律及行为规范层面的约束和指导。

(3) 规范制度,落实好晨检,加强夜自修纪律教育,把握学生夜自修和住宿的进和出,负责学生夜自修请假的最终审批以及夜自修违纪违规学生的清退工作,并告知相关导师。

(4) 每月按周及时总结有关学生在生活方面的问题或个案分析并反馈到相关导师,同时对下阶段工作提出整改措施及建议,上交学部。

导师职责

学生个人成长导师的主要职责是在了解学生的基础上,尊重学生个体的差异性与多样性,与受导学生建立相互理解和信任的关系,在思想、学业、生活、心理等方面对学生进行全面的指导,负责行政班内日常事务并处理突发性事件。

(1) 成长导师在学部主任领导下开展工作,根据党和国家教育方针,遵循青少年学生身心发展特点,全面教育管理学生,促进学生德、智、体、美、劳全面和谐发展,着力培养和提高学生的思想政治素质、身体素质和科学文化素质。同时,成长导师在工作中加强反思总结,提升管理能力、提升育人水平。

(2) 思想上引导学生。全程关注并掌握学生的思想、品德、行为表现过程。导师通过个别引导,培养学生良好品德,增强学生自尊、自主、自强意识,提高学生管理自己的能力。引导受导学生确立志向,树立标杆,提高学生的品格与素养。导师每周与学生谈话2人次以上,每学期至少对所导学生单独谈话2次以上,对学生成长进行指导。

(3)学业上辅导学生。通过导师个别辅导,指导学生了解自己的学习情况,帮助学生自我识别学习风格、制定学习计划,在学习时间安排、学习态度与纪律、学习方法与习惯等方面向学生提供帮助。开展选课指导,帮助学生认识不同课程,逐步了解不同的专业方向,初步设立职业生涯规划,并在实施过程中进行动态指导和修正。导师也应加强与科任教师的联络,全面了解学生学业表现,及时进行必要的督促和引导。

(4)教育学生自觉遵守中学生守则、中学生日常行为规范以及学校与班级的规章制度。重视导师小组建设,每个小组内部建立轮值班长、轮值班委,组织和指导班委会开展工作。行政班内三位导师协商协作建立切合实际的班规、班约,创建积极向上的班级文化,形成正确舆论导向和良好班风、学风和校风。

(5)教育学生坚持锻炼身体,养成良好卫生习惯、学习习惯和生活习惯。关心学生课外活动,指导学生参加各种有益于身心健康的科技、文娱、体育和社会活动,鼓励学生发展正当的兴趣和特长。

(6)定期召开导师日活动。广泛开展家校联系,开展多种形式的家长会,争取多方面配合,共同教育学生。在学期内对组内学生进行一次普访。通过与学生频繁而深入的交往,帮助、指导学生形成良好的思想道德和心理素质,防止和纠正不良行为的产生和发展,促进学生身心健康发展。

(7)全面了解和掌握每个学生情况,做好学生品德考核和操行评定工作,做好学生的评优、成绩单的填写工作。按时完成《学生成长档案袋》和《导师工作手册》记录,做好过程性评价。

（8）全面关心学生的健康成长,主要是利用导师正确的思想观念和丰富的人生经验,关心学生的身心健康,及时帮助学生消除和克服心理障碍,激发他们自尊、自爱和各方面蓬勃向上的愿望。

（9）成长导师作为受导学生在校的指导主体,对于学生在校期间的行为规范、仪容仪表要进行动态关注。对科任老师的反馈要及时答复。涉及学生的突发事件,了解情况后要及时、主动参与处理。事后要对学生进行针对性辅导。

（10）导师应关心学生日常生活,帮助学生适应中学生活,明确生活目标,端正生活态度,树立正确的世界观、人生观和价值观,学会生活,养成良好的生活习惯,提高生活质量。

导师值周期间做好以下工作：

（1）按学校与班级的相关规定,管理学生日常行为规范如出勤、请假、校服校徽等情况。并有义务告知相关成长导师,协助成长导师处理相关问题。

（2）抓好班级日常管理。坚持"五到班"（早活动、眼保健操、午间管理、课间休息、自修课）、"四到场"（课间操、集会活动、课外活动、卫生劳动）。

（3）每天督促轮值小组进行卫生打扫,提醒学生保持教室及个人卫生整洁。同时协助科任老师检查学生作业收缴情况。协助指导学生开展日常活动。

（4）协助学校有关部门和首席导师做好信息的通知和资料的收发等日常事务。

（5）按德育处、教务处、年级部的工作计划组织负责以行政班为单位的学校大型活动。

第二节　导师工作操作表

全员育人导师在工作中使用如下表格。

表 1.4.2　导师工作操作表

导师工作基本信息统计

	受导班级及总人数	受导学生人数	导师活动日次数（包括主题班会）	学生交流次数	家长交流次数
第一学期					
第二学期					

受导学生名录

序号	姓名	班级	受导时间		备注
			第一学期	第二学期	
1					
2					
3					
4					
5					
6					
7					
8					

续 表

序号	姓名	班级	受导时间		备注
			第一学期	第二学期	
9					
10					
11					
12					
13					
14					
15					

受导学生基本信息

学生姓名		性别		是否住校		班级	
家庭住址					家庭电话		
家庭成员	姓名		工作单位及职务			联系电话	
父亲							
母亲							
家庭教育情况及学生个人成长与学业水平情况							

班级导师团队工作会议记录

会议时间		参加对象	
会议主题	讨论		问题
会议情况记录			

续 表

备注	

主题班会(导师活动日)情况记录

时间		地点	
内容	主题班会　　　　( ) 导师活动日　　　　( ) 注:选择右边项目打√	参加对象	班级全体学生( ) 本组受导学生( ) 注:选择右边项目打√
主题			
活动情况记录			
收获与反思			

主题活动开展情况记录

主题活动内容		时间	
参加对象			
活动情况记录			

续　表

收获与反思	
备注	主题活动包括：军训、爱国主义教育活动(春游、徒步、拓展)、盘山实践活动、感恩教育、励志教育、高三成人仪式、毕业典礼、体育节、艺术节、学科节等。

学生约谈记录

学生		时间	年　月　日
地点			
主要话题			
谈话内容：			
约谈反思：			

注：页数不够可电子稿打印后在"宁波四中导师工作纪实性素材粘贴处"粘贴

家校联系记录

学生		家长姓名	
时间	年　月　日	地点方式	
约谈发起	导师约谈(　)	家长约谈(　)	
主要话题			
谈话内容：			

续 表

家校联系收获与反思：

注：页数不够可电子稿打印后在"宁波四中导师工作纪实性素材粘贴处"粘贴

学年导师工作亮点及反思

宁波四中导师工作纪实性素材粘贴处

第二部分

探路研学旅行的实践

第一章 概述

第一节 研学旅行的概念界定

一、研学旅行酝酿成形过程

2018年7月6日,浙江省教育厅、浙江省旅游局等10部门发布了《关于推进中小学生研学旅行的实施意见》。文件强调:"学校组织的研学旅行必须坚持以学生为主体、面向全体中小学生,保障每一个学生都能享有均等的参与机会。"文件同时要求各地教育、旅游等部门结合地域特色,按一定主题(如"红色之旅""生态之旅""文化之旅""活力之旅"等),精心筛选打造3—5条面向本区域的示范性研学旅行精品线路。文件也对各学段研学旅行的时间安排给出了指导意见。中小学各学段研学旅行一般安排在小学四、五、六年级,初中一、二年级,高中一、二年级。一般情况下,每学年合计安排研学旅行活动小学3—4天、初中4—6天、高中6—8天。

文件发布后,省内广大教育工作者和家长、学生越来越认识到开展研学旅行的必要性,包括有利于从小培养学生文明旅行的意识,有利于促进书本知识和生活经验的深度融合,有利于促进学生践行社会主义核心价值观等。

早在2010年,国务院审议并通过的《国家中长期教育改革和发展规划纲要(2010—2020年)》就明确提出,学校要把减负落实到教育教学的各个环节之中,要给学生留下了解社会、深入思考、动手实践、健身娱乐的时间。

针对高中教育,该纲要还明确提出,要积极开展研究性学习、社区服务和社会实践。

2013年2月2日,国务院办公厅印发了《国民旅游休闲纲要(2013—2020年)》。文件提出"逐步推行中小学生研学旅行"的设想,这是"研学旅行"一词首次出现于国家级文件中。此后,作为一项涉及亿万中小学生的重大教学课程改革,研学旅行逐渐走入国内教育界的研究视野。

2014年3月4日,教育部就中小学生研学旅行发出通知,决定在河北省、上海市、江苏省、安徽省、江西省等九个省市开展研学旅行试点工作。通知明确要求试点地区和学校要把研学旅行纳入学校课程计划,要从运行模式、内容设计、活动流程、条件保障、责任主体、风险分析等方面认真规划,制定工作计划,精心组织实施,及时总结经验。

同年7月14日,教育部发布《中小学学生赴境外研学旅行活动指南(试行)》,对中小学生寒暑期赴境外研学旅行,从教学主题、内容安排、合作机构选择、合同订立、行程安排等各个方面提出了具体的指导意见。该指南明确强调,考虑到中小学生的身心特点和承受能力,在境外研学时间安排上,一般小学生不宜超过3周,中学生不宜超过6周。每次活动安排不宜超过2个国家,每个国家的参访城市不宜超过4个。

同年8月21日,国务院发布《关于促进旅游业改革发展的若干意见》,明确提出要"积极开展研学旅行",要"按照全面实施素质教育的要求,将研学旅行、夏令营、冬令营等作为青少年爱国主义和革命传统教育、国情教育的重要载体,纳入中小学生日常德育、美育、体育教育范畴,增进学生对自然和社会的认识,培养其社会责任感和实践能力"。该意见还强调,要"按照教育为本、安全第一的原则,建立小学阶段以乡土乡情研学为主、初中阶段以县情市情研学为主、高中阶段以省情国情研学为主的研学旅行体系"。该意见的出台,使得中小学研学旅行的性质任务、目的意义、方法步骤和活动载体等,有了统一的规范要求,为研学旅行的全面推广提供了必要的制度保障。

2016年12月2日,教育部等11部门联合发布了《关于推进中小学生研学旅行的意见》。该文件首次对研学旅行的概念进行了官方界定:"中小学生研学旅行是由教育部门和学校有计划地组织安排,通过集体旅行、集中食宿方式开展的研究性学习和旅行体验相结合的校外教育活动,是学校教育和校外教育衔接的创新形式,是教育教学的重要内容,是综合实践育人的有效途径。"文件还明确要求"把研学旅行纳入中小学教育教学计划,与综合实践活动课程统筹考虑,促进研学旅行和学校课程有机融合"。

2017年1月10日,国家旅游局发布了《研学旅行服务规范》。该文件关注研学旅行的"安全性问题",对"人员配置、产品分类、服务改进、安全管理"提出了明确的要求。

同年8月17日,教育部发布了《中小学德育工作指南》,提出"把研学旅行纳入学校教育教学计划,促进研学旅行与学校课程、德育体验、实践锻炼有机融合,利用好研学实践基地,有针对性地开展自然类、历史类、地理类、科技类、人文类、体验类等多种类型的研学旅行活动",要求"规范研学旅行组织管理,制订研学旅行工作规程,做到'活动有方案,行前有备案,应急有预案',明确学校、家长、学生的责任和权利"。

同年9月25日,教育部发布《中小学综合实践活动课程指导纲要》,将研学旅行纳入中小学综合活动课程,文件明确提出"综合实践活动是国家义务教育和普通高中课程方案规定的必修课程,与学科课程并列设置,是基础教育课程体系的重要组成部分"。

由上可见,从学校现代化教育的角度,研学旅行是指任何社会成员出于探究性学习的目的,以个人、结伴或组团等方式,暂时性地离开自己的常住地,前往目的地进行的专项旅行探究活动。这种说法强调研学旅行的参与主体可以是所有的社会公民。其实,作为一门综合实践活动课程,研学旅行有一个从概念到实践、从局部试点到全面推开的酝酿成形过程。

研学旅行作为一个概念和一种新的教育理念与教育方式,是与素质教育的提出、发展与深化形影不离的。因此，本书所说的研学旅行，特指由学校集体组织、学生共同参与的，以学习知识、了解社会、培养人格为主要目的的校外专项旅行活动。

二、研学旅行的特征

作为一种群体性的社会实践活动，研学旅行是青少年由"个体人"变成"社会人"的过程中不可多得的成长经历，它具有综合性、自主性、开放性、研究性、实践性等特征。

（一）综合性

研学旅行面向的是社会生活这一大舞台，而社会生活本来就是一个综合体。研学旅行的内容涉及地理、历史、语文、生物等多学科，活动方式上融考察、调查、访问、记录、实验、体验、撰写等为一体，全方位反映学生综合素质。所以，研学旅行是一门综合实践活动课程。

（二）自主性

学生是研学旅行的主体，在研学旅行活动中表现出较强的自主性。首先，学生是研学旅游活动设计的参与者，他们根据自己的兴趣，把需要解决的问题置于核心地位，进而确定活动主题，预设研学内容。其次，学生是研学旅行组织过程中的管理者与承担者，他们通过充分磋商来确定研学旅行路线、经费安排、规则与纪律、分工与合作等。最后，学生是研学旅行过程的亲历者和体验者，途中他们会主动地去感觉、去思考，穿梭于理想与现实之间，重新审视自我、塑造自我。

（三）开放性

研学旅行具有空间上的开放性。首先，研学旅行超越了教材、课堂和学校的局限，要求学生必须要走出去、走出课堂、走出校园，深入学校之外的自然、人文地理环境中。其次，研学旅行具有时间上的开放性。研学旅行的时间可根据学校的教学进度、教学需求等因素进行选择和协调。这种在时间和空间上的开放性是学校课堂教学所不具有的,同样也是界定一个活动是属于研学旅行还是校园活动的关键点。

(四)研究性

研学旅行中的"研学"二字说明了其应具备研究性的特点,而在旅行途中或旅行结束后开展一系列的研究性学习是研学旅行与普通旅游的最大区别。研究性学习应让学生带着问题进入情境中,或者到真实情境中去发现问题,然后通过自主学习、合作学习、探究学习等学习方式寻找问题的解决方法,最终实现问题的解决。研究性的特点决定了研学旅行是属于深度学习的教育活动。

(五)实践性

研学旅行中的"旅行"二字强调其应具有实践性的特点。研学旅行要让学生在自然和社会的大课堂中转一转、看一看、想一想、做一做、说一说、悟一悟,使得学生有机会在纷繁复杂的背景下重新审视在课堂上学到的知识与现实之间存在的关系。相对于课堂教学,研学旅行更注重培养学生解决实际问题的综合实践能力,在一定程度上可以起到匡正当前学校课程过于偏重书本知识、课堂讲授、让学生被动接受学习的弊端。

三、研学旅行的原则

(一)教育性原则

研学旅行要结合学生身心特点、接受能力和实际需要,注重系统性、知识性、科学性和趣味性,为学生全面发展提供良好的成长空间。

(二)实践性原则

研学旅行要因地制宜,呈现地域特色,引导学生走出校园,在与日常生活不同的环境中拓展视野、丰富知识、了解社会、亲近自然、参与体验。

(三) 安全性原则

研学旅行要坚持安全第一,建立安全保障机制,明确安全保障责任,落实安全保障措施,确保学生安全。

(四) 公益性原则

研学旅行不得开展以营利为目的的经营性创收,对贫困家庭学生要减免费用。

第二节 研学旅行在中国

中国古代历来有行走研学的传统,时称"游学"。古人云:"读万卷书,行万里路,胸中脱出尘浊,自然丘壑内营。"有文字记载以来,游学的说法始见于孔子"周游列国"。中国很早以来就有游学的传统,古代的游学指的是文人士大夫等以求取、交流、传授知识等为目的的旅行,当然也包含僧人道士。

一、"游学"的滥觞与流转

游学作为古代社会文人、士大夫、僧侣、贵族子弟等的一种远道寻师求学、传播学术思想的重要文化活动,在中国历史上有着重要的作用和广泛的影响,儒、道、佛三家都曾对此作过详细的阐述。儒家的"仁学之游"与"比德之游",道家的"逍遥游"以及佛家对游学重要性的阐释共同构建了具有中国特色的古代游学理论。古代游学的主体人群为士人阶层、僧侣阶层以及贵族子弟等。游学一方面作为他们通晓经术、拜访名师、学而优则仕的一种途径,另一方面也促进了文化的交流,成就了一批儒学大师,有力地维护了国家的稳定。

　　游学出现和形成是在"礼崩乐坏""诸侯争霸"的春秋战国时期。在重视经学的汉代,"经学"和"游学"有着密不可分的关系。到了社会动荡、民不聊生的魏晋南北朝时期,形成了独具特色的"玄游""仙游""佛游"。而盛唐时期,游学演变为"士林之游"与"佛游"(如玄奘取经)两种形式。两宋的游学虽然缺乏汉唐的恢宏气势,然而,"游中未敢忘忧国""景物理趣、明性见理"之游,则成为了本时期游学的特色。元代时期汉人的地位极其低下,读书人科举做官的途径基本断绝,因此出现了盛行一时的游学风气。明清时期,受文字狱影响,形成了探索自然山水之游与重实学重考证的学者之游的游学风格。晚清时期,中外交往日益密切,读书人游学的方向也侧重于国外,清代还设置了专门机构"游学处",来管理游学国外的学子(主要为留美幼童)。近现代的大师们,大多有游学国外的经历,如胡适、鲁迅、陈寅恪、钱钟书等不胜枚举。

二、"游学"的代表人物

(一) 孔子——研学旅行的先驱

　　孔子是中国历史上的"游学"第一人,孔子师徒周游列国,以鲁国为原点,分别向东南西北四个方向的周边国家游历。周游的国家有鲁国西南方的宋国、陈国、蔡国、楚国,北方的齐国,西方的周朝都城、卫国、曹国、郑国,以及东方的杞国。孔子辗转了大半个中国,四处游说讲学,一方面向各国国君、贵族等宣扬自己的治国理念与政治主张;另一方面,与众弟子一道,领略大好的自然风光,感悟人生的哲理。孔子周游列国成就了人类历史上一次伟大的文化旅行,孔门弟子中,无论贵贱,都有机会跟随孔子学习修身之法、为政之道,孔门弟子又在日后的游学中进一步传播和发展了孔子的思想,对后世的影响极为深远。

(二) 司马迁——行走研学的学者

司马迁是深入实地考察并独立思考的史学大家,有人说,《史记》是司马迁走出来的,此言非虚。司马迁从 20 岁开始的全国漫游,是为写《史记》做准备的一次实地考察,他亲自采访,获得了许多第一手材料,保证了《史记》的真实性和科学性。他的行走游学也是《史记》实录精神的一种具体体现。司马迁到过汨罗江畔,围绕当年屈原抱石自沉的地方,徐徐而行,漫步而歌,高声吟咏《离骚》《九歌》,想离这位自己景仰已久的诗人巨匠更近些,所以他写《屈原列传》写得那么投入、那么有感情,他是亲自走着屈原流放走过的路,读着屈原写过的经典诗文,想着屈原经历过的冤屈之事,再进一步联想自己的经历和委屈,和腔共鸣来写屈原。在《史记》所描写的屈原身上,其实我们依稀可以看见司马迁自己的烙印。司马迁在曲阜祭拜了孔子墓,从孔子的乡人那里更为贴切地了解其为人。司马迁还和孔子故乡的儒生一起躬身敛容,潜心静气,一步一揖,学行古礼,学饮酒射箭等礼仪习俗,以此表达他对孔子的深深仰慕之情。他走一路,考察一路。可以这样说,司马迁在漫长的旅程中,不放过任何一个了解历史的人,不放过任何一个存留于人们口头上的故事,获得了许许多多古籍中没有记录的历史材料,同时他深入民间,广泛地接触了人民群众的生活,使得他对社会、对人生的观察、认识逐渐深入。此外他遍历名山大川,饱览了祖国山河的壮美,陶冶了性情,从而也提高了他的文学表现力。司马迁的这次行走,正是司马迁走向成功的极为坚实的一步,是典型的"读万卷书,行万里路"。通过对历史遗迹和西汉建国前后的史实的实地调查,司马迁开阔了胸襟,增长了知识,为后来编写《史记》作了很好的准备。

(三) 李、杜——仗剑天涯路

"长风破浪会有时"的李白,23 岁就怀揣着"四方之志","仗剑去国,辞亲远游",开始了一场说走就走的旅行。除了中年在长安供奉翰林两年半,他这一生几乎都没停下来过。足迹遍布 18 个省、206 个州县、80 多座山、60

多条江河、湖泊的李白最终走成了"诗仙"。而吟出"国破山河在,城春草木深"的"诗圣"杜甫当时也飘零外乡,虽然一直怀揣"致君尧舜"的政治理想,但他仕途坎坷,抱负无法施展,一路折腾奔波,让人唏嘘不已。唐肃宗乾元二年(759年)十二月,杜甫结束了为时四年寓居秦州、同谷的颠沛流离的生活,到了成都,在朋友的资助下,定居在浣花溪畔,而后不久,又继续行走江湖。晚年的他写出了巅峰之作《登高》:"风急天高猿啸哀,渚清沙白鸟飞回。无边落木萧萧下,不尽长江滚滚来。万里悲秋常作客,百年多病独登台。艰难苦恨繁霜鬓,潦倒新停浊酒杯。"此诗被后人誉为"唐人七律第一",但很少有人知道,该诗是诗人旅居夔州的途中写于船上的。

当然,不是每一位文人都像李、杜这么"暴走",然而唐宋大家的游学诗文,传诸后世者,也不胜枚举。几千年的文明,不计其数的文化名人,或多或少、或远或近的行走,编织出了中华大地上丰富多彩的锦绣诗文。

(四)徐霞客——遍游神州第一人

据《徐霞客游记》开篇记载,公元1613年5月19日,徐霞客自浙江省宁海县出西门,游天台山和雁宕山(今雁荡山),著有《游天台山日记》和《游雁宕山日记》。万历四十二年(1614)冬至次年春,溯长江而上,游京口、扬州、金陵(今南京)等地,尤其着意于二十四桥明月、三十六曲浊河等名胜古迹。万历四十四年(1616),与浔阳叔翁一起,过完春节即由水路南下至杭州,经安徽休宁抵白岳山,再游黄山;又经徽州、金华过仙霞岭到福建崇安,游武彝山(今武夷山),著有《游白岳山日记》《游黄山日记》《游武彝山日记》。万历四十五年(1617),游宜兴的善卷、张公诸洞。万历四十六年(1618)八九月间,与荫兄雷门、堂侄白夫一起,由江阴出发溯长江而上,经九江和庐山,又渡鄱阳湖,过景德镇、安徽祁门,重登黄山,著有《游庐山日记》和《游黄山日记后》。泰昌元年(1620)五六月间,与族叔芳若一起,由水路南下,经杭州,第二次入福建,经崇安、崔田,游九鲤湖,著有《游九鲤湖日记》。天启三年(1623)春,循运河北上,经淮安西行,过徐州、郑州而游嵩山;再西游太华山，后南抵太和山，著有《游嵩山日记》《游太华山日记》《游太和山日记》。

天启四年（1624），徐母八十，徐霞客欲停止出游，在家侍奉母亲。徐母为了支持儿子继续远游，特与儿子一起游宜兴荆溪、金坛句曲，朋友们都"笑谓胜具真有种也"（陈函辉《徐霞客墓志铭》），传为佳话。崇祯元年（1628）春，第三次入福建，到漳州访族叔日升；又访黄道周于漳浦墓庐。然后游广东罗浮山，"携山中梅树归"（陈函辉《徐霞客墓志铭》），著有《闽游日记前》。《闽游日记前》是徐霞客第三次游福建的日记。崇祯二年（1629），由运河北上京师，访陈仁锡，游盘山、崆峒山及永平碣石山等。崇祯三年（1630），与叔祖念莪一起，七月十七日启程，三十日过江山青湖，舍舟登陆。八月初二入福建浦城，十九日抵漳州。

《徐霞客游记》既是一部杰出的地理著作，也是一部伟大的文学著作。徐霞客及其游记同时在科学和文学两个领域中大放异彩，耀眼夺目。《徐霞客游记》也被誉为"明末社会的百科全书"。2011年3月30日，国务院常务会议通过决议，自2011年起，将每年5月19日定为"中国旅游日"。作为遍游神州第一人，徐霞客估计很难想到，自己故去370年后会诞生因他而设立的旅游日。2011年第一个"中国旅游日"的活动主题为"读万卷书、行万里路"，徐霞客游学天下写尽春秋的精神得到了最好的传承。

（五）王阳明——"知行合一"践履者

知中有行，行中有知，王阳明认为知行是一回事，不能分为"两截"。他说："知行原是两个字说一个工夫。"游学正是践行"知行合一"理念的最好方式，从王阳明的履历可以看出，他的为官足迹遍布整个中国，他本人就是"知行合一"理念最好的践履者。他认为学者们通过格物致知，在了解一定的知识和掌握了一定的学问之后，就要付诸实践。游学是古代学者知行合一、了解社会的方式，也是修炼、提升自我的重要渠道。"对天地问难，向山水求知"，即是明清学问家将游学作为追求知识和研究学问的方法之一。

王阳明"知行合一"的实践，既引领了以顾炎武为代表的强调经世致用、注重实学的思潮,形成了明末清初"芒鞋踏霜露,戮力事神州"的游学风气,又成为近代"走出国门,走向世界"游学的开端。有志之士,为实现伟大抱负,开始远游海外而后慷慨回国,严复、孙中山、胡适、鲁迅等人游学国外带回来的不仅是知识、眼界和心胸,更开创了中西文化融会贯通的先河。

(六) 陶行知——"教学做合一"的教育家

陶行知先生主张学生要积极参加社会生活,强调学生积极参与社会实践,在实践中掌握知识、受到教育。他的教育思想主要包括"生活即教育""社会即学校""教学做合一"。

1. "生活即教育"

"生活即教育"是陶行知生活教育理论的核心。关于"生活即教育",他是这样说的:"生活教育是给生活以教育,用生活来教育,为生活向前向上的需要而教育",并且"生活决定教育"。在他看来,过什么生活便是受什么教育。20世纪30年代,陶行知抱着教育救国的理想积极倡导"知行合一",认为"行是知之始,知是行之成"。他组织新安小学的"新安旅行团"进行长途修学旅行。在50天时间里通过唱歌、劳动、卖书卖报、爱国演讲等办法自筹经费,看江南风光,观察、学习沿途地理、风俗、民情,了解近代工业文明。旅途中学生们爱心相助、增进情感,学到了很多关在学校里死读书学不到的知识。学生们还参观了上海租界、淞沪抗日战场,了解爱国军民奋起抗战的英勇事迹,增加了对国家民族的责任感,开创了我国基础教育领域研学旅行的先河。在陶行知看来,教育和生活是同一过程,教育含于生活之中,教育必须和生活结合才能发生作用,他主张把教育与生活完全熔于一炉。

2. "教学做合一"

在陶行知看来,"教学做合一"是生活法,也是教育法,它的含义是要把"教""学""做"三者结合成一个整体,"事怎样做就怎样学,怎样学就怎样教,教的法子要根据学的法子,学的法子要根据做的法子"。由此他特别强调要亲自在"做"的活动中获得知识。值得指出的是,"教学做合一"的"做"与杜威"从做中学"的"做"是有区别的。首先,陶行知所说的"做"是指"劳力上劳心",反对劳力与劳心脱节。其次这个"做"亦是"行是知之始"的"行"。陶行知的"教学做合一"既以"做"为中心,便自然而然地把阳明心学的见解颠倒过来,成为"行是知之始""重知必先重行"。他认为"有行的勇气才有知的收获"。可见陶行知的"做"是建立在"行"的基础上,是以"行"求知,强调"行"是获得知识的源泉。

但是陶行知所说的"行"与我们现在所讲的实践还不同,他所说的"行"还只是个人的琐碎的活动。陶行知特别重视生活教育的作用,他把生活教育当作改造中国教育、社会的唯一出路。在陶行知看来,有了生活教育,就能打破"死读书、读死书、读书死"的传统旧教育;有了生活教育,就能"随手抓来都是学问,都是本领";接受了生活教育就能"增加自己的知识,增加自己的力量,增加自己的信仰"。

陶行知提出"教学做合一",要求"教"与"学"同"做"结合起来,同实际的生活活动结合起来,这对教师就有了新的要求。教师要尊重学生,注意教学之外的生活,指导学生在实际的活动中学好本领,培养他们的生活能力。从这个意义上讲,"教学做合一"的理念对当时教学方法的改革有积极作用,对我们现在的教学方式也有启发之处。

第三节　海外研学旅行一览

2013年以来,中小学研学旅行在我国逐步开展,成为我国推动素质教育的重要抓手。但是,研学旅行并不独属于中国,很多国家都进行类似的活动。早在16—17世纪的欧洲,就曾兴起"大游学"运动,即英国、德国的贵族子弟们到历史文化更加悠久的法国和意大利求学的"漫游式修学旅行"。现代的研学旅行模式始于日本,发展至今已有120年的历史,逐渐形成了"欧美发展模式相对成熟、亚洲地区以日本发展最为完善"的特点。

一、日本

现代意义上的研学旅行始于日本的修学旅行。1882年(明治十五年)栃木县第一初级中学(现栃木县立宇都宫高中)的老师组织学生们参观东京、上野召开的"第二届实业发展促进博览会",这成了后来高中学生与初中学生团体旅游活动的开端。第二年长野师范学校(现信州大学)举行的类似活动被命名为"修学旅行"。1887年(明治二十年)4月20日发行的《大日本教育杂志54号》详细报道了此次活动,并首次使用"修学旅行"一词。

在日本,普遍主张修学旅行不是游山玩水,而是一种学习活动,应选择有学习价值的目的地进行修学旅行,需要安排进场工作、地域调查、采访活动、总结活动等。小学的修学旅行活动由于受年龄的限制基本上以踏青为主,孩子们可以在这个过程中亲近大自然、锻炼身体;而初中阶段的修学旅行与小学不同,已经初步展现出人文特征,开始踏足东京塔这样的人文景点。它的目的是通过让学生探索国家的著名文化景观,为学生树立民族意识,初步了解国家的历史和发展。日本的高中给了修学旅行更高层次的意义。高中的主题往往定位于了解日本历史,特别是现代历史中的悲剧战争。因此,高中生们的修学旅行,往往会选择冲绳、广岛、长崎这些有着日本人民惨痛记忆的地方。这种修学旅行的目的是为了让国家的下一代了解国家历史,鞭策学生从战争中反思、吸取教训。

在日本的大学里,政府不会强迫学生参加修学旅行活动。不过很多大学生会选择在大学期间进行一次距离相对较远的修学旅行。特别是近年来,不少大学生都会选择出国考察,他们的旅游目的地非常广泛,不过还是以北美和欧洲为重点拜访对象。

总之,不管是在什么教育阶段,修学旅行都带有校园内无法实现的教学功能。在基础教育中,学生通过集体旅行的方式,接近自然,拓宽视野,并得到关于集体生活的经验和思考;对于自觉进行修学旅行的大学生群体,也可以选择进行一个人的探索,使自己在独处的旅途中实现自我升华。

二、英国

作为现代旅游业的发源地,英国从中世纪以来就开始推崇游学旅行。当时被称为"大游学"的活动,就是现在研学旅行的前身。

早在17世纪,英国王室就开了由教师带领王子们踏访欧洲大陆的先河。由于王室的影响,这一活动迅速风靡英国贵族圈。王室的带头作用是惊人的,以至于在18世纪,游学旅行在整个英国上层社会蔚然成风。在外出游学的过程中,贵族子弟们写下许多日记或手札,记录沿途的风土人情。这极大地激起了后人游学的欲望,因此这一风气的势头一直不止,甚至到了18世纪末期,如果英国家境优渥的青年学子尤其是贵族子弟,在履历上少了海外游学这一条,他们就会受到鄙视。

不过,到了19世纪初,游学开始不再是上层社会的专属享受。这一时期,伴随着蒸汽火车的轰鸣声,工业革命轰轰烈烈地开展。在这场人类历史上里程碑式的运动中,很多资本家横空出世,并在政治和经济上与旧贵族分庭抗礼。在这个英国各阶级界限开始模糊的时代,"大游学"的贵族化特色也逐渐被削弱,大批中产阶级甚至普通工人阶级的孩子也纷纷涌入大游学,使得从这一时期开始,英国游学走下了神坛,加速从"高贵"到"流行"的转化。

走向大众化的游学旅行不再是贵族式教育,它的教育目的不单单是增加阅历、提高个人素质,而是在于培养学生自主学习、自主思考以及团队合作、交流沟通的意识和能力。基于此种教学目的,出现了形式多样的课程内容和指导策略,包括专家讲座、嘉宾演讲、师生间的交流与讨论、同伴间的小组合作等。除此之外，体验当地的特色文化与人文风情也是英国游学旅行中不可缺少的一部分。学生还可以通过各种主题活动或户外活动来感受游学旅行在"玩中学"的特点。各式各样的游学内容丰富了学生的学习体验，让学生能够从多角度感受游学旅行的意义。

三、美国

课外活动在美国的教育体系中占有很大比重，而研学旅行在近些年也成为许多学校和学生青睐的课外活动模式。美国的研学旅行虽然源于英国，但随着时间的推移，相关研究成果从理论到实践都非常丰富，形成了自己独特的一套体系。

美国政府在政策和财政上都给予了研学旅行莫大的支持。2001年美国国会通过《21世纪社区学习计划》，计划中要求国会每年拨款资助以确保全国各地的青少年学生参加课外活动。

学校和教师组织学生开展研学旅行，要耗费大量的时间和精力去考察研学目的地，制定细致周密的研学方案，其中包括相关的安全应急预案和研学备选方案等，这样做值不值？这是美国教育专家和相关教师普遍关注并开展过专题研究的问题之一。经过实践，特别是对许多参加过研学旅行的学生进行随机调查，普遍认为尽管学校和教师要有很多的付出，但对参加的学生来说有很大帮助，有的影响甚至是终生的。学生在研学旅行中不仅增长了知识、开阔了眼界，而且培养了团队意识，尝试了用课堂里学到的知识来观察和分析自然与社会。

美国学生参加研学旅行主要是基于个人的兴趣和爱好。美国研学旅行的活动之多、覆盖范围之广，无不令人咋舌。这些研学旅行的主题可以从人文建筑、自然山水、飞禽走兽到浩瀚星空。其中最著名的例子就是美国康涅狄格州的霍奇基斯高中曾组织的一次研学旅行活动，校方带领学生去南极开展了长达半个月的极地探险之旅，让学生实地考察南极半岛和周围岛屿成群的磷虾和巨大的鲸。同时,还有专家一路陪同考察队,解释说明南极的自然环境和当地历史,让学生们受益匪浅。

此外,由于美国课外活动对升学的重要影响以及大量的名校资源,美国的研学旅行还有另外一种形式——"名校游",即让学生在假期通过对名校的参观、学习和了解,为日后的升学做进一步准备。不过总的来说,相较于同为西方世界的英国,美国的研学旅行显然更加注重个体的体验感,从而具有更加浓厚的个人主义色彩。

第二章　研学旅行课程开发

第一节　传统课堂的教学反思

一、传统课堂教学的现状

所谓课堂,就是进行教学活动的场所,是学校育人的主要渠道,我们习惯上认为在教室进行的教学活动就是课堂活动。教室是教师传道授业解惑、学生获取知识的场所。传统意义上的课堂教学,往往限制在固定的教室与班级之中,它是教师在教室里给学生传授知识技能的全过程,我们习惯把这种课堂教学称为"班级授课制"。

在近代自然科学观的影响下,传统课堂的教学观带有"满堂灌"色彩,教学工具意识强烈,严重妨碍了课堂教学的有效性。随着社会的进步,教育也需要不断探索新的道路,以适应社会对教育的发展要求。对话教学是课堂教学发展的必然选择,它使课堂教学从"传递型"转为"对话型"、从"封闭型"转为"开放型",充分调动了参与课堂教学的教师、学生、教材、环境等因素。

二、传统课堂教学的局限

实施素质教育,关键是改革课堂教学,大力提高课堂教学效率。目前,在高中课堂教学中,大多数教师虽然采取了一些新的教学方法,像启发式、讨论式、探究式等,收获了一定的效果,但仍然摆脱不了传统教学法的束缚和应试教育的心理障碍,问题主要表现在"六重""六轻"。

(一)重教师主导发挥,轻学生主体作用

例如在语文课堂上,教师满腔激情,不论字词、文章分段、中心主旨,以及文章中出现的各种语文知识无一不讲。一节课下来,教师满头大汗,唇干舌燥,可谓辛苦,而学生却昏昏欲睡,无所事事。其间教师或许也提几个问题,但答案大都很简单明白。一些问题虽能引起学生思考,但往往是学生刚有了一点兴趣,做教师的又生怕耽误了时间,完不成教学任务,而代为讲之。这种填鸭式的教学,教师讲得累,学生听得也累,又怎能调动学生的学习积极性,达到提高教学效果的目的呢?

(二)重题海战术,轻学法指导

有的教师为了让学生记住生字,就十遍二十遍地让学生抄写,而没有让学生对生字进行分析,与形近字进行比较。学生机械地抄写,抄完就忘。有的教师每教完一课,就要设计许多练习,让学生重复训练,而不注重传授解题方法,学生不能举一反三。尤其是一些差生,他们整天被练习所困,还要遭受老师的数落、同学的白眼以及家长的训斥,真是苦不堪言,这就直接导致了许多差生逃课、厌学。除了课堂上沉重的课业负担外,学生还要应付各种各样的"课外餐"。有的家长望子成龙心切,只要见到与教材配套的课外资料便进行购买,少则一本,多则几套,以致学生做得手发麻,头发昏。但学生迫于教师和家长的压力,不做不行,于是失去了主动性,字乱画,题乱答。这样的教学和课外学习,又怎能培养学生的能力呢?

(三)重考试分数,轻素质培养

由于过于强调成绩的重要性,教师以课本为中心,以应试为目的,课堂教学只传授知识,对课文体现的思想教育、情感教育、美育等内涵一律不提,更不要说对学生的观察能力、分析能力、表达能力的培养了。即使课文涉及其他学科的一些知识,学生有心想了解一下,有些教师也予以拒绝,说这是和语文无关的东西,不必知道,学生只好望"师"兴叹。这种只重分数的课堂教学,其结果只能是培养出大批高分低能的学生,而这样的学生又怎能适应现代社会的需要?

(四)重标准化学习,轻个性化教学

传统课堂教学采取的是整齐划一的学习进程,实现了授课的规范化和标准化,但不利于个性化的教学。传统课堂教学的班级授课制,按照统一的计划、标准、流程甚至进度进行教学,教师在课堂上按照全年级甚至是全市、全省统一的学科课程标准和考试大纲授课、评价,这很难照顾到班级每位学生的个体学情,与人的个性化成长与发展规律也是相违背的。标准化教学会造成课堂教学的机械化,教师只能按照集体备课的内容以及统一的评价机制去开展教学活动,在这种整齐划一的标准化学习中,课堂教学缺乏活力与生趣,在教与学两方面都是枯燥乏味的,学生在束缚中学习,这对其创造性才能是摧残甚至是扼杀。

(五)重形式化提问,轻合作式交流

传统课堂教学中,师生之间的交流往往是形式化的问答,教师按照教学预设提出问题,学生只需配合教师做出回答。在具体的教学活动中,师生之间本应出现的"双边活动"变成了"单边活动",教师要么在唱"独角戏",要么与学生演"双簧"。教学不能激发学生的求知欲,也鲜有思维的碰撞和智慧的火花;学生在获取知识时产生的疑惑不能及时与教师交流,也难以与同学开展真正的合作探究,"其为惑也,终不解矣"!

(六)重功利式评价,轻过程式反馈

传统课堂教学常见的评价方式为:当场提问,教师点评;布置作业,教师批改;阶段性考试,分数为王。以上三种评价方式存在的主要问题是:重结论式评价,轻过程式反馈。评价的结果不应该只是功利化的是非对错,学生对概念、知识的掌握是一个由模糊到清晰、由浅入深、由陌生到熟悉的过程,其中还有记忆、理解、练习次数等因素对所学知识掌握程度的影响,这都需要教师对学生做全过程、有针对性的学习诊断和评价。

综上所述,针对传统课堂教学实践中存在的局限性,我们应当对它们的危害有着清醒的认识和了解,并采取行之有效的应对措施。

三、研学旅行——课堂教学的多样化尝试

(一)研学旅行的性质

从孔子到王阳明,再到陶行知,我国有两千多年"知行合一"的游学传统,"读万卷书,行万里路"一直以来也是对边学边做、理论与实践相结合的教学模式最精当的概括。研学旅行这种教学模式,强调学校通过师生集体旅行、集中食宿等方式,有计划地组织学生开展研究性学习和旅行体验相结合的校外教育教学活动,是学校教育和校外教育衔接的创新形式,是教育教学的重要内容,是综合实践育人的有效途径。由此可见,研学旅行实践活动有如下几个基本属性。

1. 在教育行政主管部门领导下,由学校统一组织安排的新型课堂教学活动。
2. 推动全面实施素质教育、创新人才培养的一种教育模式。
3. 以立德树人、培养人才为根本目的。
4. 通过自愿参加、集体旅行、集中食宿、亲身体验的方式开展活动。
5. 以学生为主体,教师、家长全程参与的教育教学活动。

(二)研学旅行的特征

研学旅行是课堂教学的多样化尝试,是青少年学生由书斋到田野、社会的重要过程。作为校内外衔接的课堂教学创新形式,具有如下一些基本特征。

1. 自主性学习主体。自主学习是学生自己的学习,同时也是学生主动参与的过程。学生是研学旅行的主体,在研学旅行活动中表现出较强的自

主性。首先,学生是研学旅行活动设计的参与者。在研学旅行出发之前,学生对于本次研学旅行的目标、任务、线路规划、研究的课题、人员分组、资源整合等都会积极参与谋划,确定研学主题,预设研学内容。其次,学生是研学旅行过程中的管理者与承担者。学生会通过与组员的协商来确定研学旅行活动的经费、规则、各组员分工以及可能会出现的问题与解决方案。再次,学生是研学旅行的亲历者。学生从书斋走向田野,从校园走向社会,他们会主动去感受、去体验、去思考,这样有别于固有经验与书本上理论知识的生活与生命的体验,能够让学生重建知识,重新审视自我、塑造自我。

2. 研究性学习方式。研学旅行不是单纯的旅行,而是有主题、有目标任务的研究性学习过程。研学旅行倡导的是,在师生共同参与的学习环境中,让学生亲历学科探究的学习方式。探究既是教学目的,又是教学方法,目的是改变学生单纯地接收教师传授知识的学习方式,为学生构建开放的学习环境,使学生多渠道地获取知识,更好地将所学的知识综合应用于实践,形成积极的学习态度和良好的学习方法,培养学生的创新精神、实践能力。研学旅行教育教学实践活动重在引导学生养成合作、探究等学习习惯,逐步帮助学生形成努力求知、善于质疑、勤于动手的学习态度,更好地激发学生的求知欲。

3. 多元性研学课程。研学旅行教育教学实践活动,体现了陶行知先生"生活即教育"的理念,研学旅行超越了传统课堂教学的教材、课堂和学校的局限,向自然、生活、社会领域延伸,密切了学生与自然、社会的联系。因此,研学旅行课程具有多元性的特征,研学旅行的内容具有包罗万象、丰富多彩的表现形式。虽然每一次的研学旅行都有预设的目标任务,但在活动开展的过程中,也会不断生成新的任务与目标,面对新出现的问题,需要学生因时因地地去研究、去思考、去解决。学生置身于陌生的环境当中,需要不断转变观念与视角,与自然、社会沟通,寻求他人的协作与帮助。多元性研学课程,有利于激发学生的主观能动性与个性特长,对学生综合素质的提升有莫大的助益。

4. **实践性教学活动**。研学旅行活动主要通过集体食宿、共同生活、群体参观、集中学习、相互交流、亲手制作等不同方式,让学生运用已掌握的知识,去体验、感知、研究,总结各种自然、社会现象,在实践中巩固知识、验证理论、获得新知。在研学旅行中,学生要探寻问题的原理,就需要提前储备相关知识,准备相关资料,解决可能面临的现实问题。相对于传统的课堂教学,研学旅行更注重培养学生解决实际问题的综合实践能力,在一定程度上可以弥补学生重理论知识、轻现实经验以及脱离实际的不足。

5. **体验性研学旅行**。开展研学旅行,让学生在行走中感受祖国的大好河山,感受中华传统美德,感受革命光荣传统,感受各地的风俗民情,感受改革开放伟大成就,增强学生对我们伟大的祖国、伟大的中华文明的理解与认同;培养学生学会动手动脑,学会生存生活,学会做人做事,成为身心健康、体魄强健、意志坚强的人;促进学生形成正确的世界观、人生观、价值观,激发对国家、人民的热爱之情;推动学生核心素养的提升,创新人才培养模式;引导学生主动适应社会,养成文明旅游的意识和习惯,培养他们成为德智体美劳全面发展的社会主义建设者和接班人。

研学旅行的根本属性是教育教学实践活动,所以以上五个特点都要以"立德树人"这一根本任务为旨归,只有牢牢把握这一根本任务,我们才能深入扎实和卓有成效地开展研学旅行教育教学实践活动。

(三)研学旅行中教师综合素养的提升

1. **教师观念的更新**。研学旅行是师生共同参与的教育教学实践活动,由于课堂从校内延伸到了校外,所以教学的内容不是光靠教材、教辅就可以包打天下了,这就对教师特别是带队导师提出了更高的要求。教师首先要树立正确的"三观",即促进学生全面发展的教育观、"以德为先"的人才观、不单纯用分数衡量学生优劣的评价观。教师必须面向全体学生,因材施教,既要夯实学生的基础,又要注重培养学生的能力,注重学生的全面发展;既要满足优等生的需要,又要培养后进生的学习兴趣,呵护后进生成长。同时,教师要做到一专多能,这样才能适应研学旅行的现实要求。教师要在实践中学习,积极拥抱新的教育技术,不断充实和完善自己的理论素养,提高解决实际问题的能力。

2. 教育教学方式的突破。传统课堂教学局限于"课堂—教师—学生"的教学模式,师生之间的交流仅限于课堂问答,至多加上"讨论、合作"。在这种课堂上,学生主要的任务是把教材里的内容学好,教师的主要任务是完成教材规定的教学内容。教师较多研究如何"教",较少研究学生如何"学"。研学旅行教育教学实践活动要求教师研究以学生为主体的教学方法,把学生从教师的"灌、抱、哺"中解放出来,要研究学情,根据学生个体禀赋特点和性格差异,有针对性地设计教学的内容与教学方法,做到因材施教。

3. 教师主观能动性的激发。研学旅行教育教学实践活动,让教师不必拘泥于传统教材,能够在行前查找资料,编写专门教材;在行走中就地取材,开展现场教学;在研学旅行结束后汇编研学成果,反思行走中的得失,总结经验教训,在实践中提炼和构建新的教学理论,完善研学旅行教育教学课程,形成具有本校特色的课程体系。全方位、全过程的参与将大大激发教师开发行走课程的主观能动性,全方位提升教师的综合素质。

第二节　研学旅行的实施意义

学校教育的根本任务是立德树人,实现全面可持续发展的育人目标。但是,长期以来很多学校因为盲目追求短期效益,过分重视考试成绩和升学率,而忽略了对全面育人的重视。社会各界开始意识到可以通过研学旅行的教育形式引导人们重视体验式教育,从而提升学生的综合实践能力。实施研学旅行,有利于培育社会主义核心价值观、改变固有的教学方式、丰富学生的生活经验、发展学生的思维能力、完善学生的独立人格,从而促进人的全面发展。

一、实施研学旅行,有利于培育社会主义核心价值观

要让青少年热爱党、热爱祖国、热爱人民、热爱家乡,开设呆板的教学课程是行不通的,最好的方式就是开展情境体验式德育活动。

教育部《中小学德育工作指南》把研学旅行作为实践育人的重要内容,纳入学校教育教学计划,给出了不少重要的指导意见,如"促进研学旅行与学校课程、德育体验、实践锻炼有机融合,利用好研学实践基地,有针对性地开展自然类、历史类、地理类、科技类、人文类、体验类等多种类型的研学旅行活动"。

在研学旅行中,学生可以真实地感受祖国的大好河山,感受中华民族的传统美德,感受革命的光荣历史,感受改革开放的伟大成就。在祖国大好风光、悠久民族历史、优良革命传统和现代化建设成就的感知中,教师开展理想信念教育、爱国主义教育、革命传统教育、国情教育自然水到渠成,学生对党、对国家、对人民的热爱之情自然得到激发。这时,家与国、历史与当下等不再是一对对空洞的概念,不再是停留在印象中的符号,而是内化于心的精神力量。于是,学生正确的世界观、人生观、价值观得以形成,社会主义核心价值观得以培育。

二、实施研学旅行,有利于改变固有的教学方式

研学旅行为学校课程改革拓展了新的空间,是学校教育和校外教育衔接的创新形式。相对于学校整体课程而言,研学旅行是一种新的教育教学

方式,为其他课程提供了指导和借鉴作用。从课程改革发展的方向来看,研学旅行是传授型课程向创造型课程的转变,是专业化课程向综合化课程的转变,是单一化课程向多样化课程的转变。从认识模式来看,研学旅行课程让学生回归到自然中认识世界,打破学科与学科之间的界限和固定的知识认知结构。从人际交往模式来看,研学旅行课程将学习过程中的师生关系转变为新的合作伙伴关系。从教师在课程中的地位来看,教师是研学旅行课程的规划者、设计者、实施者、评价者,改变了传统课程由专家设计、教师实施的"两张皮"现象,凸显了教师在课程中的地位和作用。

三、实施研学旅行,有利于丰富学生的生活经验

在旅行中,学生们会遇见各种不同的人,能自由地与人沟通交流;在研学的路途中,学生们可以了解到不同地方的不同文化,感受到不同地方的生活习惯,听到不同地方的不同语言,即便是不明白,也会觉得特别有趣。而整天坐在家里的孩子,虽然也可以通过各种媒介了解外部世界,但亲身前往某一个地方旅行,在其中学到的却是足不出户永远都体会不到的。

语文课上,经常有老师指责学生写作文千篇一律,没有真情实感;地理课上,经常有老师叹息学生没见过真实的山川河流……这都是学生缺乏生活经验的例证。经验是认知的基础,是理解的条件,是观念表达的背景。研学旅行本质上属于经验性课程,学生从中获得的经验,是任何学科的课堂教学都无法比拟的。

鲁迅是我们中小学语文课本中最常见的一位作家,他所写文章的内容和我们今天的生活还是有距离的。若在鲁迅故居开展研学旅行,同学们就可以亲眼见到他笔下的百草园——"不必说碧绿的菜畦,光滑的石井栏,高大的皂荚树,紫红的桑葚……"当学生和鲁迅笔下的场景亲密接触后,课本上的文字便不再单调,而是会成为鲜活的影像。

四、实施研学旅行,有利于发展学生的思维能力

旅行途中,学生们会遇到各种意想不到的问题,需要利用已有的知识去解决,以顺利完成任务。他们将学习如何与来自不同文化背景的人交流,如何理解不同文化背景下人群之间的差异,如何去掌握新的思维方式,如何跳出旧框架的束缚去发展创新思维。在将感性知识转化为理性认识的过程中,学生的思维活动在头脑中必不可少;通过如此反复地运用已学到的知识,学生的思维能力就在这样的过程中潜移默化地得到极大的提升。

五、实施研学旅行,有利于完善学生的独立人格

在"应试教育"式的课堂中,很少有学生会发挥自己的主观能动性,主动进行课程外的学习探索。不少学生把绝大多数的时间和精力都花在学习书本知识之上,学习的方式也大多数是死记硬背、题海战术,这就使得学生学习负担过重,严重地威胁到学生的身心健康。这种教育方式很难培养学生健康的个性和健全的人格。此外,随着现代经济与社会的发展,人们的生活水平也在不断提高,学生们的需求也越来越多。尚未实现经济独立的中小学生对父母十分依赖,而只要成绩优秀,对于孩子的各种需求,父母都尽可能去满足。这就导致在中国成绩拔尖但是缺乏生活自理能力的"高分低能"学生比比皆是。

研学旅行的实践性活动,给学生提供了真实的生活环境与学习场景。活动过程中,会有一部分让学生学会独立的活动课程,例如漂流、野外生存、爬山等锻炼学生意志的活动,使得中小学生在这样的活动中逐渐养成独立自主的意识。同时学生还是整个研学旅行活动过程的策划者,他们可以根据自己的兴趣爱好,并结合当地的资源特色,自主地确定研学的主题和内容。学生在研学旅行课程实施的前、中、后期都始终是研学旅行的主体,各项活动都需要学生自主来完成,从而促进了学生独立人格的完善。

第三节　高中阶段研学旅行课程设计

一、高中阶段研学旅行课程标准

由于高中阶段研学主体年龄的提高,高中学生观察问题、分析问题、研究问题的能力提升,知识储备的丰富程度加大,研究的视野也进一步拓宽,故对其研学课程设置要求也要相应提高。表现为研学旅行的研究性内容增多,研学过程中研学主体的自主性程度加大,研学目标的设置和研学成果内涵要求加深。实践表明,开展高中生研学旅行,除了必须遵循教育部及相关部门的规定之外,还要遵循以下标准。

（一）寓学于行

研学旅行教育教学实践活动,"学"与"行"是最关键的两个因素,两者相辅相成,缺一不可。若忽视"学",研学旅行就成了单纯的旅行,成了带着学生游山玩水了;若轻视"行",研学旅行则会沦为换个地方的常规课堂教学。处理好"学"与"行"的关系,要在行前就做好科学合理的筹谋,做到"学"与"行"有机结合。如在安排人文教育研学旅行时,在行前的选择中就应该有语文、历史、政治等文科带队导师的参与,研学教材里也要多多体现相应人文景观的文字、音像资料等;在邀请相关专家的专题讲座和实践体验环节设计中要与该人文主题相契合。因此,寓学于行要作为研学旅行课程重要标准之一。

（二）知行合一

研学旅行教育教学实践活动离不开"实践"二字,研学旅行的实践表现在学生的全过程参与中,有课程主题的设计、研学教材的开发、实地的考察、动手制作等。像观赏自然风景、考察人文景观、品尝当地美食、了解风土民情、体验职业生活等各种类型的研学旅行活动,都是在真实、开放的具体情境中开展的。学生在这些不同情境中的体验、感悟、思考要比传统课堂上教师创设的情境真实得多、直观得多、生动得多,学生的记忆也往往深刻得多、牢固得多。"纸上得来终觉浅,绝知此事要躬行",书本上的理论是间接的知识,实践中总结的经验是直接的知识;理论需要实践的检验,实践经验也需要理论的提升。研学旅行就是要做到理论与实践的有机结合,即知行合一。

(三) 个性化探究

在同一个研学旅行教育教学实践活动中,围绕本次研学旅行的课程主题而设置的课程目标及研学任务是一致的,但在实际的研学旅行过程中,不同学生会有不同的兴趣点和个性化需求,对于高中阶段的学生来说尤其如此。为此,研学旅行的课程设置,要在广泛深入的调查研究的基础上摸索出不同学生个体的研学旅行兴趣和个性化的需求,从而分解出研学旅行的不同子主题。基于学情的研学旅行,既要确保实现研学旅行的课程目标,又要充分满足学生个性化探究的需求,让研学旅行的课程设置更加科学化、更加人性化。

(四) 过程性评价

研学旅行教育教学实践课程与传统课堂教学及综合实践活动课程最大的区别在于丰富的过程性、方法的直观性、成果的不确定性。这就决定了研学旅行内容的多元性和评价机制的过程性。研学旅行虽然有预设的课程目标和任务,但在研学旅行过程中会生成新的研学内容,研学内容的动态性决定了不能以单一的标准或某种研学成果来对学生进行考核评价。泰勒认为,教育目标"在于改变学生的行为"。研学旅行课程中的学生评价应重视学生由于知识拓展而引起的认知结构的变化、思维的变化、探究能力的变化;在真实情境中学习得到的体验,从而产生的情感态度与价值观的变化。

二、高中阶段研学旅行课程目标

(一) 研学旅行课程总目标

国家关于研学旅行的相关文件明确了研学旅行作为课程的价值和意义,也确定了课程的总体目标。教育部等11部门联合发布的《关于推进中小学研学旅行的意见》指出,研学旅行要以"立德树人、培养人才为根本目的","让广大中小学生在研学旅行中感受祖国的大好河山,感受中华传统美德,感受革命光荣传统,感受伟大成就……"教育部2017年9月25日印发的《中小学综合实践活动课程指导纲要》指出,研学旅行教育教学综合实践活动课程的总目标是:"学生能从个体生活、社会生活及与大自然的接触中获得丰富的实践经验,形成并逐步提升对自然、社会和自我之内在联系的整体认识,具有价值体认、责任担当、问题解决、创意物化等方面的意识和能力。"

(二) 高中阶段总体目标

1. **价值体认**:深化社会规则体认、国家认同、文化自信,初步体悟个人成长与职业选择、社会进步、国家发展和人类命运共同体的关系,增强根据自身兴趣专长进行生涯规划和职业选择的能力,强化对中国共产党的认识和感情,具有建设中国特色社会主义的共同理想和国际视野。

2. **责任担当**:关心他人、社区和社会发展,能持续地参与社区服务与社会实践活动,关注社区及社会存在的主要问题,热心参与志愿者活动和公益活动,增强社会责任意识和法治观念,形成主动服务他人、服务社会的意识,理解并践行社会公德,提高社会服务能力。

3. **问题解决**:能对个人感兴趣的领域开展广泛的实践探索,提出具有一定新意和深度的问题,综合运用知识分析问题,用科学方法开展研究,增强解决实际问题的能力。能及时对研究过程及研究结果进行审视、反思并优化管理,建构基于证据的、具有说服力的解释,形成比较规范的研究报告或其他形式的研究成果。

(三)高中阶段具体目标

1. 文史属性目标。有的研学旅行景点或者实践教育基地具有鲜明的文化属性,有的是传统文化或地域文化的代表,如以"孔文化""徽文化"为主题的目的地;有的是具有历史属性的代表,如各地的历史博物馆、历史事件的纪念馆、考古和文化文明遗址等。将这样的研学资源作为课程内容呈现给学生时,应该达成的学习结果是对该资源所承载的文化和历史知识的认识和再认识,对资源所表现的文史理念的认同或甄别,以及对资源所传递的文史价值的传承或反思。

2. 自然科技属性目标。祖国的大好河山,有无数的风景名胜,这些资源异常丰富,是研学旅行的主要内容,但需区别于一般的观光旅游,要突出学生的感受与体验、欣赏与保护、考察与研究等课程方法与目标,充分运用地理、生物、物理、化学等学科知识进行现场教学,增强学生对幅员辽阔、物产丰富的祖国的热爱之情。具有科技属性的研学旅行资源也很多,如科技馆、研究所、工厂车间、大学实验室、农业试验田等,科技属性研学目标设置要关注科学的知识与原理、科技发展的历史与现状,结合学生生涯规划的知识储备,培养学生的科学兴趣,激发学生的科研动力。

3. 教育资源属性目标。以大专院校、大学学院或主题教育基地等具有教育属性的场所作为研学旅行的目的地,其课程目标主要是引导学生的生涯规划、培养理想信念、培育家国情怀、形成正确的人生观和价值观。

三、高中阶段研学旅行课程内容

(一)研学旅行课程内容的选择

1. 研学旅行的课程目标与课程内容之间存在相互确定的关系,一方面,研学旅行课程的开发首先应根据国家对课程的要求和学校的办学理念制定课程的总目标,从而选择合适的课程内容,在这一过程中,课程内容由课程目标确定;另一方面,课程的具体目标则需要根据研学旅行课程内容的资源属性确定。

2. 研学旅行课程内容要契合学生的需要,要能激发学生的学习兴趣,从而使学生在学习过程中得到某种满足。

3. 研学旅行课程内容要与学生的能力基础相匹配。高中学段课程内容的深度、广度及表现形式要与高中学生的年龄特点相适应。

4. 研学旅行课程内容具有多元性。同一个课程目标,可以有不同的课程内容提供给学生选择,如不同的研学旅行路线、同一线路不同的研究角度等。

(二) 研学旅行课程内容结构

1. 课程标题。课程主题一般以"资源特征＋景点名称"的形式,如"一生痴绝处,无梦到徽州——徽文化研究",或者以"景点名称＋资源特征"的形式,如"大梦敦煌——重走千年丝绸路"等。

2. 课程实施的具体线路规划。

3. 课程的时长。一般来说,短线课程为一天,中线课程为一周,长线课程为两周。

4. 本次课程涉及的相关学科。如语文、历史、地理、生物等学科。

5. 课程实施的方式。如集体参观、分组参观、先集中讲解然后分散自由参观、小组合作探究、操作体验、调查研究等多种方式。

6. 课程资源详述。这是课程内容的重要组成部分,要阐明学习资源的历史文化背景、当前的经济发展、风俗习惯、价值意义等。

7. 学习任务。学生在参观学习的过程中,用于引导学生进行实践探索或激发深度思维的导引性学习任务。

8. 及时作业。每天都要设置研学之后的相关作业,作业要在当天晚上完成,研学导师要第一时间完成批阅。该作业是与当天的研学内容相关的探究性思考题,学生可以通过当天的学习内容得以解决。

9. 指导与评价。先制定评价指标量化表,然后根据学生在研学旅行中的行为表现,如团队协作、及时作业的质量、解决实际问题的能力等进行量化呈现。

10. 注意事项。包括安全指引、景点的特殊要求、纪律规范等。

(三) 研学旅行课程内容的开发

1. 根据学校的办学理念与课程目标,制定研学课程计划,确定研学线路与主题。

2. 根据研学主题规划详细的研学线路,选定相应的课程资源,根据时间和空间条件理顺课程顺序。

3. 进行线路勘察,收集课程资源信息,分析资源属性。

4. 根据课程目标和研学资源制定阶段性子目标。

5. 编订课程资源文字详述,包括相应的图片与视频资料,制定过程性学习任务与及时作业。

6. 确定研学旅行课程评价方案,以量表的方式呈现。

7. 确定课程实施条件及注意事项。

8. 明确课程实施的角色分工。

9. 形成课程大纲,制作研学旅行课程手册。

四、高中阶段研学旅行安全指引

研学旅行作为校外教学实践活动,应以预防为主、确保安全为基本前提。为确保研学旅行的安全,学校必须做出安全预案,每次出行前要上报教育主管部门严格审批;会同卫生行政等部门教会学生掌握自救自护知识;每个研学旅行团队随行教师不得少于3人,并配备旅行社研学旅行辅导员1—2人;承办研学旅行活动的旅行社要提供旅行责任险、团体险、学生意外伤害险。同时还要对车辆、餐饮、住宿单位严格把关;要建立医疗救援保护机制,学校、旅行社的医生和目的地单位的医务室、附近医院共同担当责任,随时处置学生在研学旅行过程中可能发生的意外;如遇恶劣天气要随时调整出行时间,在研学旅行活动过程中如遇突发气象随时终止活动,启动应急预案。

为确保研学旅行顺利开展,行前必须制订好有关规则与要求,并要求师生及其他参与人员熟知并严格遵守。

(一)研学旅行学生安全守则

1. 行前准备

(1)根据研学目的地的天气情况与自身情况准备相应的生活用品、药品等。

(2)了解本次研学旅行的学习资源,明确研学学习任务和要求,制定活动规则。

(3)牢记每次出发的时间、集合的地点、小组成员等。

(4)牢记带队导师的联系方式,如遇突发情况,第一时间联系带队导师。

2. 乘坐交通工具

(1)乘坐汽车:全程系好安全带;汽车开动后,不要在车上随意走动,胳膊不得伸出窗外;如有晕车情况及时联系带队导师,尽可能坐靠窗位置;将垃圾、废弃物品带下车,按照分类扔进垃圾桶。

(2)乘坐火车:要注意保护自己的人身、财产安全,不要丢失身份证、钱包等贵重物品;上车后按车票座位号就座,将行李放置在行李架上;火车上使用开水要特别注意,避免烫伤自己或他人。

(3)乘坐飞机:提前两小时到飞机航站楼,办理行李托运等手续;要配合安检人员的安检工作,不要带违禁物品上飞机;如遇飞机延误,服从带队导师的管理安排。

3. 集体住宿

（1）按导师分房表入住，不得私自调换房间，不得私自离开酒店。

（2）熟记酒店消防通道方向，会使用消防器材，知道消防用品摆放位置和楼层格局，方便应急逃生。

（3）爱护房内的设施设备，不要在酒店房间内乱写乱画；不要在房间里乱接电源，乱拉插座。

（4）入住时检查房间内毛巾、拖鞋、水壶等用品是否齐全，如有缺失及时告知带队导师；按时起床，不要追逐打闹。

（5）洗澡时要铺好防滑垫，避免滑倒。

（6）出入房间要随手关好门窗，保管好自己的贵重物品；如果丢失房卡或房卡忘在房间里，及时与带队导师沟通。

（7）遵守作息，不熬夜。

（8）退房时要带好随身物品，听从导师统一安排。

4. 食品餐饮

（1）不随便购买路边食品饮料，不买"三无"食品饮料。

（2）遵守秩序，有序进入餐厅，按照导师安排的分桌表有序就坐，同一桌等学生全部到齐后开始用餐。

（3）注意饮食卫生和礼节，餐前洗手，摆放餐具要相互礼让。

（4）保持餐厅卫生和整洁，不随地吐痰、泼洒剩菜剩饭。

（5）注意用餐时间，按时就餐；不大声喧哗，坐姿端正，文明用餐。

（6）"光盘"行动，杜绝浪费。

（二）研学旅行导师安全职责

1. 研学旅行活动期间作为学生的临时监护人，对学生各方面进行监督和保护。

2. 熟悉学生，熟记学生的房间、分组，强调安全纪律，做好每晚的查寝工作。

3. 及时掌握学生的身体状况和思想动态,发现情绪不稳定的学生要及时处理,鼓励学生锻炼自己的独立意识。

4. 时刻保持安全警觉,确保无任何安全事故发生;做好各小组学生的人员分工,便于管理工作的顺利开展。

5. 在培训、活动、就餐、休息前,及时清点人数,严格执行各项活动的点名制度,坚持按作息时间活动和休息。

6. 指导学生完成研学任务、研究小论文、课题报告等,及时对学生的表现给予反馈。

7. 研学旅行活动遇有变动时,及时向学生解释变动的原因,并协助学生适应新的安排。

8. 建立研学活动家长群、学生群,及时与家长沟通,把学生活动的照片第一时间与家长分享。

(三)研学旅行常见伤病处理办法

1. 常见伤病的类型:感冒、发热、皮外伤、中暑、腹泻、晕船晕车晕机、各类过敏等。

2. 常见伤病处理原则

(1)随时观察,及时问询。关注学生的健康情况,熟记学生有无过敏情况,针对常见伤病提示学生做好预防。

(2)发现伤病,及时处理。如遇皮外伤及时消毒,中暑后及时服用药物,感冒初期及时治疗和服药等。

(3)及时就医,科学用药。用药需咨询医务人员的建议,坚决不允许带队导师武断用药。要告知学生家长,说明学生病情及就诊情况。

(4)做好相关记录。掌握学生伤病状态及变化,及时与医务人员沟通。

五、高中阶段研学旅行课程评价

课程评价的核心问题是:对什么或对谁进行评价?用什么方法进行评价?

评价的流程是怎样的？研学旅行课程的评价也同样要解决以上三个问题。

（一）对什么或对谁的评价

1. 对学生的评价

结合研学旅行课程的实际特点，考虑课程评价的可操作性和易操作性，对学生的评价可以从过程性评价和结果性评价两个方面进行。过程性评价是指依据除知识成果以外的内化成果所表现的外显行为进行的评价，评价的信息依据需要通过对学生在学习过程中的观察交流得以收集和记录，侧重于对学生在学习过程中的行为表现进行评价。成果性评价是指依据外显的学习成果和内化的知识成果所进行的评价，侧重于对学生通过学习所获得的物化的成果进行评价。无论是过程性评价还是结果性评价，都可以采取量化评价或质性评价的方式呈现。量化评价一般以分数呈现评价结果；质性评价通常以等级呈现评价结果，一般可以分为优秀、良好、合格、不合格四个等级。对学生的评价，具体操作如下。

（1）过程性评价。下面是学生过程性量化评价样表和学生过程性质性评价样表，包括评价指标、评价内容和各项得分或等级呈现。

表2.2.1　学生过程性量化评价样表

评价指标	团队意识（15分）	安全意识（15分）	纪律观念（15分）	环保意识（10分）	活动参与（15分）	学习秩序（20分）	突出表现（10分）
评价内容	在整个研学活动中能够和导师、同学友好相处。	研学过程中有人身、财产安全防范意识，也不危及别人安全。	听从导师安排，不擅自行动，有观念。	随手带走自己的垃圾，不破坏环境卫生。	研学中参观、体验、制作等环节积极参与。	在课程学习中与无关研学的事情做学习不研学，如玩电子游戏等。	研学导师或同学们认定的好人好事，如担任组长类职务等。
计分依据							
得分							
总分		导师签字			学生签字		

表 2.2.2 学生过程性质性评价样表

评价指标	评价内容	评价结果			
		优秀	良好	合格	不合格
团队意识	在整个研学活动中能够和导师、同学友好相处。				
安全意识	研学过程中有人身、财产安全防范意识,也不危及别人安全。				
纪律观念	听从导师安排,不擅自行动,有时间观念。				
环保意识	随手带走自己的垃圾,不破坏环境卫生。				
活动参与	研学中参观、体验、制作等互动环节积极参与。				
学习秩序	在课程学习中不做与研学无关的事情,如玩电子游戏等。				
突出表现	研学导师或同学们认定的好人好事,如担任组长类职务等。				
总评					
导师签字		学生签字			

（2）结果性评价。下面是学生结果性量化评价样表和学生结果性质性评价样表。

表 2.2.3 学生结果性量化评价样表

评价总指标	评价分指标	评价内容	得分	得分小计
研学日志(20分)	规范性(10分)	书写、语言表达规范		
	完整性(5分)	问题解析的系统完整		
	创新性(5分)	观点和见解的独特创新		
研学论文(课题)成果(40分)	规范性(10分)	书写、语言表达规范		
	完整性(10分)	问题解析的系统完整		
	科学性(10分)	知识运用的准确性和问题分析的逻辑		
	创新性(10分)	观点和见解的独特创新		

续　表

评价总指标	评价分指标	评价内容	得分	得分小计
研学制作成果（20分）	思想性(5分)	制作成果的主题内涵所表达的思想价值		
	技术性(5分)	制作技术与工艺、技法水平		
	艺术性(5分)	成果所体现的审美艺术价值		
	创新性(5分)	成果所表现的在思想、艺术、技术方面的独特性		
研学绘画、音像成果(20分)	思想性(5分)	成果的主题内涵所表达的思想价值		
	艺术性(10分)	成果所体现的审美艺术价值		
	创新性(5分)	成果所表现的在思想、艺术、技术方面的独特性		
总分				
导师签名		学生签名		

表2.2.4　学生结果性质性评价样表

评价总指标	评价分指标	评价内容	评价结果			
			优秀	良好	合格	不合格
研学日志	规范性	书写、语言表达规范				
	完整性	问题解析的系统完整				
	创新性	观点和见解的独特创新				
研学论文（课题）成果	规范性	书写、语言表达规范				
	完整性	问题解析的系统完整				
	科学性	知识运用的准确性和问题分析的逻辑				
	创新性	观点和见解的独特创新				
研学制作成果	思想性	制作成果的主题内涵所表达的思想价值				
	技术性	制作技术与工艺、技法水平				
	艺术性	成果所体现的审美艺术价值				

续　表

评价总指标	评价分指标	评价内容	评价结果			
			优秀	良好	合格	不合格
研学绘画、音像成果	创新性	成果所表现的在思想、艺术、技术方面的独特性				
	思想性	成果的主题内涵所表达的思想价值				
	艺术性	成果所体现的审美艺术价值				
	创新性	成果所表现的在思想、艺术、技术方面的独特性				
		总评				
导师签名		学生签名				

2. 对课程的评价

对研学旅行课程本身的评价，包括对课程理念、课程结构、课程目标的确定、课程内容的选择、课程实施的计划等的评价。评价的重点在于判断课程设置的合理性、系统性和规范性。通过课程评价，可以积累课程设计与实施的经验，为课程的优化改进提供依据。对课程的评价可以从以下几个方面进行。

（1）对研学旅行线路规划的评价。包括线路的学习资源、线路规划的安全、线路时间的分配、线路交通工具选择及食宿的安排等。

① 研学线路的学习资源。研学线路规划是否合理，一是要看所选的景点是否具有教育的示范性；二是要看其中的学习资源是否体现了课程主题，其联系是紧密的还是疏离的；三是学习资源是否丰富，能不能有吸引力，满足学生多样化的学习体验。

② 研学线路规划的安全性。安全是研学旅行课程实施的首要条件，安全性评价主要包括：第一，课程的安全防范措施是否有针对性和可操作性，有针对性应该体现在各学习单元安全防范措施的内容表达上，看这些措施是否预估到了学习资源的社会、文化、气象、地理、生态及物理条件，并针对

可能出现的安全事件采取预防性措施;第二,课程是否有安全预案,应急预案是否全面、严谨、流程化、可操作。

③ 研学线路交通工具的适当性与安全性。

④ 研学线路时间分配的合理性。课程线路规划应根据学习资源的性质和特点来安排,要设计好参观学习时间和路上时间的分配与衔接。

⑤ 研学线路体能分配的科学性。研学线路规划应根据高中生的体能特点,根据运动量和学生体能合理分配;体能消耗分配情况可以结合课程实施中学生的实际表现和反应做出评价。

⑥ 研学旅行过程中食宿安排的特色、舒适、经济与安全性。在饮食方面,要求安全卫生、美味可口,要保证学生获得足够的营养和热能;要考察饮食的丰富性、多样化,要尽可能体现当地的饮食文化特点。住宿方面,要考察是否经济、舒适和安全。

(2) 对课程设计的评价包括以下几点。

① 对课程目标的评价。对课程目标的评价应围绕目标设置的合理性、规范性、适切性展开。课程目标的合理性指的是目标设置是否体现了国家相关要求的主要指标;课程目标的规范性主要体现在课程目标的表达与陈述是否清晰、明确;课程目标的适切性主要看课程目标是否符合学生的学段特点和年龄特点。

② 对课程内容的评价。对课程内容所体现的教育性、适切性和多元性的评价。

③ 对课程实施的评价。课程实施是课程实现的最主要设计要素,对课程实施的评价应着重评价课程实施的安全性、规范性、科学性和有效性。

六、宁波四中研学旅行课程纲要

(一) 课程背景

源于《国家中长期教育改革和发展规划纲要(2010—2020年)》指出的

"创新人才培养体制","加快解决经济社会发展对高质量多样化人才需要与教育培养能力不足的矛盾"的战略要求,源于"知识与能力、过程与方法、情感态度与价值观"三个维度相统一的课堂教学目标,在普通高中培养适应新时期需求的高素质、复合型的人才迫在眉睫。而当前,我国人文学科和社会学科的现状与快速发展的经济现状不相匹配。长期以来重理轻文的高中课程设置和社会认知现状极不利于现代化人才的培养。宁波四中研学旅行实践课程指导思想要求文理兼顾,加强基础,注重能力培养;重视实践,培养创新精神,全面提高学生素质,培养新型的现代化人才。

宁波四中研学旅行实践课程是"国家课程+地方课程+行走课程"模式,是学校课程体系的重要组成部分,是培养学生学科核心素养的重要平台,在创新人才培养和课程体系建设中具有不可替代的作用。宁波四中研学旅行实践课程是活动的课程、动态的课程,是没有围墙的课堂。

(二)课程目标

研学旅行的目的是丰富第二课堂,转变学习方式,丰富生活阅历,扩大知识视野,积累写作素材,调节学习状态,提升研究能力,增强班集体凝聚力,培养独立生活能力,增强沟通交际能力,提升学科素养,培养人文情怀。

宁波四中研学旅行开展短期的主题社会考察和长期的研学实践活动,在活动内容、组织形式、成果要求等方面已形成完整机制,体现出研学旅行实践课程地位的独特性、目标的明确性、方法的自主性、过程的体验性和成果的时效性。研学旅行实践课程应该满足学生求知与探索的信心需要,从中寻找学习的源动力,激发学习兴趣,在社会实践中综合锻炼学生的多种能力,培养学生关注社会的良好品质,强化学生的社会使命感与责任感,促进学生调整自我、完善自我。

(三)宁波四中研学旅行课程实施措施

1. 研学旅行线路的选择

为达成研学旅行课程的目标,选择适当的行走主题非常关键。受制于行走时间和经费等方面,研学旅行课程可以从最具代表性的事物着手,不必面面俱到。切忌不要从师生个人旅游的主观喜好出发,不要从考察地的知名度出发,而是要深刻把握行走课程资源的内涵,把握书本知识与实际知识的内在联系,综合考虑研学旅行课程的达成目标、经费控制、学生特点与安全防范等诸多因素。

宁波四中研学旅行课程已经开发了孔文化、徽文化、楚文化、吴文化、燕京文化、汉唐文化、慈孝文化、敦煌文化、丝路文化等多条成熟的研学线路。以吴文化为例,选择吴文化作为研学旅行目的地的原因在于:吴文化是中华传统文化的重要组成部分,是江南文化的主要来源,也是推动中华文明发展进程的重要力量。吴文化以太湖流域为核心,地理位置上与越国文化交错于江南地区,受地理位置、地形气候等自然环境的影响,吴文化与楚文化在经济特点、意识形态、风俗习惯、价值观念、审美情趣等方面有着本质的区别,适合做对比分析。今天的吴地是中国经济高度发达的地区,江苏是中国经济第二大省,长三角地区是中国经济最活跃的区域之一,文化与经济的关系值得我们去探究。从空间上看吴文化的核心区域离宁波距离适中,适合在假期开展中线考察。

2. 研学旅行课程的基本环节

首先要有明确的研学课题,带队导师会提供与研学主题相关的小课题,供大家实地考察参观中进行研究。组织者提供考察地的相关背景材料,制定详细的考察方案,与旅行社洽谈行程安排与具体细节,学校方面支持全部或部分考察经费。考察结束后召开主题交流会,总结交流成果。学生利用课余时间对于某个小课题进行个人或小组探讨,通过考察回忆、查阅文献资料,在导师的指导下撰写小论文、调查报告、游记,完成实验报告等,随后学校进行材料整理并将成果集结成册,通过适当渠道发表,做好宣传工作。

3. 研学旅行与旅游活动的区别

要从思想上认识到研学旅行不同于普通的旅游活动。研学旅行有明确的考察主题、组织体系、纪律要求、目标任务、考察成果。同学们在出发前应具备一定的考察背景知识,包括考察地的地理、历史、文化等方面的基本概况。研学旅行过程中要认真听取讲解,整合书本知识与实地知识,学以致用,分析、探究、思考考察地的事物和事件。文化讲座中积极做好记录、发言。研学旅行结束后认真整理考察内容,根据老师的要求撰写研学旅行成果。

4. 研学旅行的成果呈现

研学日志:研学日志是指即时记载当天所见所闻所感,形成的每天考察的活动记录及简短感受,语言灵活,不拘一格,当天完成。

研学体会:研学体会是在研学结束后对研学活动进行总体回顾后的综合感受,在研学结束后完成,文学性较强。

研学报告:研学报告类似于专题小论文。在研学结束后针对研学旅行内容中的一两个点,选择一个切口小的课题进行论证、分析、评论及可行性研究。

研学实验:研学实验指的是理科类的实验报告,如研学旅行线路的水质检测、研学旅行目的地的某种特定生物的观测、徽州毛豆腐形成机制研究等。

其他研学成果:如学生在研学旅行途中创作的绘画、音乐、摄影等艺术作品,在实验室、工厂车间、作坊、田间地头参与制作的手工艺品、工具等。

5. 研学旅行课程的评价体系

宁波四中研学旅行课程评价分为对学生的评价、对课程的评价和对带队导师的评价。对学生的评价有过程性评价和结果性评价两种评价方式,详见表2.2.1—表2.2.4。评价者为带队导师,表现优异的学生将给予一定的奖励,并记录于该学生学籍档案中;对课程的评价由学校学术委员会负责组织实施,优秀的课程设计将作为学校精品课程予以推广,在实施过程中存在问题的课程需要进一步修改并使之完善;对带队导师的评价由校长室负责实施,包括带队导师课程开发能力、课程实施过程中的组织协调能力、与学生、家长、旅行社等的交流沟通能力、处置突发事件的应变能力等。

6. 带队导师的安排

研学旅行课程带队导师数量按每 10 名学生配一名教师的标准进行确定。带队教师数量过多,会导致经费过多,权责不清,教师的安全和服务意识淡化,师生交融性差,学生与教师各自活动,导致课程脱节,以学生为主体的室外课程主题不突出,与旅游活动并无二致。带队教师数量过少,不利于规范管理,导致带队教师工作盲点增加,文化知识储备不足,还易产生安全隐患。

带队教师应该由学校专职领导、班主任、科任教师三方组成,且要考虑男女教师比例,选择与本次研学旅行课程主题相关的学科教师。其中学校领导代表和班主任必须全程参与,科任教师数量按照学生出行人数进行安排。带队领导和教师应该认真履行自身职责,切勿脱岗,紧绷安全意识这根弦,确保活动顺利开展。

(四)宁波四中研学旅行课程授课时间及形式

1. 短线课程:高一第一学期中双休日(一般为 1 天),短线方案一般为当天往返,选择在宁波本地范围内和宁波周边地市。研学主题切口较小,我校该线路的代表为孔文化课程和慈孝文化课程。

2. 中线课程:高二第一学期结束后寒假(一般为 3—5 天),中线方案一般选择浙江省内其他地市和与浙江相邻的江苏、安徽、上海等省市,行走主题切口稍大,可选择 3—5 个主题内容,设计专家主题讲座。我校该线路的代表为徽文化课程、吴文化课程、楚文化课程。

3. 长线课程:高一第二学期结束后暑假(一般为 6—9 天),长线方案选择全国有代表性的主题线路,体现中华文明博大精深的文化精髓。该线路行程较长,组织形式多样,主题较多,需安排专家主题讲座,进行周密的策划。我校该线路的代表为敦煌文化课程。

（五）研学旅行课程授课对象

宁波四中全体学生。

（六）研学旅行课程授课内容与日程安排

步骤1：路线设计阶段

由带队导师提出初选目的地方案，与学生及学生家长共同交流讨论。达成共识后，带队导师设计具体行走安排初稿，交由学校分管领导审核，确定目的地，并向学生及家长通报。安排初稿需包括目的地，行程安排，组织形式，运作体系，安全预案等。

步骤2：与旅行社协调及洽谈经费预算阶段

带队导师根据设计的初步方案与旅行社对接，规划合理的线路，洽谈经费等事宜。

步骤3：研学旅行目的地知识收集与出行纪要编写阶段

带队导师根据研学主题，收集研学旅行目的地的背景知识，形成文字性的研学资料，供学生自行学习。任课教师开发小论文课题，将相关知识、要求等整理成册，人手一份。同时联系为学生授课的有关专家、博士、教授等，并编写出行纪要。

步骤4：向家长、学生告知及学生报名阶段

以告家长书的形式向家长告知本次研学旅行的安排，以主题班会的形式向学生告知具体安排。交由班干部对学生进行分组安排与任务下达。联系带队教师，分配任务，明确职责。

步骤5：研学旅行课程预备阶段

发放研学旅行纪要后，结合课程内容，由带队导师开设主题课堂，介绍本次研学旅行目的地的人文、历史、地理、经济、气象、民俗等相关背景知识；组织学生学习相关知识并安排书面检测。

步骤6：组织学生与家长会议阶段

第1部分：介绍研学旅行的目的和意义。

第 2 部分：明确研学旅行的基本要求。

第 3 部分：强调研学旅行的注意事项。

第 4 部分：安全警示教育，提醒携带的物品。

步骤 7：研学旅行课程实施阶段

按设计的研学旅行课程大纲逐一安排落实，原则上不再变更。行走过程中的主要组织者为带队导师，旅行社方面主要安排餐饮、住宿、交通、门票等后勤保障工作。

步骤 8：活动反馈与成果呈现阶段

学生按要求提交相关研学成果，带队导师对学生活动结果进行评价，对表现优异的学生进行奖励，对学分变动加以落实。优秀成果（文章、图片、报告）整理成册，有条件可结集出版，做好宣传工作。

步骤 9：研学旅行课程反思阶段

通过总结研学课程操作的成功经验，反思研学课程中的不足之处，形成宁波四中研学旅行课程体系与操作指南，为本校及同样开展研学旅行课程活动的学校提供实践经验及理论支撑。

第四节　研学旅行课程框架

研学旅行是一项新的教育实践活动，虽然与之有关的"研学"历史早已有之，但是在不同的时代背景下，"研学"活动的意义与性质早就发生了变化。研学旅行在不同学校的最初尝试往往以"春游""秋游"的名义进行，其目的也是为了缓解学生的学习压力。随着国家层面对学生研学旅行重视以来，许多省市都开始了有益的尝试。宁波四中的研学活动在浙江省乃至全国范围内，都处于领先地位。正所谓"春江水暖鸭先知"，正是因为学校在这块领域有着较早的尝试,所以当其他学校想做出同类型的尝试之时,宁波四中已取得了发展性的优势。

我们主张的研学旅行是以"旅行"为课程的生成契机,以"研学"为课程的实现形式,以人的发展为课程的设置目的。研学旅行是一个非常复杂的概念,其内涵丰富多彩,为之而开发的课程也是不一而足的。研学旅行不仅仅是课程本身,还可以是课程的一种实现形式,是让人性舒张、灵魂浸洗的一抹新绿。

研学旅行是一种综合性实践活动,它的作用表现在不同的方面。通过该实践活动,我们感知到自然、社会诗意般的存在以及"物我同一"般的哲学思考。历史、人文在这里又一次呈现在我们的眼前,回望它们,我们似乎可以与历史神交,思接千载;与人文互动,情趣盎然。这个活动里,也有不同学科的碰撞。作为学校课堂的延伸,我们获得了空间上的延展;作为社会的初体验,我们遇见了自己的未来。这些或许就是"研学旅行"的价值所在。

目前学界对研学旅行课程化设计的研究并不深入,一是因为从文件公布到现在只有六年的时间,一个课程从开始实践到成果的产出,需要大量的时间做保证;二是研学旅行的课程化设计本来就是一个系统工程,目前只是在局部做尝试,也没有条件推出自上而下的课程体系;三是因为区域经济发展不平衡,在缺乏物质基础的条件下,研学旅行活动变得步履维艰。所以,我们只能通过自己的努力使研学旅行向前推进,如今,我们主要立足于研学旅行这个活动,从中挖掘课程经验,并以此为契机来开发属于我们自己的特色课程,本节主要从以下几个框架来作分析。

课程框架一 体验的课程:诗意的遇见

古人云:"读万卷书,行万里路。"漫漫人生路,总有那么一段日子,人们要远离家乡,浪迹天涯。每个人去往的地方都不一样,彼此的家乡成了对方的目的地。不同的文化背景、不同的身份境遇,既导致了彼此认识上的"裂缝",也给对方强烈的心灵震撼:也许有时候你厌倦已久的东西却是他人苦苦追寻的那片星空。每一天,总有人重复着你曾经的过往,遇见你的人生。

"研学"的历史在中国由来已久,孔子周游列国,就为了实现那一抹仁爱情怀;李白仗剑出游,也许是为了"啸成剑气"。历史的渊薮以沉默的方式见证着中华大地上每一天都在发生的事情,这是多么地让人惊叹。一次美丽的相遇、一纸令人震撼的文字、一幅精彩绝伦的江山图画等,都是在人与人、人与自然的融合中生发的。无论是何人,也无论是在何种领域中,"相遇"都会发生,在那无数的相遇中,我们又可以遇见无数的动人故事,那无数的"相遇"成就了美好回忆,化成了浪漫的诗意生活。

一、听取那"浅吟低唱"——寻找故事源头

有人的地方就有故事,有故事的地方就有人生况味。我们的行走就是去接触不同的人,去与不同的自然风物相遇。跨区域、跨文化、跨国界,实现不同民族、不同文化的碰撞、融合。研学旅行将会带我们去倾听整个世界,感知每一个不同于自己身边的"存在"。中国最不缺的就是历史,故事更是数不胜数,正如"黄河之水天上来",上下五千年的历史故事,你想怎么书写都不为过,因为你根本无法写尽它的千般情,画尽它的万般态。正如《诗经》,它不是哪一个人写出来的,而是无数劳动人民的协奏曲,无数的"浅吟低唱"一同合奏,那便是一首首荡气回肠的乐章,或清音雅律,或气势磅礴,或余音悠长,但无论怎样,它们都从不同的角度讲述着每一个"你、我、他",唤起着每一个人的同理心。

可是,什么是同理心?为什么要有点同理心?怎么做,才能拥有同理心?我认为,研学旅行将会带我们去思考这些问题。在研学旅行中学生们会去到无数的地方,遇到无数的人与事,当他们对这些人的生活与境遇有了代入感,甚至被他们的故事感染时,学生的同理心便生发出来。同理心一旦产生,学生所关注的那些人与事就会成为自己生命中关照的对象。

长期的象牙塔生活关不住人性,更囚禁不了人心。在研学旅行中情感的外泄成了一种自然生发的过程。我们或多或少可以从中掇拾一些能够触摸到我们灵魂深处的东西,这些东西在不同程度上能够满足作为行为主体的学生在生活、情感或经验上的需要。

二、"谁在说":他者的建构

传统的课程理论习惯性地否定人的自由意志,他们认为学习主体不应该有太多的自主性,从而对"实践"作了扁平化的认识。错误的认识必然导致错误的行为。我们提倡把研学旅行作为一种体验性实践活动,不仅仅是因为我们从唯物主义认识论中获得的理解,还有从课程论角度找到的智慧的生长点。从实践中走出来的"体验性文本"是新课程改革背景下的重要内容,通过对社会与自然的触摸,文本的生成便是水到渠成的事情。

而对"谁在说"这个问题做出贴切的回答就必然要求我们用心去体悟。这个故事的"讲述者"可以是榆树下历经百年沧桑的老人,可以是黄河边那头奔跑着的驴子,也可以是挂在墙上那一张张的照片,还可以是"旧时王谢堂前燕",更可以是那个静默得可怕的小巷,尤其是我们静观巷中的百年老屋之时,那种物是人非之感,便会涌上心头,我们也总会想知道曾经在这个屋檐下所发生的各种往事。无论"讲述者"是人,还是物,我们都清楚每个"讲述者"都有他自己的人生境遇,都有一段鲜为人知的往事。每一个人都可以是故事的叙述者,也可以是故事的主要人物。每一个故事的背后既是一个行为主体的人生旅程,还可以是一个群体,抑或是一个社会的真实写照。正如我们观察一个陌生的文化及其相应的群体时,我们往往会觉得那是多么的神秘而有趣。

为此,可以这样去定位研学旅行的时空概念:无论是学校组织的跨区域、跨国界、跨文化的行走活动,还是个人自发的旅行活动,我们都应该自发形成一个意识——我们行走的轨迹是逆着"讲述者"的时间和空间来进行的,这个时候,研学旅行的轨迹与故事似乎就开始慢慢重合。本来抽象的时空轴线一下子就变得极富意蕴,研学旅行的意义便一下子得到了诠释。

三、以"倾听"的名义

在弄明白了"谁在说"及其意义后,我们来解决另一个问题:谁去听?毋庸置疑,研学旅行的参与者也都是认真的倾听者,以"倾听"的名义,致敬如烟的往事。那些往事中,孕育着悲欢离合、惊心动魄、感天动地的故事,其至有些故事"惊天地,泣鬼神"。有研究者说:"研学旅行"与"旅游"不能等同,我们深以为然。

旅行的过程是一个真实的对话过程,没有双向的互动,又怎么能抵达彼此的心灵;没有心灵的参与,又怎么能获得最真实的生命体验。行走的价值莫过于一种意义的建构,通过建构,行为主体的经验便得到了积聚。

四、"物我同趣"的哲思——天人合一的情怀

中国古代思想蕴藏着"天人合一"的情怀,宇宙万物相生相克,又相辅相成。人与自然之间从来都没有泾渭分明的界限,彼此融通方能成就对方。庄子的境界我们永远无法抵达,其"齐物论"一境更是难以企及,但是中国"天人合一"的哲思却一直是我们正确处理人与自然关系的契合点,也是最为理想的一种理趣所在。

五、对话"神的一滴"

"造化钟神秀",自然可以美到极致,人之于宇宙自然,其实何其渺小。面对自然那鬼斧神工的杰作时,我们的一声惊叹就足以说明问题。正如梭罗的"瓦尔登湖",它是"神的一滴",纯粹到极致,令人生畏。大自然中的每一种生命都与人一样,是一个全息性的生命体,虽然我们无法站在它们的角度去细嗅它们生命的气息,但研学旅行给予了我们一个机会去认识、感悟自然。

年轻人喜欢来一场"说走就走的旅行",每每工作疲惫交加,他们总憧憬着"诗和远方"。一个真正懂得"自然神性"的旅人,才配获得大自然丰厚的馈赠,与大自然对话,来一次悠游自在的心灵契合之旅,这是一种美的体验,而这何尝不是研学旅行带来的一种心灵的升华。一个真正懂得了"研学"重要性的人,才敢于将之与课程关联起来,用课程的开发去契合每个教学主体。

六、"我是谁":自我的建构

教育的最终目的是要实现人的全面发展,课程设置的最终目的是为人的全面发展提供资源。"对话"必然是在两个主体间进行。而如果"我是谁"式的问题都没有解决,我们又怎么能做到与自然平等对话、向自然发问、去思考自然呢?课程的开发不能使主体迷失,"我是谁"的哲学思考,带来的是学生主体性的回归。在这个课程类型中,特意以"我是

谁"作为小标题,并由此作出适当的发问与诠释,目的在于强调教育中人的价值。

研学旅行将学生带出课室,走近自然,"与万化冥合",让学生能够反躬追问自己,从而确立主体意识。课程的生成与课程的意义建构是相辅相成的,此二者都离不开学生主体自我意识的真正觉醒。随着对研学旅行的不断推进,我们在这块领域所获得的理性光芒愈发耀眼,我们现在所推行的有关各类文化的研学活动都在有条不紊地进行,对过程的设计及其效果的预期也是胸有成竹。

七、关于"体验课程"的说明

我们把"体验的课程"放在首要的位置,是因为"体验"更直接地与人的本能相关联。这部分内容涉及的是学生主体与人、自然的对话,通过对话,一些"他者"的故事便成了丰富我们人生体验的重要素材。孩子们获得的第一手资料,也可能成为他们职业选择的一个契机。宁波四中2014届的一名女生,便是在研学旅行中获得了对绘画的浓厚兴趣,从此与美术结缘,并成功考取了清华大学美术专业。这里的"体验"更多是和学生主体的"情感"相契合,揭示的是研学路上的人与事对学生心灵的影响。这与接下来对历史与人文的回望是不一致的。

课程框架二 历史人文的课程:多元并呈的文化体系

"体验"在我们的研究里不仅被理解成一种课程,它还可以是我们获得其他课程意义的一个重要前提。在实际课程内容的生成中,研学旅行最大的动力之源在于用心去"体验"并有所发现,无论是眼之所遇,还是耳之所及,抑或心灵之触摸都离不开"体验"。历史也好,人文也罢,将在行走的路上逐渐呈现,而这些正是我们孜孜以求的课程生态。

一、关于人文课程的几点说明

(一)"因声求气"

《诗经》开创了中国文学现实主义的先河,《楚辞》则开创了浪漫主义的先河,二者相映成趣,相得益彰。我们从"关关雎鸠,在河之洲,窈窕淑女,君子好逑"中听到了美丽的爱情;也从"长太息以掩涕兮,哀民生之多艰"里听到了志士们的声声呐喊。为寻找文化路线,我们一路来到唐诗宋词里,听到了"羌笛何须怨杨柳,春风不度玉门关"中幽怨的思乡之情,听到了"君不见黄河之水天上来,奔流到河不复回"那雄浑壮阔的奔腾气势;"二十四桥仍在,波心荡,冷月无声"写尽了繁华落幕后,词人那痛彻心扉的哀伤。中国的古典诗词总是那么让人心旷神怡,王维的"空山新雨后,天气晚来秋,明月松间照,清泉石上流",给人无限的遐想,"诗中有画",叫人怎么不生恋?我们"因声求气",会发现太多的美未被我们关照,太多的意境未曾入梦。而今,我们听着作品里的声音,去探寻那近乎空灵的美,或许才能补足内心那一丝丝的缺憾。中华文化博大精深,文化体系繁杂多样,而我们的研学旅行的初衷便是去回望中华文明厚重的历史文化,梳理出多元并呈的文化体系。

(二)人文课程的重要前提

中国的文化博大精深,源远流长;上下五千年的历史,浩浩荡荡。中国的历史与文化在全球犹如一颗耀眼的明珠,璀璨夺目。我们民族的自信便缘于此,国家的强大不仅仅体现在经济、军事上,也体现在文化自信上。在世界的九大文明体系中,唯有中华大地上的文明谱系得到了完整的传承及延续。尽管从十九世纪中叶,中华大地惨遭炮火的侵袭,但是顽强生存下来的中华民族在短短几十年的时间内又恢复了其内在的生命力。所以说,文化自信是我们每一个国民都应该具备的素养,其全息性的特征为研学旅行提供了充分的依据,其向死而生的勇气更是我们作为文明古国的不屈动力。

二、研学路线的鉴定

研学旅行中,最难的地方是"研学路线"的确立。研学旅行本身就是课程的一个表征,再从更大的角度来看,它就是一门课程,其复杂性非"旅游"一词所能涵盖。因此,对于如何确定行走的路线以及确定怎样的行走路线,必须落实到学校的整个人文行走体系之中。

也就是说,我们必须制定研学旅行的详细课程计划,今后每一次的实践活动都要依托于这份课程计划,无论是长距离还是中短距离;无论是国内,还是国外,我们都大抵可以按照计划来进行。

那么,首先要做的事情便是从研学旅行中鉴别出有价值的课程内涵,其前提是先确立几个相应的维度。因为我们所做的事工作量非常巨大,而且具有强烈的现实意义,为此,采取审慎、认真的态度是很有必要的。

根据学校研学活动积累的经验,以及相关课题组老师的共同商榷,大家一致认为研学活动的维度可以从以下几个方面来考虑:历史的回声、一带一路、重走红色路线、现代都市文明、异域文明的碰撞、"软文化"等。具体怎样选择,需要研学者精心设计。从研学目的确定到研学文化的设计,再到研学人员的选择、研学课题的设置,最后是研学过程的准备和实施,这些都离不开研学课程开发者的智慧。

三、文化类型的界定

（一）从区域来切分

关于"区域"文化,要做一个特别说明,从大的角度来看,其包括中华文化和非中华文化之分。而中华文化中,又有不同的地域特色,需要从不同的"区域"去认识。当然,这种区分也是为了便于认识而已,广袤无垠的中华大地,纵横交错,你中有我,我中有你。

1. "行走无疆":异域文化探胜

我们要不断进步,主动去拥抱世界的文化瑰宝。有一句话很经典:民族的便是世界的。经典文化是世界各国的财富,正如"巴黎圣母院"的一把火,碎了世人的心。虽说中国的文明历史悠久,但是欧洲文化、美洲文化、非洲文化等其他民族文化在我们看来仍充满神秘感,它们都是世界文明的组成部分。而我们要做的就是主动融合,在传承自己民族文化的同时,对世界文化兼收并蓄,如此一来,我们便可以取长补短,成为一个有博大思想、宽广胸怀的人。

目前我们学校分别与德国、澳大利亚、韩国和日本进行了学生间的跨国界交流活动。通过交流活动,学生确实从异国他乡学到了很多东西,也见证了他国的文化,感受到了他们的生命状态。这种感受,对于一个正在成长中的中学生而言,是一种强大的冲击。当然,在异域文化的交流中,我们的课程设计其实还是有些不足之处,譬如选择这些国家的依据是什么？为什么只有这四个国家？有没有更多的国家参与进来？

行走是没有疆界的,有文明的地方就应该有我们的足迹。从课程开发角度来看,我们实践的力度应该加大,诸如同中国文明一样悠久的古埃及文明、同是亚洲国家的印度文明、神秘的拉美文化都应该成为我们行走路线中浓墨重彩的一笔。但囿于经济以及安全因素,我们还没有做出任何的计划。我以为,要想把研学旅行做大做强,就必须建立一个宏大的格局,以顽强的毅力去一以贯之,让"后来者"难以企及,从而使宁波四中的"研学"实至名归,令人难以望其项背。

2. "千年一叹":中华文明滥觞的追寻

看时光,"红了樱桃,绿了芭蕉",文明的流觞,传承千载,在绚烂多姿的中国文明面前,我们是渺小的,只能发出一声声的长叹,几乎无法历数它们,只能通过不同的维度去做大概的例举。在本框架中我们所做的课程设计,也尽量选择最有代表性的文化为例,尽管如此,也只能取万千文明之一以告慰自己或渴求或迷茫的心绪。

文化,从大的角度来看,切分为中华文化和异域文化;从小的角度来看,它纷繁复杂,包罗万象。中华文化是我们研学的主要对象,它是一个非常复杂的生命体,需要从不同的角度去细分。

(二)从时间跨度来分

研学旅行需要较大的投入,最奢侈的是时间成本。假设在高中三年,有同一批学生要加入到人文行走课程中来,并且三年都要坚持参加。那么我们就面临这样几个问题:选择什么时间去?分别去多少天?该给他们设置哪些线路,以确保课程的连贯性和非同质化?如果我们不能对这些问题进行妥善回答,那最终形成的课程也是无序且低效的。况且这是在同一批学生身上的一种情况,那每一批学生都有不同的特点,对此又应该做出怎样的安排?一系列的问题,都有待我们去细加揣摩。

首先,从路线远近来看,人文行走活动可以分为"长线""中线"和"短线"。这三条"线"都以宁波为原点,根据距离的远近来衡量。下面我们用简单的数据来区分。

"短线"包含宁波境内的区域文化,是在两天之内基本可以完成的文化考察线路。主要表现为"海洋文化""河姆渡文化""慈孝文化"等地方风物。

"中线"包括宁波市以外,浙江省以内,往外最多延伸到浙江省周边的省市,主要是江浙沪地区,所费时间在三到四天之内。具体包括以"乌镇"为代表的江南水乡,以"新安江""富春江"和"曹娥江"为代表的"唐诗路线",还有以"西湖龙井"和"白茶"为代表的"茶文化"。

"长线"囊括浙江省以外的省市,主要有如下代表:西部的"秦汉唐文化""敦煌文化""西夏文化""丝绸文化""川蜀文化",北部的"中原文化""黄河文明""孔文化""齐鲁文化""东北文化",中部的"红色文化""徽州文化",南部的"粤港澳文化"。

(三)从文化内容的角度来分

如果说以"区域"或"时间"为轴来框定文化线路稍嫌粗糙,那我们完全可以切分得更加具有可操作性,将具体的"文化内涵"作为分类标准。比如"儒释道文化""海洋文化""茶文化""瓷器文化""古人类遗址""饮食文化""唐诗路线""红色文化""慈孝文化""沙漠风情""江南水乡""孔文化"等。当然,这些例举也仅供参考,一来可以作为"研学"对象,二来可以作为择定其他"研学"的一个参照。不同的地方,其代表性的文化不同,不同的区域文化,就是当地的符号特征。无论是"短线"的行走,还是"中长线"的"研学",其出发点都是从某个地方的特色文化来考量的。

四、"什么"最适合作为"研学旅行"的切入点

根据以上的比较,最终我们要形成怎样的课程形态是文化课程中的核心内容;按照怎样的角度来设计研学线路,直接关乎到最后的成效问题。假如我们以"纺织类非物质文化遗产"作为研学对象,此类文化遗产包括苏绣、湘绣、蜀绣、粤绣以及少数民族刺绣为代表的刺绣技艺。那么,来自不同区域的"刺绣"很难在同一时空得以呈现,我们也不可能围绕着同一种文化,在集中的时间段内去往不同的地方。这就告诉我们,路线的选择应结合行走的目的,要以"区域的先行确定"为主,也就是说选择了一个区域,就选择了该区域的文化。譬如,去考察"徽州文化",我们就选择了"徽州文化"中的"建筑""徽商"等相关因素。我们还可以围绕着一个文化因子进行辐射,由"徽商"自然可以想到"晋商",还可以联想到今天的"浙商",如此一来,文化的趣味性便得到了延展。

细加分析,可以得出这样的一个结论:研学旅行的进行倘若只考虑其中的一个内容角度,反而会导致研学路线的设计更加扑朔迷离;如果只考虑到时间的长短、距离的远近,而忽略文化内涵,也无法做出合情合理的选择。为此,唯有三个角度的统一,才能进行科学的规划。文化的定位准确与否,路线的规划是否科学都将影响着研学旅行的效率及成果的获得。为此,我们既要考虑"研学"活动的舒适度,也要考虑最后的效率问题;既要顾及时间因素,也要审查空间因素,从研学的目的以及人的全面发展角度出发,制定出科学的线路。当然,这些仅仅是课程的决策问题,除此之外,研学活动中的一些保障性条件也要考虑进去,比如安全问题,它是至关重要的,也是影响诸多学校研学旅行积极性的最后一根稻草。

综合以上种种因素,我们可以这样来描述人文课程实践活动:在新课改的背景下,根据学生的需要,为实现学生全方面的发展,在有安全保障的条件下,把学生从教室拉到户外进行拓展性的综合实践活动。通过户外的研学活动以及相关课题的研究,来实现学生情操的培养,能力的锻造。学生的选择并非是单一的,具体的研学线路也是丰富多彩的,每一个学生可以根据自己的条件和特点,选择长线、中线和短线距离的行走活动,也可以依据自己的兴趣爱好,在老师的帮助下做出科学的决策。

五、"谁"来建构文化课程的最终形态

在完成了一些基本的准备后,剩下的问题便是"谁"来建构文化课程的最终形态。这个问题也关乎到研学旅行的最终意义,没有文化的"最终形态"的形成,"研学"也就失去了其真实的意义,甚至会使"研学"变成"旅游",真如此的话,研学旅行便失去了一切的课程意义。接下来,我们就来重点讨论建构文化课程的两类主体。

(一)学生在建构

毋庸置疑,学生是课程意义建构的主体,也是我们实现研学旅行意义的重要因素,更是"研学旅行"的目的所在。与学校的课程相比,"研学"只是将教学互动的地点变成了教室之外的某个地方。通过户外的实践让学生主动去触碰现实世界,从而发现世界的意义,获得文化的认同感。在"体验的课程"这一框架中,我们也提到过社会意义的构建,所以在这里,要作出一个特别的申明,虽然两者的手段都是"建构",但还是有鲜明的区别:"体验"侧重的学生的"同理心",目的是寻找潜藏在生活中"你""我""他"的故事,这些故事鲜为人知,学生担当着一个"采风者"的职责,是一个"听故事的人",他们的考察结果基本以"叙述"为主;而在"文化的课程"建构中,学生探寻的文化已经是显性的,基本被广大群体认同,学生所要完成的任务便是用自己"研学"过程中获得的认识验证自己的课题,并在课题中形成自己的基本判断。这个判断中充满着对历史文化的深沉思索,也充满着辩证反思的智慧,其运用的表达方式以议论为主。通过反复求证,学生将在两个方面获得显著成效:从认知心理学角度来看,学生的大脑皮层获得了对文化意义的认知,这是一种知识的获得,也是一个"心理图式",直接左右着学生今后的语言表达能力;从课题结论的角度来看,学生通过实证,获得了最真实的资料,他们的课题结论也更加具有说服力。

(二)组织者的课程整合

就学校层面而言,组织学生到室外开展研学旅行活动,要从学校总体发展的角度来论证其意义。没有高屋建瓴的顶层设计,"研学"也就失去了其相应的背景。近些年来,宁波四中蒸蒸日上,社会反响日渐增强。我以为,这与学校一系列的规划不无关系,其中,研学旅行已经成为一个较大的品牌项目,地市的各大媒体,乃至教育部都对学校的"人文行走课程"给予了特别的关注。

正因为如此,我们更应该强调投入与产出的问题。那么,我们应该怎样去整合课程呢?毫无疑问,首先组织者得准备一份非常详细的关于研学旅行的计划书,其内容涉及研学目标的制定、路线的选择、学生课题的准备、安全问题的考虑等。其次,在初步计划的基础上,思考怎样去开展实践活动,活动过程中的组织由谁来完成等问题。在这个环节,每一个课题都有相应的老师来负责,课程的实施也应该由相关负责老师来组织。最后,是学生在"研学"完毕后的课题成果的撰写,由主要负责人将学生的成果收集后,通过不断地修改、打磨,最后成册,由学校出版。这些成果可以作为宁波四中整个研学旅行的实践总结,也可以让后面的学弟学妹们去学习、模仿,从而营造宁波四中深厚的"研学"氛围。整个过程其实是比较艰辛的,但相对于在实践过程中所体认到的意义,这点辛苦也是值当的。

课程框架三 知识的课程:学科知识整合与思维力的培养

对于中学教育而言,"学科知识"是课程的体现,更是培养学生必不可少的手段之一。作为课堂的延伸,"研学"是实现教育育人的一种途径,其功能与教室内的课程等同,所以不存在特殊性。那种把"研学"看成是"特殊的课堂"的认识建立在传统的课程与教学论的基础上。而在新的课程视野下,课程的实现途径已然多样化,表现形式也不一而足,当我们充分认识到课程的"生态化"特质后,其对我们思维的拓宽也会产生积极的影响。

在前面的框架中已经明确说明过,研学旅行不等同于旅游,二者最大的不同在于"研学活动的课程化","带着课题出发"是研学旅行的重要特征。

一、知识课程的学科表征

我们不能认为研学旅行是一个全息性的生命体,无所不包,但是某些学科在"研学"中总能得以认识,表现最为明显的是语文、历史、地理、生物等学科,当然还有艺术、人文课程。中国古代诗词总是与中国的山川特征相结合,"借景抒情""情景交融"直接诠释着地理山川与语文学科之间的关联。不到西安,你就很难体会到"杨柳"与"灞桥"在中国古典诗词中的作用。中国的山水田园诗自成一格,"明月松间照,清泉石上流"是王维放空心灵后的独特感受;边塞诗雄浑悲壮,"青海长云暗雪山,孤城遥望玉门关"写出了将士们在边塞古城对家乡的翘首以盼。可以说,离开了地理山川,中国的文学很难呈现出意境;反之,失去了古典诗词,中国的地理山川也会黯然失色。比如学习了《始得西山宴游记》,我们可以发问:到底是柳宗元成就了西山,还是西山成就了柳宗元?根据上面的分析,答案已经是不言自明了。

那么历史学科又是如何在"研学"中体现出来的呢?我们以为,中国的历史是在血战中前行的历史,也是民族融合的历史,更是语言文化积淀的历史。五千年的文明铸就了灿烂的中华文化,历史上的每一时每一刻都在孕育着伟大的中华文明。这就不难理解,中华文明为什么会成为世界九大文明中唯一没有断裂的文明。这些沉甸甸的文化内涵无一不是历史学科中的重要内容。

地理学科在"研学"中的体现无须赘述太多,研学旅行的重要依托本来就是中国的山川地貌。其多样化的风格特征也是我们研学旅行的重要对象以及课程选择的重要依据。风光旖旎的江南、雄奇壮丽的塞北、人文荟萃的齐鲁、美丽富饶的台湾等,都向世人展现着它们无穷的魅力。要了解岩层的结构,就去黄河流域吧;要了解胡杨的壮美,就去宁夏吧。无论是浙江的"七山二水一分田",还是江西"吴头楚尾,粤户闽庭"的地理特征,无一不吸引着研学者心向往之。

当然,正如达尔文的研究精神及研究过程一样,我们的研学活动对于生物学科的学习也是大有裨益。通过采集相关标本,进行数据统计,可以解决大量教室内所不能及的问题。自然是一笔丰富的宝藏,对于有志于生物生态研究的同学而言,研学旅行给了他们充分发现生命的机会,这就是生物学科在研学活动中的具体体现。还有诸如书画、美术等学科也同样融合于研学活动之中,这里我们只能浅浅涉及,无暇用重笔墨去分析。

二、课题的确定

既然"研学课堂"中包含着学科知识,那么,这种知识是如何在行走中得到确认的呢?我们又是如何去落实知识的生成与迁移的呢?针对这些必须解决的问题,我们是这样思考的:首先是带队教师的组合,每个研学队伍至少由五位老师组成,其中包括一位校级领导,主要负责团队任务的管理,以及随时解决与学校相关人员的协调问题,这一点将在另一框架集中阐述。其他四位老师主要是分学科来安排,即使没有相关老师参与带队工作,也会要求学科老师与学生一同商议研究的课题方向。如此,就可以形成学科知识的协同性。此外,学生也会自发进行知识上的确认。看到"层林尽染"的自然景观,他们自然会想到毛泽东的《沁园春·长沙》;看到陕西的"塬",就会想到江南与西北的地质差异。

那么,根据以上分析可以得出结论:知识课题的确定者不仅仅是老师,也是学生,是两个教学主体的协同。但不管是谁成为课题的主体,最后对课题的实践与研究是绕不过去的话题,也是研学旅行中知识课程化的必经路线。

下面我们来讨论制约研学旅行的知识课程化的几个原因:

在"研学旅行"中融入学科知识并非一件容易的事情,毕竟这种课程的实现形式无论对于教师还是学生而言都还比较陌生,而且学界在这一领域的研究也没有更多的成果,为此,更好地实现研学旅行的知识课程化还需考虑以下几个不利因素。

一是学生自身已有的知识经验。学生个体知识量的多寡以及学生间的知识差异将直接影响研学效果,但这并非主观上能轻松回避的问题,因为"谁参加研学"这个问题就会导致研学队伍知识构成上的差异性。研学队伍的选择一般有两种形式:一种是集中一个班级的全体同学,比如文科实验班,或是理科实验班的全员参与;另一种是不同班级、不同年级的组合,成员较为复杂,带队难度较大。第一种组织形式比较简单,而且带队老师基本由本班老师组成,课题的确定也相对容易,在很多学校的分类更为具体,比如海航班、英语国际实验班等。该种形式下学生的知识程度较高,在研学活动中对问题的思考也较为深入。第二种组队形式中,学生的层次参差不齐,这就给研学过程以及课题的研究带来不小的难度。

对于欲致力于研学旅行的学校来说,要将研学队伍的选择作为工作的重点来做。倘若能够因地制宜,根据学校班级的特色来安排也是比较妥当的。我们以为,最为理想的方式是统筹协调,尤其是不同年级、班级的学生混编的研学队伍,在研学活动前,准备工作要做得紧密扎实,否则,活动的效果将大打折扣。

二是研学组织者的学科素养。如果说学生知识程度是制约研学效果的一个重要因素,那么组织者的选择也是不可忽视的另一个要素。从知识的构成这个角度来看,学科教师的搭配合理与否,将很大程度上制约着最终的行为结果。教师参与研学旅行也绝非去享受旅游福利,因为他们不仅担负着守护学生的职责,还承担着知识建构的引领作用,因此慎重选择学科教师就变得尤为重要。对此,我们认为有这么几种方案:如果是以整个班级作为一个研学队伍,那么就可以选择该班的任课老师;如果是各个班级或年级学生的混编,那么就根据行走路线以及研学地的具体文化特征来做出选择。但不管选择何种方式,最终都必须选择工作态度端正的教师。

此外,每个研学活动中,我们可以灵活运用当地资源,与当地的大学进行合作,也可以聘请当地的历史文化专家来作指导。譬如对"汉唐文化"进行考察时,我们可以邀请陕西师范大学的教授来做指导;对"徽州文化"进行研学时,我们可以聘请徽州博物馆的知名学者来做讲解。此二者都是我们的研学活动中最常用的方式,安排妥当的话,学生知识上的增益不少,反之,效果会被损害殆尽,甚至几尽于无。

三、"研学旅行"活动中最终的知识建构

既然要实现研学活动中的知识建构与融合,我们就要在活动中真正落实知识的习得。诚然,"研学"在全国范围内才刚刚起步,不完善的研学体系不足以支撑起如此厚重的课程。但是,最基础的尝试我们还是要进行。

（一）由此及彼的学科联想

我们讲的学科联想,并非指学科间的联系,而是由研学活动到学科间的一个思维发散。这个过程需要思维活动的参与,而"联想"与"想象"是这个发散过程最好的两种思维方式。几乎没有比研学旅行更接近学习生活本质的实践活动了,每一方景致、每一处文化、每一段历史,最终都是在人类的作用下,物化成文字,转换成知识。由此及彼,用生活中的所见所闻去印证书本中的文字信息,又通过书本的内容延展到更加广阔的视域,虚实结合,最终我们的知识便结成了一个体系。

以语文学科为例,曾有人说过"生活即语文",我想这句话的具体内涵是我们经历的一切、感受的一切都会转化成语言文字信息。语文的外延何其大,不管是现实生活,还是抽象说理,甚至数理研究,都离不开语文。也就是说,语文被理解成"语言文字"之后,它便获得了更宽广的内涵,那么研学中的信息也终究绕不过语文这一途径。当然,这是就语文的工具性而言。那么语文的"人文性"呢？它是否存在于研学活动中？毫无疑问,"人文性"在研学中更是体现得淋漓尽致。无论是文学故事,还是百姓生活,都在进一步丰富我们的语文大脑,从而促进语文学科的学习。总而言之,"言语图式"和"言语信息"都在研学中得以体现。至于其他学科如何将研学与学科知识关联,还需相关教师着手开发,这是一个重大的课题,非本课题所能解决。

（二）对知识课程的期待

有了前期工作的铺垫,知识课程的最终形成也就变得顺理成章。我们完全有理由相信,随着研学活动的日益成熟化,在全国范围内的研

学旅行将变得可能,很多学理性的知识将会在实践中得到印证。需要指出的是,上述的课程化设计也纯粹是基于我们学校已有的研学经验做出的,必定存在认知上的局限。另外,不同的学科如何在研学活动中有所体现,也需要相关组织者做出成熟的考虑。

研学活动中的知识建构主要体现在学生的知识内化过程中。无论是对研学过程中的动态知识逻辑的理解,还是对静态知识的记忆,学生都必须通过自己的思维来实现知识的建构。

课程框架四　生存的课程:生涯发展的重要课题

对于生存能力的重视,似乎不是传统课程关注的焦点,而事实上,在日益复杂的国际形势下,在竞争日益激烈的环境中,生存意识的唤醒和生存能力的获得已经迫在眉睫。我们可以这样认为,生存能力是学生生涯发展的首要问题。一个连最起码的生存能力都不具备的人,是不可能在自己的生涯发展中有所建树的。为此,把学生的生存发展视为教育的核心内容,是教育工作者必须意识到的。但在现行评价体制下,学生的生存意识和生存能力并未得到真正重视,"唯分数论"依然亟需破解。倘若我们能够真正意识到问题所在,并致力于问题的解决,那么我们所面临的困惑便会逐渐减少,假以时日,曾经让我们忧心忡忡的教育现实便会得以扭转,不然,教育的发展将依然处于停滞状态,"新瓶装旧酒"的套路只会让问题日复一日变得更为严重。以"大格局"的思路,重构课程变得格为重要。而今,我们以"研学"为契机,去完善学生生涯发展的课程规划,则是对生存课程内容建设的一个有力推进。

一、生存课程的背景

陶行知主张"生活即教育""社会即学校""行是知之始,知是行之成",生活中的一切都可以作为教育的内容,要"教学做合一"。

无独有偶,国际21世纪教育委员会于1996年向联合国教科文组织提交的研究报告《教育——财富蕴藏其中》也提出了类似的观点,该报告从政治、经济、社会、文化等多个角度对21世纪教育的作用及有关问题进行了详细的分析,提出了"学会生存""学会认知""学会做事""学会共同生活"的改革方向,它们也被称为教育的"四个支柱"。

二、生存意识不足的原因分析

"生存"不仅仅表征为生命特征的存在,而且表征为在竞争、高压或其他陌生的环境中竞争能力的获得。如今的社会,每个人所处的环境都特别复杂,我们难以用单一的心理图式去揣测这个复杂多变的外部环境。所以,生存意识的获取以及生存能力的获得不可或缺。不过,从调查与研究中不难发现,因为被过度地保护,年轻学生面对这个社会时,往往感到难以适从,这使我们开始反思:没有对复杂环境的适应,又怎能建构出相应的生存能力呢?

为了更加清楚地解决这个问题,我们从以下几个方面来探讨。

(一)"被动式"的思维模式

众所周知,"社会即学校",即是说,最好的成长环境就是学校。任何一个想在未来的发展中获得敢为人先的勇气的人,就得先在实践中,化"被动"为"主动",跳出思维的舒适区,主动探索,进而求知。但伴随着社会的发展,人的成长空间发生了结构性的变化,再加上独生子女众多所导致的纵容式教育方式的存在,以致孩子们的成长被包裹在难以挣脱的束缚之中。从社会共同的集体行为来看,在长久的过度的保护中,孩子们逐渐失去了自己体验社会、体验生活的机会,对自己的"舒适区"保有太多的留恋与不舍。通过与孩子们交往,我们深深地感受到孩子们在学习、生活中主动意识的欠缺,主要表现在打扫教室卫生意愿的缺失,甚至扫地技能的不足等。被动性的思维导致孩子们养成了拖沓、懒散等不良习惯,长此以往,将对孩子们的成长带来很大弊端。

(二)主体间交流渠道的窄化

网络时代到来,人们的交际方式看起来似乎更加丰富,然而这仅仅是一种表象。现在足不出户,便知天下事,虚拟的空间取代了现实。任何一个年龄群体的人,都能通过网络实现"对话",虚拟的交际功能日益超越了现实场合的沟通交往。聊天已经趋向虚拟化,人的交际能力日渐式微。过去那种"格物致知"的知识生成模式,逐渐变成了"以信息探索与处理为中心的电脑化的学习"。有现实为证,现在的孩子无论是在人际交往还是在学业上,都显得比较焦虑,他们很难实现同学间的正常交流,情绪化很严重,与家长、学校的情绪对抗很容易表现出来。此外,他们在生活中的自理能力还有待提高,比如住宿生的卫生打扫、教室卫生的处理,都表现得极为糟糕。从家长对孩子的态度中我们可以找到问题的根源,即现在的父母对孩子过分宠爱,家务活基本不让孩子去做,表面上是为了让孩子有更多的学习时间,实际上却是剥夺了孩子体验生活的机会。孩子的世界大部分被网络填满,甚至课间十分钟也不忘交流游戏心得。如果他们利用网络学习,或许我们还不能把网络看成是洪水猛兽,但现状却不得不让人忧虑。

(三)他者的丧失

在后现代主义浪潮之中,一切的传统都将受到质疑与挑战,在某种程度上来看,此种思潮会促使人们形成辩证思维,从而不断推进智慧的生成。但也正是由于这种挑战的存在,人们少了一份敬畏感,逐渐忽视了主体性价值。一些人唯我独尊,甚至导致对"他者"的漠视。在这些人看来,只有他们本人才是利益的主要诉求者。正是因为如此,人际关系就掺杂了许多极端主义思想于其中。论语有言:君子矜而不争,群而不党。与人相处,必须有正确的相处之道。否则,生存能力就得不到培养。我们必须具有"他者"意识,在生活中,如果一切都从自己的角度出发,而忽视了别人的感受,我们将很难维护不同主体的利益诉求。关注不同的生存个体,让每个人的利益都得到最大程度上的维护,才是"学会生存"不可或缺的因素之一。

三、生存课程中的当务之急

有了对问题的认知,便可以针对问题采取相应的解决办法。我们以为可以从下面三个方面来着手。

(一)多元化社会的认识

众所皆知,社会的变化发展永远以个体所不能控制的速度向前发展,任何人在这个多元化的社会中都是渺小的。所以我们必须准确地定位自己在社会中的位置,这样才能正确地衡量"他人与我"之间的关系。学校虽然为学生的相处提供了交流的场所,他们可以通过课外一系列的班级及小团队活动建立沟通,但学校本身提供了"保护机制",无须担心社会给他们带来的各种不可测的影响。而研学旅行为学生的活动提供了一个更为广阔的平台,他们集体进入陌生的社会中,有可能面对各种不可控的因素,虽然有带队教师负责管理,但我们还是无法保障不会发生意外的情况。

那么,哪些情况将会成为一个意外?我们可以预设的有:学生的身体状况出现了异样,需要互相照应;学生的人身安全出现了危险,他们如何依靠集体的力量寻求解决之道;学生内部现出了矛盾,他们又该如何用比较成熟的方法去处理这种内部矛盾等。学生生活在多元化的社会中,就有权利去获得对社会的全面认知,没有这种认知能力,又谈何发展?没有一种适时应变的周旋技能,又如何在更为广阔的平台上表现自己呢?

(二)寻找适切的言语图式

研学旅行活动通过集体的外出实践来寻求知识的建构,进而帮助学生获得交际能力、生存能力。如何通过正确的交流方式,来促使不同主体间的和谐相处,这是值得思考的问题。通过不同场际的活动,学生能够习得各种交流模式,寻找到适切的言语模式,这正是研学旅行的重要意义。

我们不能漠视社会的复杂性,不能否定由人所主导的利益关系对人际关系的驱动性。如何正确地处理这种关系,需要的是智慧。简单粗暴的处理方式只能使问题复杂化,正确的言语表达方式则可以避免这个问题的出现,或至少让问题变得不那么棘手。正如前文所讲的,研学旅行能够表现为不同的课程、不同的知识,我们所要做的就是在不同的场合去获得相应的言语表达能力,以便更好地去适应这个社会。

(三)人际关系的重构

任何关系的基础都体现于人际关系之中,而人际的关系的建立就需要相应的平台。要解决人际关系的重构问题,并非三言两语所能说清。这里之所以提这一点,目的在于回答"我们为何要提出研学旅行"这个问题。首先是学生中强势群体对弱势群体的心理干扰,近几年来这种情况表现得尤为明显。其次是弱势群体对集体的畏惧与逃避,无论是学习能力弱的学生,还是心理承受能力较为脆弱的学生,都急需一个较为稳定的空间、良好的平台,以便拾得内心的平和,以及精神上的自我肯定。

也许还有其他因素导致学生出现不同的异常心理表现,但是,我们把它作为一个课题,意欲通过研究,来促使学生在"室内""室外"之间寻求一份平衡,拥有健康的心态,积极主动地拥抱这个社会。未来已来,孩子们值得拥有美好的未来,这个世界的未来原本就是为年轻人创造的。健康、良好的人际关系必然要成为每一位受教育者的共同追求。

课程框架五:潜在的课程:德智美的培育

研学旅行作为潜在的课程,其隐性的特征不容易为人所感知。对这块内容另辟框架加以分析,为的就是不让人忽视其潜在的课程价值,从而在课程实施的过程中,引导学生关注其隐性的一面。潜在的课程是对已有课程的一种补充,它是在实践过程中生成的。由于划分标准的差异性,对其范围的研究呈现出多样性。

一、潜在课程的语境分析

所谓潜在课程是指学校教育的制度性语脉与社会性过程中隐蔽地起作用的政治的、意识形态的人格形成功能。在此,我们把它提炼为一种课程形态,就是为了对课程有一个全面的考虑。受认知能力的影响,我们得出的结论极有可能并不全面,我们所提炼出的课程也不能为更多研究者所认识,但是终究我们还是在做推进工作。

既然是"语境分析",我们就必须着眼于研学旅行所处的当下环境,立足于社会发展对个人提出的要求,以及个体的特殊性。我们希望能够寻求到有助于学生发展的各种课程形态,使他们成为德智体美劳全面发展的好学生。

不同的学生主体具有不同的个性特征,其面临的语境也具有差异性。我们要做的就是既要立足于学生的普遍性,又得紧扣学生的特殊性。通过普遍性与特殊性相结合,我们便可以寻找出学生所需要的课程知识,如此,我们的课程视野就会大大拓宽。

二、潜在课程的甄选及其作用

没有语境的分析,我们便无从把握课程的基本内涵,对潜在课程的理解也会进入教条主义,更不用说其对培养学生方面的作用了。既然是"潜在"课程,那其"隐含"的内容务必得到挖掘,我们认为可以从德育、智育、美育、责任感这四个方面来进行拓展。

(一)德育的课程:育人之德

"研学旅行"与"道德培养"是一组怎样的关系?且看以下分析。

和教室内的教育一样,户外的"研学"同样具有各种教育功能,其中德性的显现不容忽视。从学校走入更为广阔的天地,失去了学校制度与纪律的约束,学生的行为容易进入放空状态。这个时候,老师的监管虽然可以起到一定的作用,但是毋庸置疑,无论是中规中矩者,还是性情粗糙者,学生都将通过其言行彰显自己的个性。正如《论语》中所说的"听其言而观其行"。在这个过程中,学生的真性情是无法潜藏的,那么我们便可以以此为契机,来发现学生独特的性格特点。

我们希望任何一个孩子都能够开启德性之门,用自己的实际行动为所到之处带去文明的光芒。研学活动的重要元素是"人文","孔文化"中的"孝道"、"秦汉唐文化"中的气魄无一不是德性的重要内涵,"红色文化"中的爱国主义情怀,"粤港澳"的现代都市文明中所蕴育的历史记忆等都将融入每一位研学主体的内心深处。研学旅行所获得的东西决非知识那么简单,其中的"软文化"带给行为主体的影响或许更为深远。

(二)智育的课程:启人之智

"读万卷书,行万里路","读书"与"游学"都是开启人性之智的重要手段,相辅相成,缺一不可。研学旅行既是进行社会实践的过程,也是学习知识的过程,一个人知识的广度往往与其对社会的认知程度成正比。古人就有"格物致知"之说,通过"格物"以究"天道",通过"天道"来究"人道"。生活本身就是一门哲学,离开了生活,哲学就失去了基础,没有了哲学,智慧就不会生成。所以说,"研学旅行"有助于学生智慧的生成。

我们可以这样类比人的思维,我们的行为目的地就相当于人的大脑中枢上的一个节点,而人的行走轨迹就是将不同的节点连接起来的线段。我们的行为轨迹越复杂,说明我们的思维结构也就越复杂,其产生的意义也就越丰富。

（三）美育的课程：成人之美

自然之美，美在其鬼斧神工；文化之美，美在其卷帙浩繁；历史之美，美在其博大精深。美的东西，总能带给人美的享受。中国的山川地貌奇异广阔，形态不一，或婉约、或宏大、或雄壮，人们总能从自然中获得审美情趣。当然，美感的源泉不仅仅限于自然，社会、文化、历史在美学范畴自有其自在之美。况且"美"不仅仅表现为引起人的心理愉悦，它还表现为"悲""丑"等方面。早就有哲人研究过"悲剧美学"，也有人把"审丑"作为美学范畴。

以此推论为基础，我们不妨回到历史，回到文学，在那些领域里，总能找到哀伤的东西。"哀而不伤"的事物似乎找不到，只要不伤筋动骨，历史或者文学等领域中的哀伤不正是美学所脱离不开的土壤吗？当然，在中国还有其他文化值得我们去挖掘，比如"楼阁""建筑""书法""碑刻"等都能够在人的内心深处留下深深的印痕。而研学旅行为我们去接触中国的历史、文化、文学等提供了现实的土壤，近距离的接触，使我们可以以最真切的视角来获取对研学对象全息性的了解。

（四）责任感的课程：以社会为己任

毋庸置疑，研学旅行是多重责任人的相互合作，离开了彼此的理解和成全，我们就不可能创造新的奇迹。离开家庭和学校的孩子，失去了他们最有力的约束，这个时候，作为团队中的一位成员，必须听从团队负责人的安排。但这还不够，一个团队的建设离不开每位成员的共同努力，为此，责任心的形成与强化便非常重要。需要从以下几个方面来强化每位成员的责任感：一是每个人都要对自己的行为负责，不能够随意做出有损团队乃至学校荣誉的事情；二是对社会负责，不做违反社会道义的事情；三是尽力帮助他人，因为外出游学总会出现难以预料的情况，同伴间的互帮互助能够在很大程度上保证研学旅行的顺利进行。

每一次的社会实践活动过程都是人的成长过程，在与不同社会环境的接触过程中，学生们体验到了不同的风土人情，能够见识到异域中的文化差异。与他者的交往过程让他们迅速地熟悉社会规则，进而让自己能够参与到团队乃至社会的建设之中。

三、潜在课程语脉中人格的形成

围绕着潜在课程的具体内涵，我们作了比较充分的讨论，希望通过对潜在课程中"隐性"内涵的挖掘,以期无限接近人格培养这个主题。接下来主要从三个方面来诠释。

(一)危机解体

"解体"一词在本框架内容中并不具有贬义色彩,"危机"的"解体",迎来的是"向死而生"。那么,何为"危机"?要对它做出准确全面地诠释,恐怕还得把它放在潜在课程语脉中来讨论,它包括道德危机、信任危机、智识危机等。危机又是如何形成的?这其中既有历史的原因,又有现实的因素。长期以来,我们的教育强调的是升学率,虽然素质教育早就被提出,但应试教育依然甚嚣尘上,我们始终在教育改革的风口上,却又难以入其门。可是在当下的评价体制下,我们又很难找到突破口,来促使"危机"自我破灭。

前文已经强调了研学旅行在德育、智育、美育、责任感等方面的功用,之所以把这些潜在课程挖掘出来,就是希望这些东西可以成为培育学生健康成长的一门课程。当"道德危机""信任危机""知识危机"等危机一一得到瓦解之后,每一个人都能够沐浴在彼此信任、彼此合作、互帮互助的环境中,过去那种潜藏在人内心深处的相互提防的意识便会烟消云散。一个民族、一个国家,如果始终在危机中过日子,那么便会惶惶不可终日。危机得不到解体,我们也只能在无奈中独自唏嘘。

(二)"人"的发现与再塑造

一切的教育最终都是为了实现"人"的发展,这里还是得先对人的"发现"做一个新的解读,"发现"在里指向的是"人的主体意识的觉醒"。当行为主体对自己的"潜能"有清楚的意识之前,他无法准确估量出自己的价值,因而也就无法通过实际行动来展现自己的价值。一个人的成长离不开社会这个大的舞台,每个人的喜怒哀乐在这个舞台中都会通过某种具体的形式,或具体的身份来体现。养成"做一个对他人、对社会有用的人"这种高度的自律意识,会让行为主体对自己身上存在的潜能有一个愈加清晰的了解。每一次的研学旅行都是学生放飞自我的重要契机。2013级文科实验班全体学生去陕西展开以"秦汉唐文化"为主题的人文实践活动,活动效果出奇的好,学生通过言语表达了他们在游学后的重要体会,甚至家长也高度评价这样的研学旅行活动。无独有偶,2017年学生参加"徽州文化"的研学活动后,也得到同样的正面反馈。不同时间的研学活动都效果显著,为何活动得到了如此高的评价?我们认为,是学生在活动中真正实现了对"自我主体"的再发现,他们的思维空间得到了较大程度上的拓展,家长也从孩子那里得到正面反馈。当然,不管学生在活动中是否真正得到了正面的收获,从教育者的出发点来看,我们所做的一切都旨在培育学生的自我意识,一个人倘若连"我是谁"都不能准确把握,又何谈社会责任呢?

(三)共同的教养

每一个人都应该获得良好的教养,在一个团队、一个社会中,每一位成员都应该致力于"教养"的养成以及"共同教养"的生成。学校始终承担着培养社会人才的重要职责,无论学校的性质如何,其培养出来的学生都必须是一个有着良好修养、独立人格、仁智弘毅等素养的公民。作为一个社会实践活动,研学旅行总是把一个最真实的"异乡"呈现在每一个的面前。在活动中,我们可以看到形形色色的人,遇见林林总总的事。不是任何一处风景、人文都能够引起我们的赞叹,也不是每一个城市都如此的光鲜靓丽,更不是每一处乡村都那么的诗情画意。也正是因为我们会遇见种种不尽如人意之事、之境、之景,我们才更需要以较高的修养去正视它们。

做一个有教养的人,不仅仅是每个人的应有之义,更是一个高度发达的文明对人的必然要求。带着学生走向对历史的记忆,走向对现实的认知,是时代对教育的必然要求。身为教育者的我们,能够和学生一同探胜于自然、获益于社会,是一件很幸福的事情。当然,宁波第四中学在这一领域已经做出了表率。做大做强,常抓不懈,引领同行是我们孜孜以求的目标。

我们既是教育工作者,也是社会中的一个成员,我们的责任在于为社会输送有用的人才。因此,我们不可能自绝于社会,自毁于对周边事情的无知。我们和学生一道,以一个"学习共同体"的身份一起走进这个社会,为着共同的教养,为着更加优异的教育质量而努力。正是因为教育工作者能够始终不辱使命,教育的质量才能够日益精进。

围绕着"研学"展开了种种"课程化"设计,先是致力于"研学背景"的提出,再是"研学目标"的设定,然后从五个方面对"研学旅行"作了比较详细的"课程化"设计。所有课程的设计都围绕着学生主体及其智慧的生成,旨归在于实现学生的发展。可以说,教学空间从"教室"走向"课外",已经是对传统教学范式的巨大挑战。响应国家课程层面的号召,宁波四中目前已经完成了"荆楚文化""秦汉唐文化""徽州文化""吴文化""孔文化""丝绸文化"的研学旅行活动。每一次实践活动,我们都经过精细化的设计,从路线的确定,到人员的选择,再到课题的形成,以及之后研学活动的展开,每一次活动我们都收获了比较稳定的活动成果。目前,研学旅行已经成为宁波四中对外交流的一个重要窗口,我们想以此为契机,将研学活动做大做强,使之成为宁波市乃至浙江省甚至全国范围内最具特色的课程之一,这是我们的目标,并且我们将努力践行它。

第三章 宁波四中研学旅行的特色化探索

第一节 宁波四中研学旅行发展历程

宁波四中是浙江省一级特色示范高中,以"百年崇信、多元毓才"为理念,促进学生在个性、学业、创新精神上的提升,塑造多元发展、健康阳光的四中学子。学校每年安排2—3次的研学旅行课程任务,坚持让学生走出课堂,走出校园,走进自然,走向社会,学习知识,获得直观的生活体验,增强实践和创新能力,为学生今后的发展奠定扎实的基础。

一、宁波四中研学旅行课程实施背景

2016年12月,国家教育部等11部门联合推出了《关于推进中小学生研学旅行的意见》。意见指出,中小学要建立一批研学基地,将研学旅行纳入教学规划之中,意在落实立德树人根本任务,帮助中小学生了解国情、热爱祖国、开阔眼界、增长知识,着力提高他们的社会责任感、创新精神和实践能力。

教育部将中小学生研学旅行定义为由教育部门和学校有计划地组织安排,通过集体旅行、集中食宿方式开展的研究性学习和旅行体验相结合的校外教育活动,是学校教育和校外教育衔接的创新形式,是教育教学的重要内容,是综合实践育人的有效途径。开展研学旅行,有利于促进学生培育和践行社会主义核心价值观,激发学生对党、对国家、对人民的热爱之情;有利于推动全面实施素质教育,创新人才培养模式,引导学生主动适应

社会,促进书本知识和生活经验的深度融合;有利于加快提高人民生活质量,满足学生日益增长的旅游需求,从小培养学生文明旅游意识,养成文明旅游行为习惯。

目前,由于各方面条件的束缚,我国很多学校操作的只是短时间的主题德育活动或者游学,没有上升到"课程"这一高度。各种游学、夏令营、实践、旅游、锻炼等活动开展较多,不过多以体验式的德育教育为主。国内开展真正意义上的中长线行走课程的学校非常少见。20世纪90年代起,北京、上海等经济发达地区开风气之先,在中学教育中开展大量的人文实践活动,且操作形式、时间跨度、主题目标不断提升,逐渐完善成为今天的行走课程。源于《国家中长期教育改革和发展规划纲要(2010—2020年)》中"创新人才培养体制""加快解决经济社会发展对高质量、多样化人才需要"战略要求,越来越多的中学开始尝试行走课程。宁波四中历来走在课程改革的前沿,不断推进课堂教学方式变革。行走课程是常规课堂的拓展,既是学科知识的延伸,更是人文精神的一种内化方式。这样的课堂组织形式极其具有前瞻性。

宁波四中作为宁波市乃至浙江省第一批先行学校,早在2011年就开展了独具特色的研学旅行活动。结合宁波四中的实际情况,我们将研学旅行课程化,借人文素养创新实验班建设的契机,整合课程建设,提出了"行走课程"的概念,将其作为学校课程框架的一个组成要素,形成了一揽子课程操作实施体系,将其制度化、规范化,取得了丰硕的研究成果,其已成为我校多元办学、特色发展的一大品牌。

宁波四中研学旅行课程力求知行合一,将书本知识与实践知识有效对接,是知识能力和学生素质培养的黏合剂。宁波四中的研学旅行课程,引导学生带着研究任务,离开传统课堂,打破了定点教学的藩篱,是多样化组织教学的重要支撑,亦是德育的重要阵地。

二、宁波四中研学旅行历程

1. 缘起——抗日烽火中的行走研学

抗日战争时期,浙东中学(宁波四中1935—1952年校名)师生于颠沛流离中辗转办学,堪称特殊而真实的行走研学。1937年随着侵华日军的步步紧逼,祖国半壁江山相继陷入敌手,宁波也遭到日寇的蹂躏。为了确保师生的生命安全,浙东中学寿子鲲校长带领师生离开城市,辗转农村。在战争烽火中分别在离宁波八十里的奉化浦口王村和更远的绍兴地区诸暨牌头祭祀村、唐仁村办起了抗日流亡学校。教师们在当地租借多处祠堂、庙宇和民宅、粮仓作为临时校舍,艰难办学,教导学生矢志读书、立志报国。寿子鲲校长吃尽千辛万苦,终于积劳成疾,在1944年6月病逝任上,当时的他身无长物,两袖清风。当年校刊的纪念文章中曾有如下记载:"……抗战期间,因校中经济困难,寿校长为安定诸同事心神,曾郑重宣示谓寿某委身教育十余年,今即使不幸为'浙东'而私人破产,亦在所不惜,请先生们安心服务。"破家纾难的心迹天人可鉴,至诚至朴至爱,全在寿先生的言行之中了。寿子鲲校长提出的"诚朴爱"校训至今一直成为激励宁波四中一代又一代学子健康成长的精神支柱和为人准则。

2. 传承——坚守数十年的盘山行走实践课程

自20世纪60年代末以来,每一位宁波四中学子都有一段时间在盘山林场度过。从最初一个多月的夜宿寺庙、野外扎营授课、劳动学习,到现在定期风雨无阻跋涉上山、植树剪枝、运送木材、采集标本、开展班会活动……迄今已有超过一万人次曾在盘山劳动生活、磨砺锻炼。盘山,带给学生的不仅仅是劳动的体验,更有心灵的触动,一定程度上成为了宁波四中学生的精神家园。一个学生这样写道:"面对高山,我曾怀疑自己没有征服它的能力,但当我奋力攀登,登顶成功的时候,我懂得了:只要坚持,就能迎来成功的喜悦。"盘山劳动实践活动,从一开始的餐风露宿、寺庙授课到现在的植树造林、山林班队课、标本采集、中草药材种植养护课,倏忽间跨越了半个世纪。目前,我校正通过课程开发开设、课题立项等诸多形式把盘山行走实践活动升格为宁波四中的首要德育行走实践品牌。2012年,宁波四中盘山林场德育基地被评为宁波市大中学生暑期社会实践活动优秀基地。

宁波四中的盘山行走实践课程一直坚守至今,每年,高二年级近500名师生奔赴天童盘山林场,沿着前辈们的足迹徒步上山。在弥陀禅寺和育林碑前,同学们听取林场专家的介绍和讲话,了解盘山历史,并在林场师傅的指导下,参加背树和植树造林等劳动。山上一棵棵挺拔傲立的金钱松就是宁波四中的一面面旗帜,一碗热腾腾的年糕汤也是每一位宁波四中学子永生难忘的美好记忆。2019年11月23日,宁波四中在天童林场举行了盘山实践50周年纪念馆开馆仪式,宁波市教育党工委原书记朱达专门批示道:"宁波四中盘山劳动实践活动持之以恒,历时半个世纪,很有意义。我们要以此为榜样,深入学习贯彻全国教育大会和习近平总书记重要讲话精神,在全市广大学生中弘扬劳动精神,加强劳动教育,养成劳动习惯,把学生培养成德智体美劳全面发展的社会主义建设者和接班人。"

习近平总书记在2018年9月10日的全国教育大会上强调,教育工作要厚植爱国主义情怀、增长知识见识、培养奋斗精神,要树立健康第一的教育理念,在学生中弘扬劳动精神、培养德智体美劳全面发展的社会主义建设者和接班人。宁波市委原书记郑栅洁在2019年11月16日世界"宁波帮·帮宁波"发展大会上,用"知行合一、知难而进、知书达礼、知恩图报"这"四知"提炼宁波的精神气质。宁波四中传承50年的盘山劳动,就是厚植爱国主义情怀,弘扬劳动精神,展现宁波精神气质的最好体现。

3. 深化——构建"知行合一"研学旅行课程体系

经历点、线、面、体的发展历程,宁波四中的行走研学由综合实践活动向"知行合一"研学旅行课程不断转变。

2011—2012年,由"点"(一个班级)出发的研学旅行启动。

2011年首次短线研学旅行——慈城文化主题研学开展,这是宁波四中研学旅行课程的雏形。2012年首次尝试长线研学旅行——湖北楚文化主题研学开展，八音和鸣楚声流韵，江湖连通楚凤云翔，为打造研学旅行课程体系建立了良好的基础。2012年开始建设宁波四中研学旅行基地——儒家文化的传承地——宁海县力洋孔村孔文化研学基地。

2012—2013年，开始尝试以"线"（几个班级）为主的融合式的研学旅行。

2013—2015年，开展全"面"（一个年级）的研学旅行课程实践活动。

2015—2016年，构建整"体"（全校）多元化的研学旅行课程形式。形成短线：宁波周边研学旅行课程（如慈孝文化、梁祝文化、海洋文化等）；中线：浙江省内或浙江省周边研学旅行课程（如吴越文化、鲁迅笔下的绍兴文化、海上丝绸文化等）；长线：国内研学旅行课程（如楚文化、徽文化、敦煌文化、秦汉唐文化、佛教文化、道教文化等）。

2011年—至今，宁波四中的研学旅行足迹由国内延伸至国外，与我们有研学旅行课程合作关系的国家有美国、加拿大、德国、澳大利亚、韩国等。

几年来，宁波四中在全世界擘画研学旅行地图，建构了一条"行大道，走吾乡"——"行大道，走中华"——"行大道，走天下"的宁波四中研学旅行网络取得了不俗的成绩。

三、宁波四中行走课程的实施

既然是研学旅行课程，就需要组织学生走出校门，走出家门，到那些书本提及的地点开展体验与实践活动。作为一个新事物，研学课程必须得到学生、家长、导师的支持和配合。特别是长线的研学课程，时间长达十余天，起初我们课程开发团队对安全如何保障等问题还是有所顾虑的。如果家长觉得这只是一个学校组织的夏令营，对安全有担心，对经费有顾虑，研学课程就无法顺利开展。针对这些问题，宁波四中建立了相对完善和成熟的研学旅行课程体系，并通过发放告家长书、召开学生家长大会等形式，帮助家长纠正观念，打消顾虑。宁波四中的行走课程组织体系完善、安全预案完整、研学主题明确,家长们完全支持,学生、导师积极参加。

宁波四中研学旅行课程绝非普通的旅游,其组织形式、功能价值和旅游完全不同。

首先,行走课程带有明确的研究任务。出发前,课程开发团队会集中学生和家长,开展预备课堂,对目的地的历史、文化、地理等方面进行专题讲座,并布置研究性课题,这些课题是相关学科教师针对考察地实际情况量身打造的。

其次,我们的研学旅行目的地是学校开发团队综合考虑诸多因素自行设计的,并非旅行社普通的七日游、十日游套餐,旅行社承担的仅仅是食宿安排。研学行程并不追求打卡大量知名景区,而是特别强调挖掘利于课题项目开展的地点。以楚文化研学旅行课程为例,我们的研学旅行目的地涉及了多个并非景区的地点,如荒无人烟、杂草丛生、牛羊遍野的楚国故都废墟,并听取当地农民、地方志专家的精彩介绍。到了考察地,相关带队教师会带领学生背诵经典名篇、学唱地方民歌、分析历史事件、介绍旅游地理。

最后,每一次的研学旅行都会邀请高校相关领域专家教授做精彩的学术报告。同样,我们的研学旅行内容也是丰富多彩的,有"名校零距离""江河揽胜""文化课堂""拓展训练""联欢晚会""汇报交流"等。研学旅行进行中和进行后,学生会陆续提交考察日志、考察体会、考察报告等研学成果,作为研学旅行的评价方式,相关导师会对这些研学成果进行认真的评判、修改、整理。值得一提的是,我们长线考察的主要交通工具是普通火车,住宿条件也较为一般,我们希望通过这种方式实现对学生意志品质与生活能力的锻炼。

宁波四中的研学旅行课程实施具体如下。

1. 行前

(1)课题设计。结合语文、政治、历史、地理等学科,形成要求明确的研究课题,供学生实地考察参观时进行探索。带队导师提供研学旅行课程目的地的相关背景材料,制定科学合理的学习内容与学习任务,自行设计研学线路。带队学科教师查阅相关资料,给学生足够的知识铺垫和学科辅导,做好与必修教材的衔接,尽可能联系高考知识要求,在研学旅行中尽可能向学生渗透相关的课本知识。

(2)课程开发。研学旅行课程的教材包含符合主题的文化背景、地理条件、作业任务、学习提纲、活动设计说明,也包括德育管理中的安全须知、纪律要求及组织架构。教材必须是教师自行编写并集结成册,符合高中学生认知规律。教师和学生需随身携带,随时记录。

(3)主题教育。校领导集中召开学生、家长行前交流大会。

2. 行中

研学在路上,学生根据每天的学习内容与学习任务,撰写考察日志,开展各种形式的小组交流活动或主题报告沙龙,活动中认真撰写笔记。导师也与学生一同学习,积累研究性学习材料。

3. 行后

(1)师生总结。行程结束后要及时总结。通过座谈交流或汇报展示回顾此次活动行前和行中的成果,总结得失,表扬先进。师生总结多从德育层面(过程性评价)入手,对组织、纪律、用餐、住宿、队列、时间观念、团队精神、安全文明等方面进行评价。

(2)学习任务评价。在指定时间内收取研学任务作业(考察日志、考察体会、研究报告、文化摄影等),特别重视的是研究报告。学生研究过程中教师需要指导,完成任务后教师应认真阅读学生作品,对部分作品提出修改意见,从项目中评选出各类奖励,给予一定表彰,最后,对学生作品进行汇总,形成专题成果。

四、宁波四中开展研学旅行课程的收获

1. 形成宁波四中特色的研学旅行课程体系

宁波四中作为浙江省第一批研学旅行先行学校,早在2011年就开展了

独具特色的研学旅行,并创造性地将研学旅行课程化,借助创建北京师范大学人文素养创新实验班的契机,整合课程建设,提出了"文化行走课堂"的概念,将其作为学校课程框架的一个组成要素,形成了一揽子课程操作实施体系,将其制度化、规范化,取得了丰硕的研究性成果。

几年来,我们在全国擘画文化行走地图,实施了楚文化、吴越文化、燕京文化、汉唐文化、慈孝文化、孔文化、徽州文化、闽南文化、敦煌文化、齐鲁文化、客家文化等20条研学旅行路线,形成了一整套研学旅行运作体系。宁波四中文化行走研学旅行活动,经历了由"点"(一个班级参与)到"线"(几个班级参与)及"面"(一个年级参与)至"体"(全校共同参与)的发展历程。

2. 成果斐然,示范省内外

参与研学旅行课程的学生已完成100多个研究性小课题、1200多篇文化行走日志,集结成4本学生研学旅行成果专辑。2016年11月29日中华人民共和国中央人民政府官网以"宁波市中小学开展文化特色教学"为题,大篇幅介绍宁波四中高一年级30余名学生赴安徽开展"一生痴绝处,无梦到徽州"徽州文化研学旅行课程实践活动,文中提到了宁波四中打破授课的固有模式,进行异地探究性学习,开展特色文化课堂的先进经验。同期,《光明日报》头版以"行走山水,感受精华"为题介绍我校研学旅行课程突破传统教学的局限性及其与社会的割裂感,让学生在感受自然的同时,扩展知识视野;还进一步提到了我校构建的研学旅行"国家课程+特选课程+行走课程"的三维课程体系。2016年12月26日教育部官网以"宁波鼓励中小学在'行走的课堂'中获取真知——纸上得来终觉浅,社会实践要躬行"为题介绍我校积极搭建社会实践平台,打破传统的课堂模式,让学生走出校园,行走在各具特色的文化大课堂里。《中国教育报》、中央电视台中学生频道、人民网、《浙江教育报》《宁波日报》等主流媒体纷纷报道,省市兄弟学校络绎不绝地前来取经问道,截至目前,已经来学习和交流的团组达80余批次、1100多人次。宁波四中的研学旅行为国家教育部等11部委于

2016年12月联合推出的《关于推进中小学生研学旅行的意见》提供了重要的理论和实践支撑。研学旅行已经成为我校多元办学、特色发展的一大品牌,示范省内外。

3. 全面提升学生的学习能力

2011年12月首次短线研学旅行课程由宁波四中2011届人文创新班全体学生参加,学生在慈城多地考察,旨在对地方传统文化进行挖掘。2012年,该班四十余名师生参加了在湖北进行的楚文化考察,这也是首次大规模中长线研学旅行课程。楚文化行走课程的成功实施,为我校特色教学探寻了一条发展之道,中央电视台中学生频道等多家媒体给予了采访和报道。

楚文化行走课程的成功让我们深深地感受到行走课程的功能是复合多样的,既能丰富第二课堂、转变学习方式、提升研究能力,又能丰富生活阅历、扩大知识视野、积累生活素材,还能调节学习状态、增强班集体凝聚力、培养学生个体独立生活能力、增强沟通交际能力,从而提升人文素养,培养人文情怀。单就楚文化课堂来讲,学生们完成了集结成册的200余篇考察日志、30余篇考察体会,并以小组为单位完成了7篇研究性课题,可谓成果颇丰。

学生的收获是显而易见的。以探究能力培养为例,在常规课堂上,老师们都会讲到轮船经过大坝时,需要从低处到高处通过船闸,从而进一步讲解连通器原理:几个底部互相连通的容器,注入同一种液体,在液体不流动时连通器内各容器的液面总是保持在同一水平面上。学生都知道船闸利用了连通器原理,但是缺少直观的实验和感官认识,因而对这一知识的能力要求很可能就停留了"识记"这一认知层面。在楚文化行走课程开展过程中,基于对"江河揽胜"这一主题的落实,我们安排了学生观看轮船上行通过葛洲坝单级船闸的过程,所有的同学都看到了自己乘坐的这艘船是如何通过船闸的:先将闸室泄水,使闸室里的水位逐渐与下游水位齐平,再打开下游闸门,外面的船就可以开进船闸。然后关闭下游闸门,再向闸室内灌水,使闸室里的水位逐渐与上游水位齐平,打开上游闸门,船就可以开到另一端去。这是一个学习过程,同学们看到的不是一种风景,而是体验式学习的过程。后来到达建设中的三峡五级船闸后,同学们也开展了热烈的现场学习讨论。同样在这个主题中,同学们亲临了南水北调施工现场,进入了丹江口水利枢纽工程发电车间,并听取工程技术人员介绍,真正掌握了"水库具有发电功能"这一基本知识:水经由拦水设施攫取后,经过压力隧道、压力钢管等水路设施送至电厂,打开主阀(类似家中水龙头之功能)后开启导翼(实际控制输出力量的小水门),使水冲击水轮机,水轮机转动后带动发电机旋转,发电机加入励磁后,建立电压,并于断路器投入后开始将电力送至电力系统。

4. 涵养学生的人文情怀

通过研学旅行,学生的人文底蕴也得到了有效的提升。

曾经在一期《中国国家地理》上看到一篇名为"地下的楚国"的专题记录,从那时起,"楚国"这个名词就像一个巨大的磁场深深地吸引着我。

"楚虽三户,亡秦必楚"是楚民的傲骨;"举世皆浊我独清,众人皆醉我独醒"是楚臣的忧国;"力拔山兮气盖世,时不利兮骓不逝"是楚霸王的悲壮;"子为王,母为虏,终日舂薄暮,常与死为伍!"是楚妃的悲凉。

……

楚国或是湖北,远远不止有这些让人终生难忘的地方,只是我这一支拙劣的笔无法将其描绘出来罢了。楚地无论是在历史上、在金庸先生的小说中、还是在中国人的思想中,一直都拥有属于自己的一片国土。楚虽亡,却不死。

"文化在行走中弥漫、思想在碰撞中激发。粉墙、黛瓦、马头墙,文房四宝、徽州四雕,朱熹、戴震、胡适……带给我们太多的徽州印记,我们期待下次再出发。"

这是宁波四中一名学生在参加徽州文化研学旅行课程后写下的日记。

宁波四中研学旅行课程给了参与者致敬楚文化、徽文化的机会,这一定会加深他们今后对楚文化、徽文化乃至中华文化自强不息、锐意进取、兼容并蓄精神的研究和关切。

五、宁波四中研学旅行课程的特色

1. 研学旅行课程课题化

研学旅行课程的重点在于"研",是有研究主题,有研究目标,带有研究任务的行走学习之旅。研学旅行课程课题既是每次研学课程中学生的学习任务,也是研学旅行课程结束后的反思与提炼。所谓研学旅行课程课题化,是指每个研学旅行课程中学生的研究性小课题、以研学小论文或研学报告的形式呈现的研学成果,以及带队导师在研学旅行之后发表或获奖的与之相关的论文和课题等。

近几年,我校教师与研学旅行课程相关的论文与课题有:浙江省教育厅教研室课题"开展特色社会实践活动,培养学生公民意识的研究与实践"、获宁波市第八届教学成果奖基础教育类三等奖的课题"人文行走课堂活动探究与实践"、获宁波市教育科研优秀成果奖二等奖课题"'知行合一'研学旅行的探索与实践研究"、获宁波市教科所德育实践类研究类三等奖课题"研学旅行中的德育模式创新策略研究",教师论文《研学旅行中教师的角色定位》《宁波四中学生"行走学习"的行动研究》《愿你有一个在文化中行走的灵魂》《与万里河山谈个恋爱》《研学旅行中的地理课题与地理实践力》等。

2. 研学旅行课程基地化

在研学旅行课程的实践过程中,我们发现传统的课程资源已经不能满足现有的要求,要真正发挥行走实践引领学生走进生活、感悟生活的作用,必须开发和整合课程资源。我们充分发挥学校百年文化名校的社会影响力,将山林、农村、社区、企业、部队等提供的相关资源都纳入到课程资源中来,积极开拓和整合课程资源,初步形成了全方位、多功能、立体化的综合实践课程资源网络。

学校现有共建50多年、面积逾千亩的天童盘山林场劳动基地;有拥有专业师资和设备,能让学生真正动手操作的宁波绿色学校社会实践基地;有依托江北工业园区、宁波水表公司、井上华翔、宝成机械、东力机械、江花集团等十余家资产逾亿的企业为我校专门组建的学工实践基地;有浙江大学励志实践基地;有73237部队学军基地;有甬港福利院爱心服务基地;有江北交警支队协警基地;还有育才社区、正大社区、文教街道、白沙等共建基地。在这中间也积累了一批较为优秀的社会实践活动成果,固定了一批富有我校特色的实践活动品牌,如浙江大学励志教育——青春责任、大山里的德育——盘山实践,以及多年来开设的短中长三条线十多个行走研学基地(其中短线研学基地——力洋孔村获得宁波市优秀实践基地)。

宁波四中的研学旅行课程也逐步走向国际,学校已经与韩国顺天市全罗南道晓泉高中、多特蒙德市海森堡一级文理中学、香港陈朱素华纪念中学、澳大利亚墨尔本市布莱顿文法中学、西班牙ALFONSO八中、新西兰ACG学术教育集团等一流学校牵手,结为国际友好姐妹学校;与法国鲁昂-宁波友好委员会合作,推动法国鲁昂市中学生中文学习计划,并积极寻求与美国、英国、加拿大等国家的合作。

2014年9月起,宁波市教育局在宁波四中开设"国际融通实验班"(即英语实验班),由政府财政提供资金保障,同学们免费获得优质外教及国际课程资源,大大提升我校学生英语素养,助力高考;同时,为有志开拓视野、出国深造的学生提供更广阔的平台。现在,宁波四中英语实验班已开设五年,收效显著。英语实验班学生不仅学业成绩进步卓著、英语综合素养提升明显,而且社会交往能力得到提升,个性更加开朗活泼,体现了我校"百年崇信、多元毓才"的办学理念。尤其是近三年持续到北京外国语大学、上海外国语大学、诺丁汉大学等开展研学旅行实践活动,拓宽了学生眼界,更新了学生的学习观念,提升了学生的综合学习能力。

六、行而致远的研学旅行课程

宁波四中的研学旅行课程,大胆突破,革故鼎新,以文化追寻、科学求真为目的,在宁波可谓是首创。我们所做的不只是一次次的文化接触,而是整个高中三年的系统安排,每个团队都要经历短线、中线和长线的研学旅行。为什么要这样做?我们认为,学校的育人是一个复杂的工程,如果能够跳出传统的教学模式、引入新的育人模式,将会让我们的课堂教学生态更加科学。经过几年的实践,我们已经积累了成功的经验,接下来学校将大力铺开研学旅行课程实践,让更多的学生体验到这样的机会。我们带着课题行走,带着主题学习,带着一颗虔诚的心去探究。我们的学生如果通过研学旅行课程拓宽了眼界,求到了"真经",对他们的未来成长不失为一次极好的学习补充。宁波四中将继续完善,不断开拓,让研学旅行课堂更灵动、更精彩。

心胸决定了眼界,气度决定了高度。一切为了孩子,为了孩子的一切,这正是我们的教育使命。一所好的学校应该有着博大的胸襟和发展格局,能够在不影响教学秩序和学生成绩的基础上,采取更多的教学辅助手段帮助学生成长。研学旅行课程实践活动让宁波四中获得了社会的一致好评,让更多的人深刻了解了宁波四中。我们也从一次次的行走课程中,拓宽了教学发展的思路,摸索出了学校的发展规律,找到了学校的突围路线。

经过多年的探索和实践,宁波四中的研学旅行课程日趋完善,线路日趋丰富,参与面日趋广泛,课堂成果日趋丰硕,社会影响力与日俱增。《光明日报》《中国教育报》《宁波日报》《钱江晚报》、中央电视台中学生频道、国务院官网、教育部官网、人民网等主流媒体纷纷报道宁波四中的研学旅行课程。除了国内研学旅行课程之外,宁波四中将逐步探索研学旅行课程的国际化,结合越来越多的游学活动,充分挖掘文化内涵,探讨目的地的研究价值,最终形成"没有围墙"的课程体系。

未来,宁波四中还将继续坚持和完善研学旅行课程,继续探索学生成长的知行合一,探究研学旅行课程对于学生书本知识汲取与可持续发展的关系,做大做强,让宁波四中的研学旅行课程成为宁波教育的响亮品牌。

第二节 宁波四中研学旅行案例精选

<h3 style="text-align:center">十年树木 百年树人</h3>

——宁波四中盘山研学旅行课程方案

一、研学背景

1969年,宁波四中与天童林场携手共创盘山林场,成为宁波四中师生劳动实践的专属基地。五十多个春秋,一代又一代的宁波四中师生在盘山上坚持学习,开垦荒地,植树造林,运送木材,用勤勉刻苦的意志和坚忍不拔的精神绿化了盘山。在育林的同时,也逐渐培育和养成了一代代四中人艰苦奋斗、吃苦耐劳的宝贵精神。

二、研学目标

通过徒步上盘山,重走林场路,参与植树、扛木头等劳动实践活动,锻炼学生的意志品质和吃苦耐劳的精神;学习基本的劳动技能,采集动植物标本,树立健康的生态观念,融绿色教育与德育为一体;薪火相传,延续宁波四中半个多世纪的优秀传统,实现育林又育才的目标。

三、研学设计

1. 主题:劳动实践。
2. 时间:每学年的第一个学期期中考试后一个星期。
3. 地点:宁波天童盘山林场。
4. 人员:宁波四中高二年级全体师生。

四、研学目的地简介

盘山林场属于浙江天童国家森林公园的一部分,位于浙江省宁波市鄞州区境内,地处浙江省宁波市鄞州区东南部、中国中东部沿海,总面积349平方公顷。浙江天童国家森林公园属浙东丘陵和宁绍平原的一部分。公园三面环山,主峰太白山,海拔约653.3米,园内平均海拔约300米。坡度主要在10°—30°,鲜有45°以上陡坡。成土母质主要是中生代的沉积岩及部分酸性火成岩和花岗岩残积风化物,土壤为山地黄红壤。

五、研学资源

1. 德育资源

1969年至今,宁波四中学生在盘山林场开荒造林,通过50多年坚持不懈的努力,荒山已绿,草木成荫。盘山林场里的参天大树,宁波四中与盘山林场共建的纪念馆、育林碑,以及一代代四中学子借用的学习生活场所——弥陀禅寺,都是宝贵的德育资源。

2. 自然资源

(1)植物资源

盘山林场是浙江省东部丘陵地区地带性植被类型的代表性地段,该地是中国东部常绿阔叶林分布的主要地区之一,除亚热带常绿阔叶林外还有常绿阔叶落叶阔叶混交林、落叶阔叶林、常绿针叶林、竹林和次生山地灌丛等。有种子植物149科1064种,蕨类植物24科114种,苔藓植物37科105种,平均每平方千米拥有高等植物368种,有古树名木750株,有天目木兰、香果树、浙江楠、金钱松、银杏、花榈木等,还有药用植物119种,森林覆盖率88.7%。代表性植物、乔木有栲树、木荷、栎树、青冈;灌木有莲蕊茶、山矾、隔药柃、窄基红褐柃、马银花、檵木;地被植物有里白、山莓、狗脊、箬竹等。

(2)动物资源

盘山林场有野生动物93种,其中鸟类24科45种,国家二级保护以上的野生动物有红嘴相思鸟、雀鹰、猫头鹰、穿山甲等。鸟类有16目45科

142 种,非雀形目 58 种,占鸟种总数的 40.85%,主要为隼形目、鸮形目、鹃形目、佛法僧目、䴕形目等猛禽及攀禽,而鹳形目、鸻形目、鹤形目、雁形目等涉禽及游禽则相对较少;雀形目 84 种,主要为鸭科、鸫科、莺科、画眉科等森林鸟类以及鹡鸰科、雀科、鹀科等农田鸟类。

3. 人文资源

中国的禅宗到宋代日益昌盛,至南宋达鼎盛时期,盘山林场山脚下的天童禅寺也是禅宗之名刹。景德四年(公元 1007 年),真宗帝敕赐"天童景德禅寺"额。神宗帝即位后,召寺僧惟白入禁问道,三登高座。并于元丰八年(公元 1085 年)赐惟白金紫衣一袭。建中靖国元年(公元 1101 年),徽宗帝敕赐惟白"佛国禅师"号,并御制天童景德寺惟白续灯录序。建炎三年(公元 1129 年),正觉禅师继席,住山 30 年,复弘曹洞宗风,僧人常住千人以上。

六、研学内容

1. 学做一名合格的森林工人

林场的工人最常做的工作便是植树育林、伐树运木。所以,每一名上山的宁波四中学子都要在林场师傅的指导和带领下,完成两件事:种一棵树和背一次木。劳动开始前,林场师傅会为每一位学生发放一棵小树苗,一般是金丝楠木、金钱松或者适宜在天童山上生长的名贵木种,然后对学生进行分组,每组会分发锄头、铲子等工具。之后,为同学们展开现场植树教学和劳动技能传授,并且带领他们到指定的种植林地进行种植。种植结束后,同学们还要完成修剪枝杈、回土等工作。最后,出林地时,每位同学都需要进行背木劳动,力气大的男生可以一人背一根木头,女生往往是两人一棵,很多学生都乐意去挑选大的木头背。植树没有想象中的那么容易,有些学生要尝试几次才能完成一棵树苗的种植,背树也没有看起来这么轻松,有些学生中途背不动了,也需要同学搭把手。大多数同学们会为自己亲手种的小树取一个名字,很多宁波四中毕业的学子重聚之时,常常提起当年那棵树苗的名字,念起背树时的疲累,这也成为了宁波四中学子青春中最美好的一段记忆。

2. 弥陀禅寺·育林碑前·忆苦思甜

每年宁波四中学子登上盘山后稍作休息就会整队前往弥陀禅寺,在寺院的台阶上听老师们讲述老一辈四中人在禅寺中学习、生活的故事。禅寺中依旧保存着山林中质朴的气息,简单的生活氛围帮助同学们沉心静气、忆苦思甜。随后,沿着寺院的小径,来到院后的参天大树下的育林碑前,这些四中前辈亲手种下的树,如今已经高入云霄。在这里,林场的领导会用地道的宁波话为同学们分享老四中人和林场共建盘山的故事,纪念宁波四中和盘山林场愈深愈浓的友谊。站在清净的弥陀禅寺前,站在四中前辈栽种的参天大树下,站在庄严的育林碑前,每一位同学都能感受到那一份历史的沉淀,那一份传承的精神,那一份可贵的坚持。

3. 难忘的午餐——年糕汤

每一位参加盘山劳动的宁波四中学子,都有专属于自己的那一份难忘。在很多宁波四中学子的心中,最难忘的应当是那一碗热腾腾的冬笋雪菜肉丝年糕汤。有位宁波四中学子在他的盘山日记里写道:"四中有句老话:'不喝年糕汤,枉为四中人。'"种树、背树劳动过后,热腾腾的年糕汤为同学们敞开供应,碗筷是同学们自己携带上山的,各式各样的碗一次又一次被填满,平时普通的年糕汤在此时格外的香甜。让其倍觉美味的不仅是劳动后的饥饿,还有劳动最光荣、劳动最伟大的自豪,伴着比拼饭量的喧闹,年糕汤的香气融化进了少年们的心里,成为四中人心中永恒的印记。

4. 野生植物标本的采集和制作

盘山林区位于鄞州区天童林场,是国家级森林公园,植被丰富,平均每平方千米拥有高等植物368种,森林覆盖率88.7%,非常适宜植物野外考察学习活动。近几年,在宁波四中生物组教师的努力下,除了传统的劳动项目,学生在上盘山劳动的同时,增加了野生植物标本的采集和制作任务。同学们在校内准备好材料用具并完成理论课的学习,随后携带工具上山。午餐后,开始进行标本采集,同时对标本进行修剪和调整,最后在山上完成压制，并将压制好的标本夹带回校内进行存放和换纸，待标本完全风干后，完成标本的固定。这些植物本身就鲜活有趣，又带上了"亲手制作"的标签，被学生视若珍宝。在实践活动中适当地加入科学研究，既丰富了实践活动的内容，又使科学知识变得生动有趣，大大激发了学生学习、劳动的热情，一举多得。

5. 50年盘山·向劳动致敬

距离第一批四中人上盘山，已有50多个年头。2018年11月23日，宁波四中盘山劳动实践活动50周年庆典暨盘山实践纪念馆开馆仪式，在巍峨苍翠的盘山之巅隆重举行。宁波市教育局、天童林场、宁波四中的老领导老教师代表、70余位老校友亲临现场，和200多名宁波四中师生共同见证四中坚守半世纪的德育实践成果。2018年之后，每届参与盘山研学旅行课程的师生又多了一项内容，就是参观宁波四中盘山劳动纪念馆，向劳动致敬。

七、研学安排

1. 早上七点从宁波四中校内坐车出发。

2. 上午八点左右到达盘山林场山脚下，以班级为单位，沿着四中前辈学长的足迹，徒步上盘山。

3. 上午九点半左右到达宁波四中盘山纪念馆。

4. 上午十点，学生分批次参观宁波四中盘山纪念馆、弥陀禅寺、育林碑，带队导师讲解四中前辈学长在盘山劳动、学习和生活的历史。

5. 中午十二点，共吃一碗具有特殊意义的年糕汤。

6. 下午一点，带上树苗和工具，以班级为单位去指定林场区域植树。

7. 下午两点半，以班级为单位，去指定区域扛木头下山。

8. 下午三点半，沿着上山道路徒步原路返回。

9. 下午四点半，乘车回到宁波四中校园。

10. 下午五点，各班召开以本次盘山研学旅行为主题的班会。

11. 本次研学旅行活动结束。

第三节　有关研学旅行研究论文两篇

愿你有一颗在文化中行走的灵魂
——记宁波四中的"行走课堂"

什么是文化？腹有诗书气自华，是文化；万里河山心中藏，是文化；跬步千里恒持之，是文化。它时而如茶，茶香在身边却需你细细品来；它时而如风，吹拂远去需你去追去寻……早在新课标提倡"当代文化参与"之前，宁波四中就为四中学子打造了一系列的"行走课堂"。下面就让我们一起来走一走，瞧一瞧，宁波四中是如何"行走"在当代文化的课堂中的。

行之有理

为什么要开设"行走课堂"这个课程呢？

早在春秋时期，孔子就领着一众弟子周游列国，游学讲道。那时候，都是一步一片景，一停一席话，最快的也不过马车而已，虽然走得慢，但孔子将他的课程推广到行程中的每一个站点，一众弟子既收获了知识又拓展了眼界。如今交通便捷，"游学"也变得全球化起来，可以毫不夸张地说，已经算得上是一种世界级的潮流了，用教育家的话说，这是一种"国际性、跨文化、体验式教育模式"。有人说：行走课堂是带领学生走出去，在行走的课堂上形成师生、生生、环境与人、书籍与现场、人与书籍之间的系列对话，在立体多重的对话实践中实现"知行合一"的人文教育。行走课堂是古人"万卷书万里路"修身立人的当代版。

中国的孩子，尤其是高中阶段的孩子，困在教室里苦读的多，出去看世界的少，就算有出去看世界的，多数是走马观花，匆匆一览。他们缺的就是有人能带着他们,到人类不同文明的文化环境中去探访并沉浸其中,通过亲自体验学习和理解非母语或非本地的文化历史传统,真正意义上和文明进行对话,从而锻炼出独立、健全的人格。

我们希望四中的每一个孩子都能有在当代文化中行走的经历,带着一颗理解、研究的心去接触、理解、探索行走过程中的文化。所以,我们立足于学校实情,从"崇信毓才"的办学理念出发,大胆尝试,探索宁波四中独有的"文化行走"课程。

前世今生

每一个在四中留下过时光的人都知道"盘山"。"积翠千层一径开,遥盘山腹到琼台。万亩林场植一树,与君同成栋梁材。"老一辈四中人筚路蓝缕。那些暗油灯下秉烛夜读的书卷,那些亲手栽下育林防灾的树苗,那些徒步上山背木劳作的画面,记载在四中的历史长河中。当代四中人上盘山,依旧走那条"没有路"的山路,徒步上山,风雨无阻,硬是在杂草丛生中踩出一条寻根的路。他们植树剪枝、赏景运木、采集标本……山脚下的老农已是几代人,上山的四中人也已过万。育林碑前,厂校共建,四中的每一届学子最忘不了的便是那一碗鲜香浓郁的年糕汤和那一片郁郁葱葱的绿树林,这便是四中前辈追寻文化之旅的地方。

因为有前世,才有今生。我们的今生,从文科创新实验班开始,其实就是一群"真正"的小文人凑在一起,想要做点文化人爱做的事儿、有意义的事儿。四中文化行走的雏形便是这群小文人跟在大文人后头,带着问题,背上行囊,说走就走的那一段段旅行经历。最早的时候也就是大伙一起去邻近的深山老林里看看古村落,穿上孔庙祭礼的服装互相作个揖,然后坐下看着青山和乡里的炊烟,写写诗,再互相评一评。后来,就有几个有心的孩子把文章诗歌收集起来,变成了校园文化的一部分。我们不为了功利的目的成本成册地去写生硬的报告,只谈这些小文人回来以后,眼神是否坚定了,谈吐是否老成了,笑容是否灿烂了,带出去的问题是否解决了,但凡有一点好,这事儿就是值得的。今生,我们从第一次踏上行走课堂之路开始,带着研究和尝试的心态不断探索,一定要把一件值得的事儿做好,做下去。要知道,对待文化的事儿,一定得认真,马虎不得。

和万里山河谈个恋爱

实施行走课程以来,宁波四中学生足迹遍及大江南北。长线中线短线并举,从燕赵文化(东北、京津冀),齐鲁文化(山东),姑苏文化(江苏),吴越文化(浙江),荆楚文化(湖北),一直到汉唐文化(陕西、甘肃),到目前为止,800多人次参与行走课程。

如果一开始开展行走课堂,你就把它当做一个教学任务做,那这次旅行必定枯燥乏味,颗粒无收。有时候想想,开展行走课堂,其实就是让学生和万里山河谈个恋爱。如果你爱这片山,你就留得久一些;如果你心疼那片水,你就多看几眼;如果你爱这栋房子,就把她画下来,或是为她写首诗,藏在你的心底。也不要害怕离别,山河安好,她把她的爱都给了你,在你心中播下文化的种子。

四中的行走课堂从齐鲁大地到吴楚燕京,从汉唐到徽州,从闽南到敦煌……从柔情似水的江南望向大漠孤烟的塞北,从滚滚浪涛的长江驶向温文尔雅的珠江。行前,我们做好精密的准备工作,从万卷书海里寻秀丽山河的影子,精心地设计出行路线,又紧张地修来改去,就好像正准备掀起新娘盖头的小伙,打听了许多,知道了许多,就是没见过真容,兴奋不安。行中,学生背上自己的行囊,更是没有声音的独立宣言,从迈出家门的那天起,学生就是独立的;学生手上握的是纸笔,有些风景有些人,记在心里怕忘记,留在纸上怕捏坏;学生的脑海里藏的是一箩筐的问题,要识庐山真面目,就要大步向前寻到底。我们的脚上踏的是寻根的步伐,眼里藏的是山河的身姿,心中追的是动人心弦的故事。累了的时候,我们停下,和当地的"学者"学一学,入乡随俗。然后,再启程,直到把每一寸土地、每一片光阴都牢记。行后,我们围桌而坐,诉一诉"相思之苦",翻一翻带回家的涂鸦,念一念激情澎湃的诗歌,就好像再和心中那个她走了一程。念得多了,也就知道又该启程了。

◎ 我有一个柔情的对象，人们念她是吴越

桨声灯影秦淮梦，虎踞龙盘帝王州

一园山水游，一程江南梦。无论走到哪里，最难舍的还是江南小娘子烟雨朦胧中的婉约灵秀。在吴越的行走课堂里，我们走得婉约却庄严。狮子山巅阅江楼，明末文人骚客的瑰宝装饰出皇室的尊贵。漫步桨声灯影里的秦淮河，听诗词歌赋、流水潺潺。太湖鼋头渚，学徐霞客用双脚丈量人生。"无锡锡山山无锡"，惠山古镇里只听得阵阵蝉鸣。寒山寺外的钟声最衬禅院的清净，留园里的亭台楼阁恰如含情的小家碧玉。柔情似水的吴越，不失男儿血性，历史让这座城有了肃穆的灰色。南京大屠杀遇难同胞纪念馆里，屈死的灵魂在呐喊呻吟；中山陵前，革命的鲜血映入眼帘；总统府里，历史书上的白纸黑字，鲜活有力。吴国的崛起、吴都的迷思、吴国的兴衰、吴越恩怨、与吴国有关的典故成语、吴地风貌、吴侬软语等七大谜团的答案，在一步一眸一声响间浮出水面。

乌衣巷口夕阳斜，正如在肃穆中沉思的学生所说：

"参观纪念馆后，李秀英奶奶的一句话'我们要记住那段历史，但不要记住仇恨'一直映在我的脑海里。我们要防止悲剧再次发生，也不能将战争武器指向任何一个爱好和平的国家和民族。

"在这次行走中，我被气势磅礴、庄严肃穆的中山陵所震撼；被湖面两岸霓虹灯映照下如胭脂般妩媚、管弦悠扬的秦淮河所吸引；被气势雄伟，水天一色的太湖鼋头渚所感动……当然还有许许多多，我感受到了江苏不同于书本中的另一番风韵。

"太湖的湖光山色让我感到心旷神怡。但是水面上不时漂浮着的蓝藻让我惊醒，我们在高速发展的过程中丢失了对自然的崇敬。还自然一片青山绿水的路还很长很长，我们所要敬仰的还有很多很多。

"源远流长的灿烂中华文明等着我们去探索，去传承，去发扬。我们要做的，不只是从课本中去汲取知识养分，更要在行走中，去体验，去感悟，学会如何独立生活,学会如何成就人生。"

◎ 我有一个青色的相好,她的乳名唤徽州

一生痴绝处,无梦到徽州

物华天宝,人杰地灵,风光旖旎,文化昌盛。徽州是一个花上四五天时间就能走进你心底的地方。徽商、徽菜、徽派建筑、徽州艺术,都是她的个性标签。在去往徽州的行走课堂里,我们从徽州古城走到皖南古村落,走一趟宏村懂水,走一趟呈坎知人,再逛到山水画廊,不知是我在看画,还是画里有我。"青砖小瓦马头墙,回廊挂落花格窗",在马头墙下看人来人往,在万金梁下叹世事沧桑。巷子里是徽砚的墨香,尝一口亲手做的徽墨酥才算不枉此行。与学者谈谈古诗词,问一问大家科举制的变迁,思考徽商在近代中国经济发展中的作用、皖南低山丘陵地区可持续发展的问题与对策、古村落的风水学等。

梦里寻她千百度,正如寻梦的孩子们所说:

"这些带有地方特色的建筑不仅是人们对于风水的研究,也是人们对于儒家思想的尊重,这才使得徽派建筑带上了宗教信仰的色彩和浓厚的徽州文化特色,才使徽派建筑有了独特的美。

"每一个古老的地方都会有值得我们了解的地方,我们应该试着去接受它们,体会它们,保护它们。

"一系列的人文景致,一系列的民俗风情,仍然生活在现实之中,仍然厮磨于平常百姓人家,与现代都市风情形成强烈的对比。

"每个人都应有自己的信仰。如果,到目前还没有确定的话,就努力去寻找,它不在于发现得早,而在于坚持得久。

"文化在行走中弥漫、思想在碰撞中激发。粉墙、黛瓦、马头墙,文房四宝、徽州四雕、朱熹、戴震、胡适……带给我们太多的徽州印记,我们期待下次再出发。"

◎ 我有一个相知的故人,她是海峡这一边的闽南

　　　八闽名胜无双地,四海人文第一邦

红砖大厝,南洋骑楼,泉州自古繁华;海滨邹鲁,文化荟萃,闽南礼乐昌盛。短短几天时间,走不遍闽南大地,但深深印在你脑海里的绝不只是那腔韵十足的闽南方言。在闽南的行走课堂里,我们在泉州老城区里留下一个个脚印,在城外的洛阳桥上,看"潮来直涌千寻雪,日落斜横百丈虹";晋江深沪湾古森林遗迹里的寻宝之旅,是一堂有故事的地理课;蔡氏古名居里,我们眼里倒映的是千百年前的富贵堂皇与大家风范,闽南大厝的庄严在一砖一瓦的缝隙里。"涨海声中万国商,潮去滩后千侨邦。"她缘起丝绸之路,深藏海洋文化,是世界侨乡,故有佛国之称,宗教文化灿烂如火,听她说中华文明的兼容并包与和谐共生。在最美校园里,"一带一路"倡议下,闽南地区的机遇与挑战,让同学们细细沉思。

"知之愈明,则行之愈笃;行之愈笃,则知之益明。"知行合一的他们说:

"初入眼帘的便是那彰显泉州久远海洋文化的双桅船,似一只末世荒域的鹰,停栖之地虽不如旧,却仍坚守一方,为其互行。

"初见古民居,是那满眼的红,红砖地、红砖墙,雅而不艳,古朴而静谧。这些民居座座屋脊高翘,雕梁画栋。窗棂镂花刻鸟,凤栖于上,以显昌荣。

"立在沙滩上,海风会热烈地扑向你,和你抱个满怀。手捧椰子,发丝飞舞,眺望远处的泉州港区,耳边是老师和学生对古气候、古生物的叙述与交流,我们沉醉在迷人的海景与身临其境的课堂里……

"我们正年轻,更应该听风看海,踏浪前行。走在闽南的街巷上,你能感觉到她在向你讲述一个千年之前的故事,一个没有讲完的美丽传奇……"

◎ 我有一个金色的恋人,她是灿烂的敦煌

　　　千年敦煌扬华夏,古陇丝路拓亚欧

梦里身回云阙,觉来泪满天涯。母亲河旁,大梦敦煌,华夏之魂驻山

河。炎黄子孙若有梦，不是在敦煌，就是在去敦煌的路上。半个月的时光在敦煌，如沙过隙，如梦一场。在敦煌的行走课堂里，秦岭向西，植被渐疏，是河陇大地先民的智慧。羊皮筏子中山桥，黄水水岸浪滔滔，蓝天、微风、白塔旁，是一条河、一碗面、一本书与一座城。河西走廊、张掖丹霞，艳阳下如火的骄傲，只有干裂的嘴唇能够真正感受。昔日"东方"上太空，今日酒泉升"神舟"，大漠无痕，岁月有声，中国梦、航天梦在这里被点燃。巍巍长城、嘉峪关外，马蹄声不绝于耳，历史的血泪让人高昂起头颅。玉门关外，黑戈壁上的雅丹，弥漫的风沙是无声的叹息。莫高窟、鎏金顶，神秘的面纱下洋溢着千百年淡淡的悲伤，那是中国佛教艺术最璀璨的时代，如今，它已超越了艺术与宗教，成为一种圣洁的沉淀，一种永久的向往。轰隆轰隆的绿皮火车上，不知是在梦里还是在梦外，耳边响起的是关于"西北边塞诗歌的自然环境印记""偏远地区城市品牌营销""一带一路与西北的开放开发""祁连山生态环境危机警示探究"等话题的讨论声……

轻轻地走，轻轻地来，轻轻地招手，正如惜别的他们所说：

"走一路，想一路。从前我也走过一些地方，但从未在行走中想过这么多。当书本照映到现实，那样惊喜。一次次与老师的交流都收获良多。不曾想到，我们可以像朋友一样，畅谈文学，接受知识，也偶尔地开开玩笑。

"车行在马路上，山在前方稳稳地坐着，路灯被点亮了，一丝兰州的味道涌上心头，风吹得不算猛烈，天黑得也不算彻底，心中不时有一颗小火苗，并非弱不禁风，忽明忽暗的，愈来愈鲜明，有色有声。某种声音在唤醒着我。

"在那一柄如意状的地方，曾经有一队旅人，在丝路上寻梦，满载一船星辉……

"难忘色如渥丹，灿若明霞；难忘大漠孤烟，长河落日；难忘一座石窟，一个世界，一孔洞穴，一截历史。更难忘一路同行互帮互助的点点滴滴；手持四中校旗，作为一个四中人油然而生的自豪感；兰州大学认真汇报总结又施展才艺的同学们……"

如梦方醒,我的记忆里还飘荡着华夏土地的艳丽身姿,久久挥之不去。万里山河,且让我们轰轰烈烈爱一场。

万千荣誉不如春风里的你

当代文化行走课程,七大主题,长中短十余条路线,八百多人次参加,数百万字的考察日志、研究报告,三本学生专题作品集结成册⋯⋯

《光明日报》《中国教育报》《宁波日报》《钱江晚报》、中央电视台中学生频道、国务院官网、教育部官网、人民网等主流媒体纷纷报道⋯⋯

社会实践优秀成果,"走出去的课堂"体系,宁波教育的响亮品牌⋯⋯

万千荣誉加身的"行走课堂"是四中人的骄傲,可是皇冠再高,星辰再耀,不如春风里的你,在行走中追逐的你,在行走中高歌的你,在行走中收获的你。

愿每一个四中人,都有一个在文化中行走的灵魂。

注:此文发表于全国中文核心期刊《语文学习》,2018年第4期,第34—38页。

以"具身德育"促进知行合一
——浙江省宁波市第四中学"具身德育"的实践探索

摘要 基于"具身"理念,浙江省宁波市第四中学创新德育管理模式,取消行政班班主任,为学生的全面、个性发展提供了有力保障。学校积极拓展德育的实践路径,以劳动实践为支点整合校内外资源,构建系统的德育课程和活动,并开发覆盖全员的短线、中线、长线研学旅行路线,促进知行合一,实现了不"唯分数"而赢得分数,撬动了学校教育质量的整体提升。

关键词 具身德育;全员导师制;劳动实践;情景育人;研学旅行

宁波市第四中学是浙江省现代化学校、一级特色示范高中,是一所具有178年悠久历史的学校。近年来,学校不断优化办学条件,开展教学改革,提高办学水平。围绕"办好人民满意教育"的方针,以"具身德育"为抓手,加快改革步伐,学校教育质量实现了巨大的提升。

中国教科院孟万金教授在深入系统总结古今中外德育经验教训,吸收具身认知观的基础上,率先提出了"具身德育"(Embodied Moral Education)理念。"具身德育"简言之就是基于具身认知科学的德育,抑或建立在具身认知理论基础之上的德育。"具身德育"主张"德之根在心,人之本在劳,二者合起来即立德树人的根本"。[1] "具身德育"的最大创新就是将道德教育与品德教育有机统一,即通过身体活动与情景的交互作用实现社会道德与个体品德的有机统一,破解了立德树人的难题,为"知行合一"提供科学机制。[2]

一、全员导师:创新"具身德育"管理模式

2014 年,宁波四中取消了行政班班主任,开始了"全员成长导师制"的探索。在"全员成长导师制"下,宁波四中充分发挥教师在教育、教学全过程中的主导作用,深入学生心灵深处,对学生实施亲情化、个性化教育,满足学生个性化发展需求。

宁波四中在各个年级建立学部,由校长室任命学部主任,学部主任下辖四位首席导师,首导工作既合作又分工,分设为行政首导、教学首导、德育首导、生活首导,首导还需分管包括自己在内的三个班级的九位导师。这样,各个学部组建了由学部主任和首导组成的五人领导小组,成为学部工作的核心团队,而每个班级又由三位导师组成一个导师团队,全面负责学生的德育教学、生活等组织管理工作,构建了德育管理的"具身"网络体系,为学生的全面个性发展提供了有力的保障。八年的实践,"全员成长导师制"为宁波四中教育教学注入了活力。具体来看,变化体现在以下三个方面。

一是学校的教育教学质量进一步提升。一个导师与十余位学生组成命运共同体,导师对学生的关注、个性化指导更多,在学生的生涯指导、选课指导、心理疏导上发挥切实的作用。与原班主任制相比,导师制下,由于受导学生人数的减少,教育的针对性明显增强,教育质量也大幅提升。班级之间、学生个体之间,学业水平呈整体上升且个体差距缩小的趋势,明显的差生、差班已不复存在，宁波四中朝着教育均等化踏踏实实迈出了一大步。

二是师生关系更和谐了。过去，班主任给学生的印象是"怕"，而现在的导师给学生的感觉是"亲"。因为导师面对十几个学生，有更多时间和精力接触学生，与学生深度沟通，悉心指导。再加上通过导师活动日的开展，极大地拉近了师生之间的距离，学生很快适应并喜欢上了"导师制"模式，他们愿意将自己内心的想法与导师沟通，也乐于听从导师的建议和要求，德育效果更加显著。

三是家校沟通更顺畅了。导师制实施后，教师的家访也相对轻松了，一般每位导师每学期可以根据需要对学生进行遍访。不仅如此，跟家长的交流互动也更频繁，更言之有物了。同时，导师召开的个性家长会针对性也更强，家校沟通更充分有效。

这种全员育人的具身德育模式，体现的是四中教师最朴素的育人信仰，展现了四中人在育人模式的改革与创新上的极大诚意。

二、劳动实践：筑牢"具身德育"坚实根基

1969 年，为了响应学工学农的号召，宁波四中与宁波市天童林场携手共建盘山林场。在那个年代，四中人分批上山，一住就是一两个月，在艰苦的环境中开垦荒地，植树造林，背运木材，并坚持文化课学习。50 余载春秋，一代又一代的四中师生在盘山上用勤勉坚守的意志绿化了盘山。"十年树木，百年树人"，传承了半个世纪的盘山劳动精神成为了宁波四中极为宝贵的精神财富。

如今，拥有万亩专属劳动实践基地的宁波四中，每年组织 500 多名师生上盘山参加劳动实践。劳动实践活动开始前，带队导师会对同学们进行劳动纪律、劳动任务、劳动安全、劳动团建与劳动评价等方面的专题培训。沿着四中前辈的足迹徒步攀登崎岖泥泞的山路后，学生在林场工人的指导下，参观前辈劳动、学习的场所，参观盘山劳动实践教育展览馆；然后开展林场基本劳动技能的学习与实践，包括林木识别、林木种植、林木修剪、林

木搬运及林间土地管理、生物标本制作等。劳动实践课程完成后,带队导师会结合学生综合表现对其进行考核评价。盘山劳动实践是宁波四中综合实践课程的重要组成部分,是每一位四中学子的实践必修课程,完成盘山劳动实践课程的学生将会被授予相应的学分。

宁波四中与宁波市盘山林场风雨共建53年,现在的盘山林场,漫山遍野都是四中学子种植的金钱松、金丝楠木、红豆杉……至今,已有约1.6万名宁波四中的学生参加盘山劳动,植树造林约420亩,搬运清理林木枝柴约7万斤。53年来,宁波四中盘山劳动教育从劳动体验,到劳动锻炼,再到劳动育人,由外而内,由身及心,传承并诠释着劳动的价值与意义。

宁波四中以盘山劳动为支点,以点带面,不断丰富和优化劳动教育的内涵,整合校内校外资源,逐步形成系统化的劳动教育架构。

在家庭层面,宁波四中倡导学生参与"扫一屋"等五类家庭家务劳动活动,建立多种形式的劳动督察和评价机制。基于学生未来发展,学校还充分发挥四中独有的成长导师制优势,把劳动教育与自主自立教育、家风家训教育等多项德育活动结合起来,形成立体的"具身德育"教育体系。

在学校层面,宁波四中建立了"菁菁苑"校内劳动教育实践基地。"菁菁苑"是学校整合有限的空间资源,开辟出的一块农业体验园地。在班级导师的指导下,每个班级的同学负责一块园地,在钢筋水泥的城市丛林中做一群快乐的"农夫"。此外,宁波四中还积极组织学生进行垃圾分类、值周管理、志愿者义工劳动等等。

在社会层面,宁波四中继续深化盘山劳动教育活动,与街道社区、企业公司、工厂农场、群团组织等合作,搭建更多的劳动实践平台,让更多的学生参与到公益劳动和志愿服务中来。近几年来,学校还探索了以知促行、知行合一的立体式学习方式,通过全员参与的短线、中线、长线的研学旅行,强化"盘山精神",筑牢"具身德育"坚实根基。

三、"三礼"课程:丰富"具身德育"文化内涵

宁波四中"三礼"课程分为三个维度:明礼、学礼、行礼。

明礼，蒙以养正。"礼"在中国古代社会，既是维护社会规范和统治秩序的政治准绳，又是规范人们言行的道德标准。《周易》提出了"蒙以养正"的思想，孩童自幼读书，皆以伦理教育为主，必修长幼尊卑等礼仪常识，现代学校德育更当以明礼为先。此明礼意者三：一则明晓"礼"之意蕴，即知礼、懂礼；二则明辨"礼"之良劣，即析礼；三则明彰"礼"之德功，即劝礼。

学礼，润物无声。明礼只是德育实践的基础和前提，"礼"之习得才是学校德育实践的重要任务。孔子云："不学礼，无以立。"学礼不同于科学文化知识的学习，它没有具体的学习方法和统一的学习标准，也没有量化考核的办法。学礼，由个人仪容、仪表、仪态的规范，到家庭的孝悌尊卑的规矩，再到社会群体千百年来约定俗成的规则，由"仪"而"礼"，由外而内，以己及人。学礼，不是一蹴而就的，而是长期坚持的；不是单打独斗的，而是团体协作的；不是阶段式的，而是渐染式的。宁波四中的"三礼"课程是系统性的，既有课堂教学的学科渗透，也有研学旅行的文化熏陶；既有德育公开课、"校园之星"评选、校园艺术节等德育活动的引领，也有家长、教师、社会人员的认可与参与。

行礼，顺理应物。行礼，即通过德育专题教育活动，达到"礼"的要求；通过具体的德育活动，践行"礼"的主张。宁波四中"三礼"课程中渗透"礼"的德育活动主要有三个：向青春致敬——学生十八岁"成人礼"；向劳动致敬——盘山劳动礼；向国旗致敬——以"国旗下讲话"为蓝本的升国旗礼。

宁波四中通过各种"具身德育"实践活动，如仪式感教育，激发和培育学生的道德情感，并推动其转化为实际行动，最终内化为学生的生命品质，让学生的道德认知转化为道德行动，做到知行合一。"发乎情，止乎礼"，"礼"是对学生行为的规范与节制，这种节制不同于传统德育规范的刚性压制，而是使情性归于中正平和的柔性引导，让德育工作更为合情合理。

四、研学旅行：拓展"具身德育"实践路径

"知是行之始，行是知之成。""具身德育"就是身心互动、内外呼应、行知合一、体用不二的道德践履的体知过程。要做到行知合一，关键是将

"体"置身于社会环境、自然环境之中，将"行"落到实处，去体验、体察各种生活场景与自然生态，去体认、体证、体究现象下的本质，从而体知、体会、体悟某些内涵与原理，在这过程中产生体贴、体恤之情。体现知、情、行的结合。

自2011年开设研学旅行实践课程以来，宁波四中师生的研学足迹遍及大江南北，开发了以慈孝文化、孔文化等为代表的短线课程体系；以吴越文化、徽文化、赣鄱文化等为代表的中线课程体系；以敦煌文化、秦汉唐文化、燕赵文化、楚文化、岭南文化等为代表的长线课程体系。近年来，宁波四中的研学旅行实践课程体系逐渐完备。

"重在行前"是宁波四中研学旅行课程的一大特色。学校通过招聘，组建由相关学科骨干教师组成的研学课程开发团队，确定当年的研学线路，选择与考察地密切关联的学科小课题作为研学任务。学校让具备一定能力的同学参加行前测试，选拔学有余力的同学参与知识拓展类选修课程。学校还会邀请校内外相关专家开设文化讲座，在行前，就让同学们了解背景知识、确定研究课题。开始研学课程后，同学们带着确定的研究课题，在研学实践中分组开展探究性学习，并以研究报告、考察体会、考察日志等不同类型的作品形式呈现。

宁波四中的研学旅行课程，有七大主题，长、中、短十余条路线，数千人次参加，数百万字的考察日志、研究报告，11本校本教材，4部学生专题作品集结成册，3本相关专著出版……研学旅行课程大大拓展了"具身德育"的实践路径，成为宁波四中的一大办学品牌，更是宁波教育响亮的名片。

教育质量的提升绝不是靠延长教学时间、提高学习强度、挤压学生活动时间压出来的；相反，这个提高是"放"出来的。追求学生的优异成绩固然重要，但更重要的是要看分数是怎么得来的，即"不唯分数，赢得分数"。"具身德育"是宁波四中教育质量提升的法宝。深入推行全员育人导师制，教学相长；一如既往坚持劳动实践教育，育人不倦；注重学生礼仪素养的培养，文化领航；全面开展研学旅行活动，知行合一。正是这些"诗外功夫"，激发了老师和学生的潜力,释放了学校活力。学生有了学习兴趣,提高了学习效率,增强了自信心,好的成绩、素养、品性、习惯也就水到渠成了。

[1][2] 孟万金.具身德育:背景、内涵、创新——一论新时代具身德育[J].中国特殊教育,2017(11):69—73。

注:此文发表于《中小学校长》,2022年第8期(总期第292期),第33—35页。

第三部分

探路学科核心素养的培养

第一章　核心素养和学科核心素养概述

第一节　培养学科核心素养的缘由

随着世界多极化、经济全球化、文化多样化、社会信息化深入发展,各国都在思考21世纪的学生应具备哪些核心素养才能成功适应未来社会这一前瞻性战略问题,核心素养研究浪潮席卷全球。

时至今日,"知识核心时代"已逐渐走向"核心素养时代",教育教学的任务绝不再是"灌输知识",而是给学生的未来发展提供核心素养。教育改革需要从每一个学生做起,从每一个班级做起,从每一个学校做起,从每一个学科做起。当新的教育大环境得到实现,培养核心素养的理念渐渐成为信念,社会主义核心素养的培育就得到了切实的落实。

高中核心素养的提出,是教育领域培养学生社会主义核心价值观的一个重要举措,其背后的理论价值远远高于其具体指标。我们应站在战略的高度来看待学生核心素养的培养问题,并把学生的核心素养问题放到时代发展的大背景中进行研究,具体而言,核心素养研究的重要性包含以下几点。

首先,核心素养的提出是党和国家对每个公民的要求。党的十八大报告指出,要倡导富强、民主、文明、和谐,倡导自由、平等、公正、法治,倡导爱国、敬业、诚信、友善,积极培育和践行社会主义核心价值观。"富强、民主、文明、和谐"是国家层面的价值目标,"自由、平等、公正、法治"是社会层面的价值取向,"爱国、敬业、诚信、友善"是公民个人层面的价值准则,这24个字是社会主义核心价值观的基本内容。社会主义核心价值观是社会主义核心价值体系的内核，体现社会主义核心价值体系的根本性质和基本特征，反映社会主义核心价值体系的丰富内涵和实践要求，是社会主义核心价值体系的高度凝练和集中表达，是当代中国全体人民的价值追求。

其次，培养学生的学科核心素养是全面贯彻党的教育方针，落实立德树人根本任务的迫切需要。习近平总书记在党的二十大报告中提出教育、科技、人才是全面建设社会主义现代化国家的基础性、战略性支撑。必须坚持科技是第一生产力、人才是第一资源、创新是第一动力，深入实施科教兴国战略、人才强国战略、创新驱动发展战略，开辟发展新领域新赛道，不断塑造发展新动能新优势。党的教育方针从宏观层面规定了教育的培养目标，对于我国的人才培养具有全局性的指导意义。把党的教育方针具体化、细化，转化为学生应该具备的核心素养，更有利于其在具体的教育教学过程中被贯彻落实。研制中国学生发展核心素养体系，根本出发点是全面贯彻党的教育方针，践行社会主义核心价值观，落实立德树人根本任务，突出强调学生的社会责任感、创新精神和实践能力，促进学生全面发展，使之成为中国特色社会主义的合格建设者和可靠接班人。党的教育方针从宏观层面明确了我国教育的培养目标，即"培养德智体美劳全面发展的社会主义建设者和接班人"。要把立德树人作为教育的根本任务，加强社会主义核心价值体系教育，完善中华优秀传统文化教育，形成爱学习、爱劳动、爱祖国活动的有效形式和长效机制，增强学生社会责任感、创新精神、实践能力。这些教育方针政策对人才培养起到重要的指导作用。

上述不断发展和完善的教育方针政策是宏观的教育目标，要落实到具体教育教学过程中，需要将它们进一步具体化和系统化，转化为学生应该具备的、适应终身发展和社会发展需求的核心素养，进而贯穿到各个学段，融合到各学科，最后体现在学生身上。党的教育方针需要通过核心素养体系这个桥梁，转化为教育教学实践中可用的、教师和教育工作者可以感知的具体教育目标。

此外,还应该看到,随着时代变迁和社会发展,"德智体美劳全面发展"的内涵也在发生变化。教育工作者要更加准确地理解和解读党的教育方针,结合我国国情和当今时代特点,根据学生的成长规律和社会对人才的需求,把学生全面发展这一教育目标细化,构建一套科学的、有中国特色的学生核心素养体系,从而深入地回答"培养什么人"的问题。

最后,培养学生的核心素养是新课程改革的必然趋势。在新一轮基础教育课程改革中,核心素养已经成为了一个热词、一个课程改革中不能绕过的话题。对学生核心素养的培育,成为了当前教育教学的重点。因为教育不仅仅是为了教会学生课本知识,更是为了教化育人,教会学生如何做人,如何做一个能为社会做出更大贡献的人。或者说,没有核心素养,教育的改革就缺少了精气神,缺少了灵魂。

当前我们最需要的,是加强核心素养的综合性研究。在汲取国外相关理念和经验的同时,更要自主创新,结合我们自己的国情、校情,了解哪些素养是我们需要特别关注的,哪些素养是学生必须具备的,边借鉴边学习,边研究边创新,使之落地生根,努力让核心素养研究更加具体化、专业化、综合化及本土化。学校应当有自己的表达,发出自己的声音,与中国表达相呼应,形成中国课改、教改的生动气象。目前学校的当务之急,就是寻找使核心素养落地的力量。这就意味着,核心素养之于学校的主要任务是"转化"。所谓转化,是指应以核心素养统领、引领、深领学校课程改革与建设,以培养核心素养为导向推动课改的深入。统领——所有课程都要以核心素养为目标、为依据,核心素养指向国家课程,更指向校本课程;引领——引领课改的方向,端正课改的价值,以课改推动学校教育的转向;深领——要以核心素养为目标、为依据进行深度反思,研究并逐步解决课改中的深层次问题,从形式走向本质,从方法走向理念,将"人"永远置于课程的中心。

课程是教育思想、教育目标和教育内容的主要载体,是学校教育教学活动的基本依据。2001年启动的新课程改革,从"双基"走向"三维目标",

当今的教育改革从"三维目标"走向"核心素养"。可以说,核心素养引领着当前深化课程改革的脚步。当然,核心素养的提出,与"双基"和三维目标有着密切的联系。

"双基"是外在的,主要是从学科的视角来刻画课程与教学的内容和要求。三维目标是由外在走向内在的中间环节,而素养则是内在的,是从人的视角来界定课程与教学的内容和要求。从"双基"到三维目标再到核心素养,其变迁基本上体现了从学科本位到以人为本的转变。国际上有学者在研究中分析了核心素养与特质、知识、技能、情感、态度之间的关系,指出核心素养是知识、技能、能力在相关工作领域与个体特质相互作用的结果,是个体学习经验的整合,并通过一定的方式表现出来。在这一过程中,个体的特质属于最基础的层面,个体特质通过学习过程中已经习得的知识、技能和能力等认知成分的相互作用,方能形成一种整合的素养。

核心素养从全面发展的人的角度,提出教育目标的具体任务和领域,它的确立将深化课程改革向"以人为本"推进。因此,基于核心素养的课程改革,有助于实现课程从"以学科为中心"向"以学生全面发展为中心"的转变。

面对日趋激烈的国际竞争,我国要深入实施人才强国战略,提升国家教育国际竞争力,也必须解决培养核心素养这一关键问题。从宏观核心素养提出到微观学科核心素养的研究是课程改革深入推进的必然选择。

总之,在价值定位方面,核心素养是党的教育方针的具体化,是连接宏观教育理念、培养目标与具体教育教学实践的中间环节。党的教育方针通过核心素养这一桥梁,可以转化为教育教学实践可用的、教育工作者易于理解的具体要求,明确学生应具备的必备品格和关键能力,从中观层面深入回答"立什么德、树什么人"的根本问题,引领课程改革和育人模式变革。在课程改革中,我们提出课程目标的三个维度:知识与技能、过程与方法和情感、态度与价值观。现在又提出核心素养体系,它同这三个维度是怎样的关系?在新一轮高中课程标准制定过程中,在未来的课程改革、教材编写和教学变革当中,核心素养具有怎么样的地位？这些问题亟待在日后的研究中进一步解决。

在目前提出学生发展核心素养,其指向至少包括三个方面:首先是在全球化、信息化的大背景下,我们究竟要培养什么样的人,这是全球这么多国家普遍重视学生核心素养发展的一个根本原因;其次,贯彻党和国家的教育方针,落实立德树人根本任务,以此来纠正基础教育依然存在的一些明显问题,如学生的社会责任感、创新精神和实践能力不足等;第三,从20世纪末以来,尽管我国持续推进的课程改革取得了突出的成就,但依然面临亟待解决的问题。要通过基础教育课程改革,真正实现由传统的以学科知识传授为导向的课程和教学方式转向以促进学生全面发展为导向的课程和教学方式,重视学科核心素养的培养,是一个正确的方向和途径。

第二节 核心素养的概念

近几年来,在教育实践和教育研究领域,核心素养成为非常时髦的一个热词,谈论教育问题时如果不涉及核心素养,似乎有落后之嫌。但是对于核心素养这一概念的内涵与外延,各家的看法并不相同,众说纷纭,莫衷一是。滥用、泛用该词的现象比比皆是,随意性很强,乱象迭出。对此概念进行梳理,正本清源,很有必要。

素养是指一个人的修养,与素质同义。从广义上讲,它包括道德品质、言行举止、知识水平与能力才干等各个方面。核心素养是指那些关键的、不可或缺的品质、能力、才干及精神面貌。今天我们谈核心素养,还需要考虑两个针对性,一个是针对时代的需求,一个是针对现代年轻人的特点。

核心素养是学生在接受相应学段的教育过程中,逐步形成的适应个人终身发展和社会发展需要的必备品格和关键能力。它应该包含六个方面。

1. 核心素养是所有学生应具有的最关键、最必要的基础素养；
2. 核心素养是知识、能力和态度等的综合表现；
3. 核心素养可以通过接受教育来形成和发展；
4. 核心素养具有发展连续性和阶段性；
5. 核心素养兼具个人价值和社会价值；
6. 学生发展核心素养的过程是一个体系，其作用具有整合性。未来基础教育的顶层理念就是强化学生的核心素养。

《中国学生发展核心素养》对"学生发展核心素养"的解释为："学生发展核心素养，主要指学生应具备的，能够适应终身发展和社会发展需要的必备品格和关键能力。"具体来说，核心素养是关于学生知识、技能、情感、态度、价值观等多方面要求的综合表现；是每一名学生获得成功生活、适应个人终身发展和社会发展都需要的、不可或缺的共同素养；其发展是一个持续终身的过程，可教可学，最初在家庭和学校中培养，随后在一生中不断完善。

核心素养仅从字面上理解并不难，难就难在要从现实意义上来理解。那么，核心素养与素质教育、基础教育课程改革有什么关系呢？这就成为首先需要厘清的问题。

20世纪90年代，中央文件中正式使用"素质教育"概念。1999年6月第三次全国教育工作会议指出要深化教育改革，全面推进素质教育，振兴教育事业。2001年开始，在国务院的直接领导下，教育部启动了新一轮基础教育课程改革，旨在建立符合素质教育要求的基础教育课程教材体系，以课程改革为核心带动人才培养环节的一系列变革。

2014年3月，核心素养首次出现在《教育部关于全面深化课程改革落实立德树人根本任务的意见》中，并被置于深化课程改革、落实立德树人根本任务的首要位置。2016年9月，中国学生发展核心素养研究成果正式发布，研究以培养"全面发展的人"为核心，将中国学生发展核心素养分为文化基础、自主发展、社会参与三个方面,综合表现为人文底蕴、科学精神、学会学习、健康生活、责任担当、实践创新六大素养,具体细化为国家认同等十八个基本要点。根据这一总体框架,可针对学生年龄特点进一步提出各学段学生的具体表现要求。核心素养总体框架引发了社会高度关注,也拉开了教育教学改革的序幕。由此可见,从素质教育到课程改革,再到深化课改的核心素养,环环相扣,一脉相承的是国家对"培养什么样的人,怎样培养人"的教育改革的顶层设计。

在此基础上,我们也有必要搞清楚学科核心素养的内涵与外延。

第一,核心素养和学科总目标的关系问题。自2014年教育部正式启动对2003年印发的普通高中课程标准实验稿的修订工作,为从知识教学到核心素养培养搭建桥梁。这意味着在核心素养培养的背景下,仅仅是改革学科的知识内容是不够的,还应该有一个非常清晰的逻辑来指引我们理解为什么要选择这一知识、为什么要用这种方式呈现这一知识。

第二,学科核心素养的确定和命名问题。现在很多老师已经明晰了学科核心素养的基本概念,但是如何将这一"属"概念具体到各个学科的"种"课程里,从而实现核心素养的跨学科培养,是一个值得思考的问题。

第三,学科核心素养的界定问题。要对核心素养的整个内容做界定,就要对学生的表现做整体等级划分的描述。这是一件很难的事情,我国在这方面的研究是很薄弱的。今后,我们需要更多的专家在这方面做一些更深入的研究。

通过上述对学科核心素养概念的论述,我们可以对核心素养的概念从总体上作一概括,那就是:其一,学生发展核心素养是一个完整的结构,是具有方向性、理念性、价值性、落实性的,是对培养"全面发展的人"这一目的召唤,因而它是一个召唤性结构。其二,学生发展核心素养的根本任务是落实立德树人的根本宗旨,探索、建构具有中国特色的立德树人的育人模式。其三,学生发展核心素养体系根植于中华优秀传统文化的土壤中,又面向现代、面向世界、面向未来;既具有中国文化底蕴,又具有时代特点,两者彼此融合、互动、支撑。

从内容上来看,学科核心素养包括以下五方面内容。

一是信息素养。信息素养是学生在网络时代应掌握的基本能力,是人们对信息的获取、加工、利用、创造的能力。在信息爆炸的今天,尤其要重视对信息的选择、加工与交流,要培养学生利用网络进行学习的意识。

二是思维素养。如何对学生进行系统的思维训练,是长期以来被忽视的一个问题。我们要培养年轻人三种主要的思维能力:一种是逻辑思维能力,逻辑思维是科学思维和批判性思维的基础,它强调严格的推理和论证。一种是形象思维能力,这是非逻辑思维的一种,类似的还有直觉思维、灵感和顿悟等。这种思维能力虽然不像逻辑思维那样严谨,但容易激发创意。最后一种是创新思维能力,创新思维是逻辑思维与非逻辑思维的有机组合。一般在创意的萌芽阶段,多采用非逻辑思维;在创意的完善阶段,应采用逻辑思维。创新思维有助于打破心智枷锁,获得突破性解决方案。

三是人文素养。未来的社会一定会向着更加文明的方向发展,因此,教育的目标就是要培养现代公民。其中民主与法制意识、人人平等意识、正义感等素养尤为重要。当然还应包括诚信、礼貌等基本素养。

四是专业素养。专业素养主要指人人都应该有一技之长,这契合了社会分工的需要,未来的社会分工只会越来越细,因而也越来越强调分工与协作。因此,每个人都应该是独特的人,都有自己的一技之长,拥有各种专长的人有机组合在一起,才能完成各种复杂的任务。

五是身心素养。健康的身体、积极的心态、平衡的情感对现代人尤为重要,这一素养直接影响到一个人一生的成败。

学生发展核心素养是一个比较现代化的词汇,但其蕴含的思想却由来已久,教育应该"培养什么样的人"的问题,一直都是教育家、哲学家探讨的核心。

第三节 核心素养的形成过程

为了更好地理解核心素养的意义,我们有必要回顾一下核心素养概念形成的过程。早在两千多年前的西方,苏格拉底便教育人们要努力成为有德行的人。"美德即知识"是苏格拉底伦理学最重要的命题。到后来,无论是柏拉图还是亚里士多德,或是古罗马哲学家西塞罗,都提出公民必须拥有的几种主要德性,如正义、智慧、勇敢、懂得节制等,由此构成古典理论下的公民素养。同时,亚里士多德希望城邦公民也要具有公民参与的精神。在我国,以孔子为代表的思想家们也很早就围绕健全人格进行了思考,将其归纳为"内圣外王"的传统人才观,认为人最重要的是德行修养;南宋著名理学家朱熹主张教育的目的在于"明人伦",主张自幼就需教育学生"洒扫、应对、进退之节,礼乐、射御、书数之文",并强调"立志""居敬""存养""省察""力行"的人才培养方法和途径。无论是西方还是东方,在传统的人才标准中,人们都将高尚的道德品性列为第一位,而这些德性品质也正体现了先哲们对人才培养内涵的理解。

伴随着工业革命和工业社会的到来,人们普遍加强了对专门行业技能及职业需求导向的关键能力的重视。于是,以"能力"为中心,20世纪不同学科取向下的研究者对素养的概念内涵进行了新的思考与分析,使其变得更加丰富。皮亚杰在发展科学领域将能力解释为一般智力,它通过同化和顺应双向建构过程实现个体与环境的交互作用;诺姆·乔姆斯基在能力—表现模型中提出了"与生俱来的语言能力"的观点;加德纳提出的多元智能理论,将智力分为九种智能,为我们理解能力或素养的概念提供了新视角;斯宾塞等人提出的素质"冰山模型"认为人的能力包含外显表现,也包含潜在特质，而后者具有跨领域性。总之，基于工业社会的需求，以"能力"为中心的素养被广泛研究和讨论，但人们对人才观的理解还主要停留在智能层面，没有全面考虑到人的健全发展所需的情感、态度和价值观等层面。

随着全球化、信息化的脚步越来越快，为了适应复杂多变与快速变迁的信息化时代的多元需求，传统的能力、技能、智能等概念已经不再适用。人们对这些概念的内涵进行了扩展与升级，提出了同时包括知识、能力与态度、价值观的素养概念，并从关键或核心的角度加强了论证，强调核心素养才是培养能自我实现与促进社会和谐发展的高素质国民与世界公民的基础。在联合国教科文组织、欧盟、经济合作与发展组织等国际组织的影响下，核心素养受到世界各国重视并被作为教育改革与课程改革的核心。

纵观核心素养发展的不同阶段可以看出，核心素养概念的演变与人类进步和社会发展密切相关，是社会生产力与生产方式发展变化的产物。不同历史时期人们所持的不同理解，反映的都是当时社会发展的需求，是当时的人们对教育应"培养什么样的人"这一问题的回答。在以农业经济形态为主导的古代社会背景下，人才的培养重视道德品性；在以工业经济形态为主导的现代社会背景下，人才的培养重视能力本位；而在以信息经济、低碳经济等经济形态为主导的当代社会背景下，人才的培养则需要重视核心素养，强调核心素养才是培养自我实现与促进社会和谐发展的高素质国民与世界公民的基础，它反映了当今时代社会发展的需求。

第二章 世界各国核心素养研究及对我国实践的启示

第一节 世界各国核心素养研究简介

我们有必要借鉴国外对核心素养的研究,近年来,随着世界教育改革浪潮的推进,世界各国(地区)与国际组织相继在教育领域建立学生核心素养模型,以此推进教育目标的贯彻与落实,改革教育评价方式,促进教育质量的提高。

回顾总结国际课程体系中核心素养模型的构建,并不是为了直接照搬任何一国的做法,而是希望能够从中获取经验,借鉴国际上一些成熟有效的做法,为我国后续的课程改革提供新的视角与思路,巩固并且进一步提升我国课程改革的成效。

通过对国际组织及各国核心素养概念的内涵进行梳理,可以发现国际上关于核心素养的认识有以下特点。

第一,核心素养受到当代世界的普遍重视,是国际组织与各国政府在进行教育与课程改革时密切关注的热点。虽然各国际组织与各国政府在核心素养的具体表达方式上存在差异,但其思想是共通的,即都重视公民关键的、必要的、重要的素养,并在不同程度上体现了其各自的民族与国家特色。

第二,核心素养是一个多维度、多功能的概念。核心素养是知识、技能、态度情感的集合,具有整体性,不能孤立地进行单独培养或发展,尤其是当素养作为课程目标时,需更加强调其综合性和整体性。同时,核心素养能够发挥多项功能,是对每个人都具有重要意义的素养。一方面,核心素养可以帮助个人满足生活领域中的重要需求,有助于个体的升学、就业,从而帮助其融入主流社会,实现终身发展,获得成功生活;另一方面,它还可以促进个体社会参与和与异质性群体互动,以达成共同目标,促成社会经济繁荣、政治民主、尊重人权与世界和平、生态持续性发展等人类理想的实现。

第三,核心素养的形成过程是个人与社会协同作用下的渐进过程。各国际组织与各国政府所提出的核心素养内涵虽然存在差异,但均有互补之处,并且都强调核心素养的获得是一个持续的、终身的学习过程。个体可以通过不同的终身教育学习阶段,有效培养并提升自身的核心素养。除了学校以外,家庭、同伴、工作、政治生活和文化生活等都可以发展人的素养。核心素养的发展不仅仅是个人努力的结果,也需要一个良好的社会和生态环境。

综合世界各个国家(地区)以及国际组织对核心素养概念内涵的界定,同时考虑到不同学科视角对核心素养的认识以及我国的现实需求和教育实际,核心素养的界定也逐渐清晰起来,可以将其界定为:核心素养是学生在接受相应学段的教育过程中,逐步形成的适应个人终身发展和社会发展需要的必备品格与关键能力。它是关于学生知识、技能、情感、态度、价值观等多方面要求的结合体;它指向过程,关注学生在其培养过程中的体悟,而非结果导向;同时,核心素养兼具稳定性、开放性与发展性等特性,其生成与提炼是在与时俱进的动态优化过程中完成的,是个体能够适应未来社会、促进终身学习、实现全面发展的基本保障。这与我国目前的核心素养总体框架是基本一致的。

同时,从各国学生核心素养的内容和实施过程中,我们可以看到学生发展核心素养具备以下三个特征。

第一,学生发展核心素养具有共同性。学生发展核心素养一定是社会群体成员共有的素养,也是每一名学生获得成功生活、适应个人终身发展和社会发展都需要的、不可或缺的共同素养。核心素养的共同性、基础性使它有别于具体职业中的专业素养，专业素养是个人职业生涯发展中成功完成每一项专业工作所需具备的知识、能力与态度，其强调的是就业训练价值功能与结果本位导向，面向的是特定行业人员；核心素养则是每名社会成员为了顺利地生活和工作所需具备的基本知识、能力与态度，其强调的是教育价值功能与过程本位导向，面向的是社会全体成员。

第二，学生发展核心素养具有发展性。这里所说的发展性一方面体现为学生发展核心素养的连续性和阶段性。核心素养的形成不是一蹴而就的，它具有终身的连续性，最初在学校中培养，随后在一生中不断发展完善；同时，核心素养在个体不同人生阶段中的着重点有所不同，不同教育阶段（小学、初中、高中、大学等）对某些核心素养的培养也存在不同的敏感性，即一些核心素养在特定的教育阶段可能更容易取得良好的培养效果。另一方面，发展性还体现在学生发展核心素养体系构建必须尊重学生身心发展规律，按照学生发展的敏感期，合理设置发展目标，不能跨越，更不能颠倒。当前学生学习和教师教学的负担仍比较重，总有一些人认为儿童有许多基础知识和技能需要学习，甚至认为现在的教育提供的知识内容还不够。其实这些观点已违背了儿童的身心发展规律，提供过多而不能被其接受的学习内容，不但对他们掌握这些内容没有帮助，还会阻碍其他素养（如创新等）的形成。

第三，学生发展核心素养可教可学。核心素养是在先天遗传的基础上，综合后天环境的影响获得的，可以通过接受教育来形成和发展。教育过程中的素养必须是通过学习获得的，即使某些素养存在先天潜能的发展，但这些素养也必须是可教、可学的，需要通过有意识的教育过程进行培养，经过学生的学习积累获得。也就是说，素养并非是与生俱来的，而是后天通过教育得到发展的知识、能力与态度等。因此，核心素养主要是后天学习的结果，可以通过各教育阶段的课程设计与教学实施加以培养。培养的过程侧重学生的自主探究和自我体验，更多地依靠学生自身在实践中的摸索、积累和体悟,是个体认知与元认知构建的过程,是在外界引导下的自我发展、自我超越和自我升华的过程。

通过对各国学生核心素养培养的实践研究,我们不难发现,研究学生发展核心素养,要重点把握三个方面的原则。一是科学性。要以人的全面发展为出发点,基于学生身心发展规律和教育教学实践活动规律,采用科学的手段和方法,遴选与界定核心素养指标,确保研究过程的严谨性和系统性。二是时代性。学生发展核心素养指标的遴选要面向未来,反映时代发展需求,体现新时期社会对人才的新要求。三是民族性。核心素养的研究必须根植于本民族的文化历史土壤之中,充分考虑我国国情特色,立足我国实际情况和历史文化特点,体现中华优秀传统文化的继承与创新。

第二节　国外对核心素养的研究给予我国实践的启示

关于学生发展核心素养,其本质是回归对"面向未来教育要培养什么样的人?如何培养?"这些教育最根本问题的反思与追问。

作为一套有系统规划设计的、指向21世纪的具有战略意义的育人目标体系,学生发展核心素养的建构具有非常重要的意义和价值,它将逐渐地从多个途径和多个角度引导整个教育系统的变革。

具体而言,它的功能主要体现在四个方面。第一,指导课程改革。核心素养是课程设计的依据和出发点。基于核心素养的顶层设计,可以指导课程的变革与创新,建立基于核心素养的新课程体系,指导各学段和各学科课程目标之间做好垂直衔接与横向整合。第二,指导教学实践。核心素养明确了21世纪应该培养学生什么样的品格与能力,可以指导教师在日常教学中更好地贯彻落实党的教育方针,克服目前存在的"学科本位"或"知识本位"现象,促进教师专业发展。第三,引导学生学习。核心素养反映了未来社会的需求和期望,可以帮助学生明确未来的发展方向,学生需要朝着这一目标不断地努力。第四,指导教育评价。核心素养是检验和评价教学效果、学习结果乃至教育质量的主要依据。

面向21世纪核心素养的落实,还要求开发出体现核心素养的多样化、多形态的测评工具,建立以核心素养为导向的评价与反馈系统,使其成为推进21世纪核心素养教育的重要抓手。具体而言,国外对核心素养的研究给予我国实践的启示主要有以下几点。

首先,立足学生发展,建立以社会主义核心价值观为中心的学生核心素养体系。

世界各国根据社会对人才的需求和公民适应现代社会所需基本能力的综合分析,总结出本国学生所应具备的核心素养,这些素养是学生们成功且有责任地生活于现代社会所必需的,也是他们应对当前与未来世界的各种挑战所必备的。

在我国,面对当前社会急切渴求优质教育的大背景,我们应当在课程改革的推进与深化中,进一步改变课程教学重内容轻能力的现状,立足于社会主义核心价值观,通过对我国社会对人才需求的系统分析,充分吸收和借鉴各国的成熟做法,明确我国学生所需掌握的核心素养,将社会主义核心价值观融入国民教育之中,实现素质教育,促进学生的全面和持续发展。

其次,在学生核心素养体系的框架下,进行课程设计与改进。

对于学生的培养,终将要落到课程体系,落到教师的教学之中。核心素养是一个相对宏观上位的理论模型,如何将核心素养细化到课程之中,是课程设计与改革成功与否的重要环节。英国、澳大利亚和芬兰等国家,虽然各自将核心素养融入课程的模式不同,但是共同之处在于,其具体学科设计都是基于核心素养的模型或者框架来进行的,随着时间的不断推移和经验的积累,这些国家的课程在设计与改革过程中,不断地对核心素养的各个方面进行细化、分解和调整，将宏观上位的核心素养理念具体化，并最终与微观的学科知识紧密结合，从而将理论层面的素养具象为教师可具体实施和教学的内容，将核心素养的培养完全融入具体的课程之中，把对学生核心素养的培养落到实处。

最后，就我国的具体情况而言，在课程体系的统领性文件——课程标准中设置系统的学业质量评价标准更为合适。在学生核心素养体系指导下，在课程标准中建立起系统的学业质量评价标准，能够为我国的教学和评价带来诸多好处。首先，由于课程标准在我国课程体系中的权威地位，学业质量标准的设立，能够为后续教材的设计与编写、教师的教学实施以及学生的评估提供有力依据。其次，由于基于核心素养体系建立起来的学业质量评价标准从评价学生的能力发展入手，而不再局限于知识内容的死记硬背，因此，能够逐步扭转片面追求"应试教育"的局面，建立起科学合理的评价理念。同时，作为一套系统的评价标准，它能够为教师提供明确的指标，告诉教师教学应当达到的程度，保证学生能够达到质量评价标准的要求。这样的学业质量评价标准，既能作为教师平时教学中进行自我评估的重要依据，又能作为外部的评价准则，实现对学生、教师、学校乃至区域教育质量的科学评测，是提升我国教育质量，实现素质教育的重要保障。

国际组织以及不少国家对核心素养体系的研究不仅远远早于我国，提出的框架体系也各有特色。这一方面体现了国际组织和不同国家对核心素养同等的重视，另一方面也体现了国际组织和不同国家对未来全球发展趋势及人才培养目标的不同认知和应对策略。其实，早在1996年，联合国教科文组织国际21世纪教育委员会公布的《教育——财富蕴藏其中》就提出了类似核心素养体系的论述，即学会认知、学会做事、学会共处、学会做人。

在此，我们坚信核心素养的培养将为学校带来六大变化：

1. 育人导向更加注重学生理想信念和核心素养的培养；
2. 课堂教学更加关注课程建设综合化、主体化发展趋势；

3. 实践活动更加关注学生学习体验、动手实践及创新意识的培养；
4. 课业负担将会进一步减轻，课后作业形式及总量发生较大变化；
5. 学校课程更加贴近学生的生活；
6. 未来将更加注重增加国家课程和地方课程的适应性。

第三章　高中教学中如何培养学科核心素养

高中是一个特殊的阶段,有很多国家并不把高中纳入到基础教育,而把它作为一个特殊阶段。第一,18 岁,学生正好由少年向成人过渡,是价值观、人生观、世界观形成的关键时期。第二,高中也是开始分化逐步形成性向的阶段。我们需要引导高中生发现自己适合干什么,能够干什么,想干什么,让高中生找到自己的潜能。因此,高中课程应具有更大的弹性。

第一节　我国基础教育改革研究究竟该如何再出发

一、我国基础教育课程改革需要再出发

基础教育课程改革是一项复杂的系统工程,应该说目前的教育研究对基础教育课程改革的支持和支撑非常不够。以学生发展核心素养为例,它是指个体在接受相应学段的教学之后所形成的能够适应未来社会发展以及终身学习的关键能力与必备品格,这里就自然而然地产生了一个问题,仅以基础教育而言,学生在不同学段学习结束之后,其核心素养的表现究竟是什么?长期以来,很多基础教育的改革和政策的出台通常是基于对各地基础教育状况进行经验把握以及国际经验的梳理进行的,但是这些手段很难回答学生发展核心素养在不同学段的表现以及相类似的问题。相关研究迅速跟进,进行真正实证范式的研究迫在眉睫。

首先,要促使我国课程改革进一步走向国际化。2001年新课程改革的显著特点是"国际视野、本土行动"。课程改革再出发则需要进一步坚持这一原则,认真地学习国际课程改革的先进经验,并将之与我国的课程实践结合起来进行创造性转化。

其次,课程改革再出发既需要继承我国教育民主化的宝贵传统,又需要汲取从孔子到朱熹、王阳明等所创造的我国漫长"智慧传统"的精华,从而在信息时代实现教育民主化的百年梦想。

再次,要构建我国素养本位的课程与教学新体系。比如,要遵循"少而精"的原则选择并重构课程内容,实现课程内容的素养化。要大力倡导个性化学习与人性化学习,鼓励学生通过深度学习发展批判性思维、问题解决能力和创造性,实现学生学习的素养化。要大力倡导研究性教学与合作性教学,实现教师教学的素养化。要积极尝试真实性评价、档案袋评价等鼓励学生自由表现和创造性发展的评价理念和方法,实现课程评价的素养化。

二、把核心素养教育转化为实践作为第一要务

面对如何在教学中培养核心素养这一问题,世界各国都做出了不同的尝试。如基于核心素养的教育要求,构建面向21世纪核心素养的课程,积极变革教与学的方式,开发出体现核心素养多样化、多形态的测评工具等。

在教学过程中培养学科核心素养的规律主要有以下几点:学习时间完全由学生自己决定,学习内容完全由学生自己选择,给学生寻找适合的教育方式,给学生更多的选择。

从教学理念的更新来看,基于学科核心素养的教学需要教师更新教学观,也需要学生更新学习观。基于学科核心素养的教学过程,其关注的焦点从知识、能力、情感态度价值观转向了素养,根本意义在于教学活动不再是单纯的知识传输——能力培养——情感态度价值观升华的过程,而变成

了师生互动、教学相长的过程。在这个过程中,教师的教不再局限于给予学生完整的知识体系,而时刻体现为对于学生核心素养的培育与关切;学生的学也不仅仅局限于再现和理解教师教授甚至灌输的知识,而主要体现为通过课堂参与呈现素养提升。以这一理念为指导的教学过程,就不再是单向性的,而是综合性的。这种综合,是教与学的综合,也是基于学科核心素养的综合。充分发挥教师的主导作用,让学生的主体地位进一步彰显,让他们在主动参与的过程中充分发挥优势,才能真正实现素养的提升。有了这样的理念支撑,教师敢放手,学生爱参与,课堂一定会有惊喜。

从教学方法的探索来说,基于学科核心素养的教学追求更为灵活、开放的改进和探索。近年来,慕课、翻转课堂等教学新形态在各地广泛开展、势头强劲。这些新形式对于学生的学科核心素养培育进行了很好的探索,值得肯定。但基于当下各方面条件的限制,一些行之有效的新教法、新学法还不能得到广泛的运用。一些地方不顾自己的实际情况,盲目照搬别人的模式,也产生了一些不太理想的结果。

核心素养是学生在接受相应学段的教育过程中,逐步形成的适应个人终身发展和社会发展需要的必备品格与关键能力。它是关于学生知识、技能、情感、态度、价值观等多方面要求的结合体;它指向过程,关注学生在其培养过程中的体悟,而非结果导向;同时,核心素养兼具稳定性、开放性与发展性,是一个终身可持续发展、与时俱进的动态优化过程,是个体能够适应未来社会、促进终身学习、实现全面发展的基本保障。将课程目标定位在核心素养上,重在完成以下转型。

第一,需要我们的关注发生转向,即从关注知识点的落实转向到素养的养成,从关注"教什么"转向到关注学生学会什么?

第二,需要我们的课程观发生转变,重新认识课程的经典问题。19世纪,课程的经典问题是"什么知识最有价值";20世纪,课程的经典问题是"谁的知识最有价值";21世纪,经典问题成为"什么知识最有力量"。

随着课程经典问题的转向,我们需要更多地思考如何让知识成为素养,让知识变成智慧,也就是说,只有能成为素养或智慧的知识才有力量。在这样的背景下讨论核心素养,讨论如何编制基于核心素养的课程、教师如何开展基于素养的教学、校长如何提升自己的课程领导力,对开发基于核心素养的课程,具有重要的理论意义与现实价值。在三维目标基础上提出核心素养,是对三维目标的发展和深化。核心素养直指教育的真实目的——育人。核心素养具有中国特色,包括了能力、品格。核心素养的提出,使得教学下一步的发展有了更明确的指向。

第二节 打通知识和素养的通道

一、如何才能把学科知识转化为学科素养

教育作为整个社会大系统的一个子系统,与政治、经济、文化等子系统之间有着千丝万缕的联系。一定程度上,正是因为教育的存在,才使社会大系统的运转不断走向深化。当前,国际社会在各个领域的交流愈益频繁,合作更加广泛和深入。一个国家在未来国际社会中所扮演的角色、拥有的话语权、能发挥的能量最终取决于这个国家的整体公民素养,而今天在学校接受教育的学生是未来社会公民的核心构成。这就是说,今天如何定位学生的培养目标以及如何培养他们,将可能直接影响他们在未来国际社会中价值发挥的程度。这种现实逻辑的启迪集中体现在两个层面:一是学校教育如何审时度势,重新确定培养目标;二是如何更好地发挥作为育人载体的课程在培养目标落实中的作用。实际上,自20世纪90年代中后期以来,国际社会特别是欧美发达国家,普遍将学生的素养作为培养目标的重要维度。这种素养在宏观上体现为对学生国际视野、世界情怀、社会

责任等的普适性和开放性要求;在中观上体现为对学生交际能力、反思意识、批判精神等的基本性和导向性要求;在微观上体现为对学生学科学习、探究体验、自主合作等的专门性和实践性要求。与之相对应,学校的课程发展以此为指南进行改革,深刻影响了国际社会课程发展的具体走向,并且将国际社会课程发展的进程带入了一个以素养为轴心的全新时期。新世纪以来,我国基础教育课程改革深入推进,与此同时,潜藏在课程改革背后的一些深层次问题不断显现,这在客观上促使我们必须对课程改革的实践进行必要的反思。新课程改革倡导自主、合作、探究的学习方式,这是本次课程改革的亮点。但在实践中,自主的混乱、合作的无序、探究的失范等现象层出不穷,究其原因,除了教师引导的欠妥之外,很重要的一点在于上至教师、下至学生都不清楚自主、合作、探究是为了什么。如果仅仅将其理解为在此过程中培养学生的自主能力、合作能力、探究能力,似乎也很牵强,因为不同的学情、学科、环境等诸多因素影响着学生与课程的相遇。毕竟"自主、合作、探究"也不能囊括课程的所有。正是由于在"基于什么"和"为了什么"这两个问题上的迷思,才使"自主、合作、探究"的实践走样。着眼于课程要把学生培养成为什么样的人这一根本问题进行反思,就是要拨开"自主、合作、探究"的层层面纱,厘清"基于什么"和"为了什么"的问题,将讨论的焦点拉回到学生核心素养这一视域中,以"基于学生什么样的核心素养"和"把学生培养成为具有什么样核心素养的人"这两个具体视点进行迷思的理清与实践的矫正。从这个意义上讲,本土课程改革实践中出现的问题及我们对于这些问题的反思,是探讨基于核心素养的课程创新这一问题的现实根据,而从核心素养的视角反思与检讨课程改革实践,并基于问题找寻课程改革再出发的突破口,既是课程改革深化的内在诉求,也是以改革促进课程创新的实践需要。在教育部《关于全面深化课程改革落实立德树人根本任务的意见》中,核心素养被置于重要地位,正引领课程改革的深化路向。

把学生培养成为什么样的人,这是学校教育必须要回应的根本性问题。尽管不同时期的具体回答存在差异,但都离不开对学生作为"人"的规定性的要求。这个"人"是与立足当下和着眼未来相统一的,也是与社会需要和个体实现相统一的,这种统一的实践与实现在根本上以学生的基本能力和核心素养为必要支撑。在这个意义上,放眼世界教育改革特别是课程改革的新进展,着眼我国新世纪课程改革深入推进的实践,把培养学生成为什么样人的问题生动地反映在把学生培养成为具有什么样核心素养的人这一问题上,具有重要价值。

学科知识只是形成学科核心素养的载体,学科活动才是形成学科核心素养的渠道。学科知识是不能直接转化为核心素养的,简单的复制、记忆、理解和掌握是不能形成核心素养的。学科活动意味着对学科知识的加工、消化、吸收,以及在此基础上的内化、转化、升华。这其中三维目标中的"过程和方法"起着重要的作用。但是,"过程和方法"毕竟也不是素养本身,而是素养形成的桥梁。本次高中课标修订用"学科活动"来统整三维目标中的"过程和方法"以及学习方式中的"自主、合作、探究学习",目的是强化学科教学的学科性,聚焦学科核心素养的形成。教师在设计和开展教学时必须以学科核心素养为导向,充分体现学科的性质和特点,使学科教学过程成为学科核心素养的形成过程。

情感、态度和价值观是三维目标中最能体现"以人为本"目标的。从学科核心素养的角度来看,我们要强调两点:第一,情感、态度、价值观要体现并聚焦于学科的精神、意义、文化,反映学科之情、之趣、之美、之韵、之神,从而与学科知识、学科活动融为一体,这样才能形成学科核心素养。第二,要在"内化"上下功夫,只有把情感、态度和价值观内化为学生的品格,转化为学生的精神世界,才能使学生成为一个精神丰富、有品位的人,情感、态度和价值观维度的目标才有终极的意义。"若失品格,一切皆失。"没有内化为品格,就没有实现核心素养的培养目标。

课程改革的实践反复证明,以改革促创新的行动逻辑亟须跳出"就课程论课程"的思维桎梏。把培养什么样的人作为课程价值最重要的价值尺度,就是要促使学生在与课程的相遇中享受美妙的课程之旅。在这一旅程中,作为与课程相遇主体的学生,我们对其如何定义、如何理解,将直接影响这种相遇的实效。实际上,动态的、过程的、生成的品性既是我们对课程本身业已形成的共识,也是我们理解和定义与课程相遇的人——学生的重要标准。在这个意义上的课程创新思维,存在三大特点:一是整体思维的统摄,二是关系思维的贯穿,三是过程思维的渗入。具体而言,整体思维是指现阶段的课程创新已经不是课程内容、课程实施、课程评价等单方面的变革,而是从整体和全局的角度进行系统革新,是整体思维统摄下的协同推进;关系思维是指在课程创新中自觉观照除课程自身要素之外的因素如何影响和作用于课程,探索如何优化这些影响因素及其作用的发挥方式;过程思维是指在动态的过程中,诊断、反思、评价、改进课程,注重课程预设与生成的统一。这些课程创新思维,推动课程从静态的文本转化为动态的运作,在回应课程育人价值的问题上,生动且鲜活地改变了学生与课程的相遇之旅。近年来,许多国家与地区、国际组织都把核心素养视为课程设计的 DNA,努力研制基于核心素养的教育或课程标准,期望在核心素养统领下以教育或课程标准为抓手发动教育改革。在核心素养的论域中,这种思维的转变,就是要不断探索课程之于学生核心素养培育的作用及其作用的发挥方式,以普遍、共通的素养为基点,以核心、专门的素养为依托,以分级、分层的素养为凭借,让整体、关系、过程的思维贯穿基于核心素养的课程创新的始终。在整体中不断厘清学生核心素养的范畴并明晰学生核心素养的现状,在关系中进一步探察学生核心素养的影响因素及其彼此之间的关联作用,在过程中使学生核心素养的诊断与评价更加科学,如此,才能够在基于核心素养的课程创新探索中更好地回应课程培养具有什么样素养的人的重要问题。

为了把学科知识转化为学科素养,我们应该从以下三方面着手。

其一,做好顶层设计,即基于核心素养的课程系统设计。

欧盟确立的核心素养框架传达的课程理念,从强调学科内基础知识和基本技能习得的分科课程,转变为重视学科间的互动及共同发展核心素养的课程结构,从而建立新的整合型课程(或单元)。这对课程设计的启示意义在于,必须从系统的视角将课程理解为"集合体",探讨课程要素与素养结构之间的相互关系。因此,基于核心素养的课程设计就是要以核心素养为轴心和主线,从目标、内容、实施、评价和改进等方面进行系统设计。具体而言,目标主要体现在通过该课程培养学生具有什么样的核心素养和使学生的核心素养发展到什么程度这一指向,这是整个课程系统的"导航";内容主要体现在通过什么资源和材料促成学生核心素养的发展,这些内容又分别培养了学生什么样的核心素养及其与学生核心素养的内在关联,这是整个课程系统的"载体";实施主要反映在通过怎样的课程运行实践确保学生核心素养的形成与发展,在课程实施中如何着力探索有益于学生核心素养发展的课程目标实现的新途径、新方式,这是整个课程系统的"抓手";评价主要是指通过对课程的监测、诊断和评估,体现基于核心素养的评价理念与模式,这是整个课程系统的"杠杆";改进主要体现在课程如何更好发挥培养学生核心素养和更好达成学生核心素养发展目标的旨趣,其以对整体课程的运行和评估为依据,这是整个课程系统的"补丁"。这几个方面是课程系统设计所不可或缺的,彼此之间环环相扣,形成一个环式链条,课程的品质受这一链条中每一环的影响,但最终对课程系统起到决定作用的是这一链条的聚合效果。这表明,基于核心素养的课程系统设计不是目标和内容的小修小补,也不是实施、评价与改进的"单兵突进",而是在系统意义上的整体设计。

其二,需要行动跟进,即基于核心素养的课程开发实践。

课程的理念与目标需要以实实在在的课程为依托,这就离不开课程开发的实践。实际上,有效的课程开发设计对课程理念的落实和课程目标的达成具有举足轻重的作用。基于核心素养的课程开发理念要真正彰显课程的魅力和生命,就要在课程开发的实践中,紧紧围绕核心素养这一中心,强调课程的整体性,注重学科之间的相互融合,以整体性之课程培育整体性之素养。当然，课程开发实践作为一项复杂的系统工程，关涉方方面面的利益。为了让核心素养课程开发实践有效推进，我们需要重点发挥三个层面的力量。一是准确研判核心素养的所指与内涵，以清晰核心素养的概念为"定力"。以核心素养为指向的课程开发实践，首先要厘清核心素养的范畴以及不同学科核心素养的所指，以此确保一切课程开发实践都在核心素养的框架中展开。二是统筹协调三级课程，以国家课程为"引力"。基于核心素养的课程开发作为课程创新的时代指南，需要在国家课程、地方课程和校本课程开发的有机协调中激发课程开发的活力。在还处于摸索阶段的当下，特别需要发挥国家课程的牵引、示范和辐射作用。三是充分发挥教师的课程领导力，以师定课程为"推力"。教师如何理解基于核心素养的课程内涵及其课程开发实践，直接影响课程开发的实践品性，为此要在不断提升教师课程领导力的过程中使基于核心素养的课程开发实践真正落地。当前，基于核心素养的课程开发实践，首先要在核心素养课程研制团队的打造、课程开发人员的培训上着紧用力；其次要在核心素养课程规划和方案的编制、课程标准的开发上积极跟进；最后要在核心素养课程资源和素材的开发、教材的修改编订上有所革新。如此，各个方面统筹协调，凝心聚力，才能确保核心素养课程开发实践的实效与品性。

其三，重视导向协同，即基于核心素养的课程评价引导。

课程评价的基本要义在于诊断现状和促成改进。就核心素养课程评价而言，其旨在通过评价测量学生核心素养的现状及探寻基于核心素养的课程创新路向。在一定意义上，任何创新都是从尝试开始的，创新的过程就是不断尝试、不断反思与改进的过程，基于核心素养的课程建设正处于这一过程的起始阶段。这并不意味着基于核心素养的课程之旅才刚刚起步，所以不需要评价。恰恰相反，评价贯穿于课程实践的始终，课程实践本身也反复表明，及时的、有效的课程评价在避免课程建设工作重复低效、推进课程良性深化发展方面作用不可小觑。因此，当前阶段基于核心素养的课程评价应在以下几方面进行积极探索。首先，厘定核心素养与课程系统的相互作用及其作用限度。课程作为最重要的育人载体,其在培育学生核心素养的过程中应该发挥什么作用,又能够发挥什么作用,这是课程育人的应然与实然向度。课程评价在这一过程中要重点诊断学生核心素养与课程或者课程某些方面的关联作用,进而用最适合的课堂教学方式最大限度地发挥其培育学生核心素养的最有效价值。其次,开发基于核心素养的课程评价指标体系与量表工具。学生核心素养发展到什么程度、课程在学生核心素养的发展过程中起到了什么作用、如何评价这种作用的发挥水平等,都需要基于核心素养的评价指标体系和量表工具的开发与应用,而这也是课程评价本身的价值所在。再次,稳步推进基于核心素养的课程教学改革。评价的最终指向在于改进,能不能有效促成改进的发生和深化,是衡量评价效能的重要维度。在这个意义上,基于核心素养的课程评价就是要以评价为杠杆,撬动并推进基于核心素养的课程教学改革,并在此过程中更好地彰显课程教学对学生核心素养培育的价值。由此观之,基于核心素养的课程评价是课程创新行动逻辑中的重要环节,其本身就是课程创新的实践探索,而且由此导向的课程教学改革必将对基于核心素养的课程创新产生深远的影响。教师不仅需要了解自己所教学科的知识,还需了解学生的心理需求,根据学生的特点和爱好,帮助学生选择专业、择业,这是对教师提出的新的课题。根据本校实际和学生需求完成课程方案设计则是促使学生核心素养落地最直接、最有效的途径。

二、各个学科的核心素养,如何转化为学生的素质

一是调整课程结构。建设校本课程,要着手梳理,把众多校本课程整合为品德与价值观、生命与健康、语言与文学、人文与社会、科学与探究、信息与技术、艺术与审美七大领域。

二是丰富课程内容。持续建设绿色校园、书香校园、文化校园、智慧校园,并全面开发各领域的延伸型、发展型、研究型、创新型课程,以动、静、

雅、趣为标准,这些素养型课程要适应学生身心特点、爱好特长,提供学生多样选择的可能,进而满足学生的差异性需要。在此基础上,学校团委、学生会要开展体验类、探究类、实践类、服务类等社团活动、社区服务,让学生从学习者向组织者、活动者、探究者、实践者转变,磨炼意志,陶冶情操,增强社会责任感和人生幸福感,促进知识、能力转化为素养,并促进素养的进阶、提升。

三是推进学科融合。以学生的素养不断进阶提升为目标,打破学科界限,融通各学科知识,贯通价值观、思维力和创造力,充分尊重学生个性,并借此激发学生志趣,引导学生制定生涯规划,形成自我修持、自我完善、自我超越的终身学习能力与习惯,培养跨学科、跨领域人才成长的核心素养。

四是理解核心素养的含义。核心是相对外围而言的,有两层意思:一是关键,指个体在21世纪生存、生活、工作、就业最关键的素养。二是共同,指课程设计面对的某一群体所需要的共同素养。"双基"、三维目标、核心素养都是一个整体,是育人目标、学科育人价值在不同教育阶段的具体体现。但是,当我们设计课程的时候,需要将上述的育人目标进行分解、具体化,尽管这一过程会失去一些教育功能,但为了课程的设计、教学与评价,这种功能的丧失是不得已的事情,是课程设计、教学与评价必须付出的代价。否则,"双基"、三维目标与核心素养就没有落实或培养的路径或层次,会成为单纯的口号。

基于这种考虑,基于核心素养的现代课程体系应至少含有以下四个部分:(1)具体化的教学目标,即描述了课程教学所要达到的目标,这一教育目标一定是具体的,落实到要培养学生何种核心能力和素养。(2)内容标准,即规定了核心学科领域(如数学、阅读、科学等)学生应知应会的知识与技能。(3)教学建议,即教育者应提供的教育经验和资源,以保证受教育者的学习质量。广义上的教学建议外延相当广泛,也被称为"教育机会标准"或"教学过程标准"等,可以包括课堂所讲授内容的结构、组织安排、重点处理及传授方式,以及学校公平性、教师专业发展、教育资源的分配等。(4)质量标准,即描述经历一段时间的教育之后学生在知识技能、继续受教育的基本准备以及适应未来社会等方面的能力上需要达到的基本水平。这里要避免出现两个标准的情况,即学科核心素养等级标准和学业质量标准并行。这样会给未来的教育教学造成不必要的震荡。

第三节 做到课程目标和核心素养相匹配

首先,要将课程目标定位在核心素养上,校长、教师需要厘清的是以下几个问题。

第一,需要我们的关注发生转向,即如何从关注知识点的落实转向到素养的养成? 如何从关注"教什么"转向到关注学生学会什么?

第二,需要我们的课程观发生转变,重新认识课程的经典问题。19 世纪,课程的经典问题是"什么知识最有价值";20 世纪,课程的经典问题是"谁的知识最有价值";21 世纪,经典问题成为"什么知识最有力量"。

随着课程经典问题的转向,我们需要更多地思考如何让知识成为素养,让知识变成智慧,也就是说,只有能成为素养或智慧的知识才有力量。在这样的背景下讨论核心素养,讨论如何编制基于核心素养的课程、教师如何开展基于素养的教学、校长如何提升自己的课程领导力,具有重要的理论意义与现实价值。要站在学生的立场思考问题,即我们所说的尊重的教育,它包括尊重教育规律、尊重人才成长规律、尊重学生的人格人性。这就需要我们在教育教学中,关注学生是如何思考、如何理解的,要尊重学生的认知规律。同时,学校也必须建立大教育观,明确学校的一切工作、任何活动都是为了培养人,都是教育。

一方面,我们要关注学科外活动的教育价值。学生开朗的性格、与他人合作的能力、语言表达能力、组织能力等,很多都是在这些活动中培养的。另一方面,学科内教学要注意对学生的全面培养。课堂上除了学科知识教学外,还要强调培养学生向上的精神、学习的兴趣、创造的激情、社会的责任感等。

中小学校长要结合学校和区域实际,将以人为本的教育理念具体化为学校的育人目标,让每一位教师都牢记并实施于每一堂课、贯彻于每一个教育教学活动中。

其次,教师在学科教学中培养学生的核心素养应该做到以下三个方面。

一是要把学生核心素养落实到学科核心素养的培养上。

在义务教育阶段课程标准修订版中,将"双基"调整为"四基",即在基础知识和基本技能的基础上,又提出了基本思想和基本活动经验。这是因为基本活动经验非常重要,它包括思维的经验和活动的经验,其本质是会想问题、会做事情,而这些主要来源于积累。同时,提出基本思想,是希望学生在获得一些基本概念、学会一些基本技能之外,能够培养思想方法。各个学科都有其基本思想,如数学的基本思想是抽象、推理、模型。学生核心素养的培养,最终要落在学科核心素养的培育上。所谓学科核心素养,就是指学科的思维品质和关键能力。一个人成功的基础,包括知识的掌握、思维方法和经验积累。其中思维方法主要包括形象思维、逻辑思维和辩证思维。如数学学科主要培养的是逻辑思维,而逻辑思维主要包括演绎和归纳。从思维训练的角度考虑,我们之前的教育,更多的是培养学生的演绎推理能力,而缺少归纳推理能力的培养,即缺少了通过条件预测结果、通过结果探究成因的能力培养,这对培养创新性人才是不利的。

二是基于核心素养的教学要把握知识本质、创设教学情境。

素养的形成,不是依赖单纯的课堂教学,而是依赖学生参与其中的教学活动;不是依赖记忆与理解,而是依赖感悟与思维。它应该是学生日积月累的、自己思考的经验的积累。因此,基于核心素养的教学,要求教师抓住知识的本质,创设合适的教学情境,启发学生思考,让学生在掌握所学知识技能的同时,感悟知识的本质,积累思维和实践的经验,形成和发展核心素养。因此,对于很多问题,教师自己要先吃透,然后引导学生一起思考。真正本质的东西,是靠学生自己感悟得到的,否则他们记住的只是一大堆名词与概念,并且很快会将它们遗忘。

三是基于核心素养的评价要关注思维品质、考查思维过程。

传统的评价是基于知识的评价,主要考查学生对知识点了解、理解、掌握的程度,而未来的评价除了考查知识技能,还要关注学生的核心素养。这种评价的原则和标准是思维与结论相一致。

就一门学科而言,核心素养的内涵包括核心知识、核心能力、核心品质,但不是它们的简单相加。任何一门学科的目标定位和教学活动都要从素养的高度来进行。价值引领、思维启迪、品格塑造是学校和教师的三大核心任务。当前,我国高中阶段的新一轮课程标准修订工作正在进行中,我国学生发展核心素养模型的构建成为本轮课标修订中的重点工作之一。如何理解学生发展核心素养,怎么将其有效融入新的课标之中,将成为未来基础教育领域讨论的热门话题之一。

第四节 落实学生核心素养培养需特别关注的问题

为落实学生核心素养,在理念层面上,要充分了解目前国家制定的学生发展核心素养的内容与框架;同时要充分理解在高中课标修订过程中,各个学科提出的本学科核心素养。

在我国当前的政策语境下,由于学生发展核心素养和学科素养是并行开展的,这自然就涉及一个需要关注的问题:学生发展核心素养和学科(核心)素养内在的对应关系是什么?这个问题处理得好,不但保证了学生发展核心素养的落实,也有利于体现学科的独特特色与价值;如果处理得不好,可能会过度强化各学科的特色,造成学科和学科之间更清晰地分离,这既不符合现在国际上学科之间融合渗透的趋势,也在客观上将学生发展核心素养变成抽象的言词,而非撬动课程改革深化的杠杆。本轮新课程改革,特别是高中课标修订的两个突出特色是将学生发展核心素养和学业质量标准有机地融入新的课程标准之中,而且特别强调学生的学业质量标准是基于学生核心素养构建的。这与以前的课程标准有非常大的不同。学生核心素养主要是指学生适应未来社会发展以及终身学习的关键能力与必备品格,它是宽泛而宏观的能力,而质量标准是与学科能力紧密相关的,是学生核心素养在某个学科当中的具体体现。体现了学生核心素养的质量标准制定后可以在教育领域发挥极大的作用。一方面,质量标准较学生核心素养来说更加切合课程和学科教学,可以用来指导教师的教育教学实践;另一方面,质量标准较学生核心素养来说更加具体、可操作,所以,结合了内容标准后,质量标准还可以用来指导教育评价。

其次,在实践层面上,要努力做好学科素养的转化和操作程序的构建工作。

对于一线教师来说,将学生核心素养转化为学科专业素养的途径更符合日常的工作习惯,也为他们开展各层次、各类别学生的教学活动和评价活动指明了方向。对于学校校长来说,通过构建"核心素养—学科素养—课程建设—课堂教学—综合评价"这一系列操作程序,能更好地将学生核心素养具体化、易操作化。

上述两条只是校长领导力在促使学生核心素养真正落地的一部分具体操作策略。需要注意的是,无论采取何种措施,时刻激发学生的热情才是保证核心素养有效落地的根本条件。

随着学生核心素养的逐渐完善,教育也有了自己的指明灯。我们要深入研究学生发展核心素养的具体落实路径,回归教育的原点,促进学生全面而有个性地成长。

课程是学校教育的基础,课程标准是指导学校教育的基本准则。学生发展核心素养建构旨在推动教育教学改革,实现这一目标首先需要将核心素养纳入并深化到课程改革的过程中去,尤其是融入新修订的课程标准中去。

一、重新梳理课程标准的基本框架

核心素养融入课程标准,首先要重新梳理课程标准的基本框架结构。根据国际课程改革的经验,现代课程体系一般包括四个部分:一是具体化的教学目标,即描述课程教学所要达到的目标需要落实培养学生哪些核心素养;二是内容标准,即规定学生在具体学科领域应知道和掌握的知识技能等;三是教学建议,也称机会标准,即为保障受教育者的学习质量提供的教育经验和资源,包括课堂讲授内容的结构、组织安排、重点处理及传授方式,还有学校公平性、教育资源的分配、学习环境的创设等;四是质量标准,即描述经历一段时间的教育之后,学生在知识技能、继续接受教育、适应未来社会等方面应该或必须达到的基本能力水平和程度要求。

在课程标准中贯彻核心素养的要求主要涉及三个方面。第一,具体化的教学目标一定是体现学生发展核心素养的教学目标。每一门学科需要根据本学段学生核心素养的主要内容与表现形式,结合本学科的内容与特点,提出该学科实现本学段核心素养的具体目标,同时要体现本学科特色。第二,内容标准和机会标准是促进学生形成核心素养的保证。各学科需要结合本学科、本学段的学生核心素养要求来安排学科知识,并且要根据素养培养目标和学科内容特点提出有针对性的教学建议,以促进学生核心素养的形成。第三,质量标准是学生核心素养在学业上的具体体现。学生核心素养可以为衡量学生全面发展状况提供评判依据,通过将核心素养与质量标准紧密结合,不仅可以更加有效地指导教育教学实践,结合了内容标准后还可以用来指导教育评价,监测学生核心素养达到的程度,并最终促进学生核心素养的形成和发展。

二、厘清核心素养与各学科素养的关系

核心素养是基于学生终身发展和适应未来社会的基本素养建立的,而非基于学科知识体系建立的。学生的问题解决能力、创新精神、社会责任感等方面的素养不是仅靠某一个学科就能够培养的,而是需要借助多学科、多种知识和多种能力的共同作用。核心素养推动的课程和教学改革,从人的跨学科能力出发,有利于打破学科界限,促进学科融合,共同培养全面发展的人。

当前,我国学生核心素养体系基本形成,将它落实到教育教学过程中则需要各个学科根据核心素养体系和本学科特点,研制学科核心素养,并把它贯彻到学科教学当中。从国际经验来看,日本和我国台湾地区都是将学生核心素养的具体指标直接分解到不同的学科之中,特别强调跨学科的统整性,既可以明确地看到如何通过不同课程的合力培养出学生的核心素养,也可以看到不同课程在培养学生核心素养方面的侧重。特别应该注意的是,核心素养是以整合各个学科,共同培养学生的核心素养为宗旨,在构建学科核心素养时,需要重视学科融合的思想、摆脱分科解构的思路,否则容易导致各学科抛开总的核心素养框架,各搞各的学科核心素养,从而把学生核心素养拆解为一个个与学科特定内容直接挂钩的零散部分。各门学科之间的边界不应当是刚性的、僵化的,而是软性的、互通的。超越了这个底线,无异于否定了核心素养本身。一个严重的后果是容易导致分科主义思潮泛滥。这样核心素养就变了质,发挥不了促进学生全面发展及学科整合的作用。

三、建立基于核心素养的学业质量标准

核心素养是学生适应个人终身发展和未来社会发展所需要的必备品

格和关键能力,是相对宏观且宽泛的素养。学业质量标准则主要界定学生经过一段时间教育后应该或必须达到的基本能力水平,是学生核心素养在具体学段和具体学科中的体现。

如何基于核心素养设置教育质量评估的目标、内容和手段,是各国际组织、国家和地区落实与推进核心素养的重要问题。当前,世界很多国家和地区在其课程标准中均有与课程内容相对应的质量标准或能力表现标准,而我国现行课程标准主要是对课程内容的界定,虽然从知识和能力、过程和方法、情感态度和价值观三维角度对课程进行了说明,对学什么、学多少讲得比较详细,但对学到什么程度的要求不明确,难以量化、分级,缺乏明确、具体的能力表现标准,导致各地、各校评判教育质量的标准不一致。建立基于核心素养的学业质量标准,将学习内容要求和质量要求有机结合在一起,完善现行课程标准,将有助于解决上述问题。

一是基于核心素养改善教材编写结构。

教材是对课程标准的进一步具体化,能清楚明确地指引教师将知识传授给学生。回顾新课程改革的过程,教材改革也伴随其中,其中一大改革是改变以往的单一教材局面,各个地区、学校可以根据自己的教学实际选择教材;不同出版社也能根据新课程标准编写教材,使得教材出版领域迎来了机遇与挑战。落实新课程标准的教学理念、指引教师课堂教学的完善是教材必须发挥的作用。应该看到,教材的改革调动了教材编制者的积极性,他们带着自己对新课程和教学理念的理解,将其转化为教材内容,但同时仍存在一些需要改善的地方。

推进核心素养进入教学实践,需要在教材编写时突出培养学生核心素养的导向。一方面,教材编写要改变以知识为中心的传统思维,在编写中体现培育学生创新实践能力,引导正确情感、态度、价值观等方面的内容;另一方面,教材要打破以学科为中心的思想,尤其是编写"科学、社会、艺术"等跨学科教材时,更需要打破学科界限,培养学科之上的综合素养。编写单一学科的教材时,也要注意培养学科素养,为综合能力素养的生成提供学科支持，而不是仅盯着学科知识，忽视人的整体性。

二是基于核心素养改善教师教学方式。

可以通过对教学过程的系列研究，鼓励教育研究者和教师开发更多促进学生核心素养生成的教学模式。无论是传递知识、开拓思维、组织活动还是互动交流，教师在设计和组织教学时都要将传统的"以知识点为核心"的教学观念，转变为"以核心素养为导向"的教学。具体而言，需要体现以下三个着力点。

第一，由"抽象知识"转向"具体情境"，注重营造学习情境的真实性。经济合作与发展组织（OECD）在"素养的界定与遴选"项目中指出，核心素养着力解决的是提高学生面对复杂情境下的问题解决能力，使之能够适应飞速发展的信息时代和复杂多变的未来社会。传统教学以学科知识点为核心，传授的知识往往过于抽象，难以形成解决实际问题的能力。真实世界中的问题情境往往更加复杂多元，教师教学中需要注意把抽象问题与真实情境相结合，为学生创设能够利用所学知识解决真实问题的机会。

第二，由"知识中心"转向"能力（素养）中心"，培养学生形成高于学科知识的学科素养。学科知识在学生学习和成长当中扮演着重要角色。通过学习学科知识，学生的智能、品德、价值观都打上了学科的烙印，这个过程就是学科素养形成的过程。然而，目前过于强调学科知识的教学，弱化了由知识转化为学科素养和能力的过程。要扭转知识本位的思想，就一定要在把知识转化、内化和升华为能力与素养上下足功夫。每个学科对学生的发展价值，除了一个领域的知识以外，应该能够提供一种唯有在这个学科的学习中才可能获得的经历和体验；提供独特的学科美的发现、欣赏和表达能力。所以，教师需要确立"通过知识获得教育"而不是"为了知识的教育"的教育思想。学科学习的最终目的应该是形成高于学科知识的学科素养。

第三，由"教师中心"转向"学生中心"，促进学生主动学习和合作学习的意识与能力。提高学生学习的主动性就是要把教学中心由"教"转向

"学",开展以学生自主活动为主的课堂教学。教师的重要作用体现在激发学生的学习兴趣、引导学生自主学习和培养学生合作学习意识上,从而达到教育的最终目标——培养学生具有终身学习的能力,成为一个全面发展的人。开展以学生自主活动为主的课堂教学,不仅要求教师让学生独立自主地进行探究,更重要的是要求教师以学生学习为主线,关注学生问题生成、实践、操作、思维转化、问题解决的全过程,指导并促进他们由浅入深、由表及里地进行学习探索,进而形成独立思考、实践和学习的能力,而不仅仅是放手让学生自学。

教师是教学的具体实施者,在学生核心素养的发展过程中扮演着转化者的重要角色。但是目前对广大一线教师的培训力度还不够,其对核心素养培育的领会和理解不够深刻,难以将这些观念贯彻到教学当中。在核心素养指标体系确立后,要想真正将其落实到学校教育中,教师的转化作用是不可忽视的。为了将核心素养融入实际的教学过程中,需要加强对教师专业发展的引领。

1. 研制并建立通用的教师能力和资格标准

教学是教与学的结合,是教师和学生组成的学习共同体。学生发展核心素养是顺应新的社会发展,在学习共同体中教师应有的专业技能也随之悄然发生了变化。基于学生发展核心素养,研制相应的教师通用能力和资格标准,是促进教师专业发展、提高教学转化效率的重要举措。所谓的通用教师能力和资格标准,也可以认为是教师核心素养,包括学科素养、教学素养、数字化素养、学会学习、人际关系、跨文化和社会素养、公民素养、创业精神、文化表达。

2. 研制基于核心素养的教师培训指南

为了配合发展学生核心素养以及新课程标准的修订,需要抓紧研制教师培训和专业发展指南。只有促进教师对核心素养的理解,鼓励他们探索促进学生核心素养生成的教学方法,才能将核心素养促进教学实践的功能真正发挥出来。具体而言,包含以下两点注意事项。

一是要重视学生核心素养的研究。

现在整个教育界关注的焦点之一就是学生核心素养。前面我们已经讲述过,核心素养是学生在接受相应学段的教育过程中,逐步形成的适应个人终身发展和社会发展需要的必备品格和关键能力。它应该包含六个方面的含义:核心素养是所有学生应具有的最关键、最必要的基础素养;核心素养是知识、能力和态度等的综合表现;核心素养可以通过接受教育来形成和发展;核心素养具有发展连续性和阶段性;核心素养兼具个人价值和社会价值;学生发展核心素养是一个体系,其作用具有整合性。未来基础教育的顶层理念是强化学生的核心素养。

二是要重视基础教育的课程改革。

课程,是为实现学校教育教学目标而选择的教育教学的内容。它广义上讲是指学科的总和或教师指导下学生活动的总和;狭义上讲是指一门学科。对课程的理解要弄清课程与教学的关系。这两个概念总是联系在一起,是课程大还是教学大?有人认为"课程论"含"教学论",有人在"教育论"中谈到"课程论",有人说两者是并列的。在这里暂且不去讨论这个问题,但相信大家有以下共识:课程中有教学,教学也离不开课程。不管是课程还是教学,都是有标准的,这个标准就是平日讲的课标,它是学校教学的一定阶段的课程水平、课程结构和课程模式的纲领性文件。

课程改革强调学生学科能力的培养。我们的教学目标是什么?应该是在传授知识的同时发展学生的智力、培养学生的能力,两者集中表现在学科能力上。什么叫学科能力?一是学生掌握某个学科的特殊能力。二是学生学习某种学科活动中的智力活动,及其有关智力和能力的成分。三是学生学习某个学科的学习能力、学习策略、学习方法。学科能力显示出五个特点:学科能力以学科知识为中介;学科能力是一种结构;学科能力具有可操作性;学科能力具有稳定性;学科能力与非智力因素,譬如与兴趣紧密地联系在一起。

第四章　宁波四中对学科核心素养培养的研究与实践

第一节　近年来关于核心素养的研究和尝试

近年来,宁波市第四中学一直行进在改革的前沿。自1998年起,学校就确立了"以课内为基础,课内外有机结合"的指导思想,进行了课程改革的探索。2006年我校成为浙江省普通高中新课程改革实验样本学校,在选课走班操作流程、学分认定、学籍管理、学生选修课指导手册等方面率先在省内进行尝试,逐步形成"必修＋选修＋活动"的课程结构。2011年学校成为浙江省普通高中多样化发展选修课程建设试点学校。学校课程结构发展为由核心课程(国家必修课程与国家选修课程中的高考模块)、选修课程、微型通识课程和提高创新课程四大板块构成。2013年,在浙江省推进的新一轮课改背景下,这一课程结构已经很难承载新课改所设置课程的价值功能,因此,我们对这一结构进行变革,立足学校实际,在全面、客观分析前三个阶段工作的基础上,把宁波四中的课程建设目标定位为"科学和人文并重,全面和个性共举,基础和创新融通"的多元毓才魔方式课程特色,为特色人才的培养提供丰富课程资源。

关于核心素养的培育,我校进行了不断探索和研究。

1. 丰富以培养"崇信明德、大气灵动"的现代公民为核心价值的学校文化

在我校178年办学历史中,校名不断更动,校舍几经迁移,但"诚·朴·爱"的校训一直是历任领导、历届师生坚守的精神传统。首先,学校深度挖

掘"诚·朴·爱"的现实意义。通过开展大讨论、辩论赛、演讲赛、征文比赛,让师生对校训有了全新的解读。其次,利用活动载体,搞好阵地建设。开展公民意识教育活动,通过主题班会、班级辩论赛、"青春无限、信任无价"成人仪式、"闪亮四中人"评比等活动,培养有信仰的现代公民。最后,改革学生评价机制,开展评比"信用学生"活动,在学生中树立"诚信为荣"的意识。开展"感恩·惜福"主题教育活动,包括"为父母做一件实事,进行一次真心的交流,送一份真诚的祝福,为父母洗一次脚"的"四个一"和"百封家书"感恩活动;培育学生珍惜粮食、珍惜时间、珍惜健康、学会感恩的"光盘行动"。组织师生爱心拍卖活动,所得款项汇成学校专为贫困学生设立的"春雨基金"。

一所学校的特色对于学生的影响是深远的,而宁波四中作为一所有一百七十余年文化积淀的传统老校,具备独特的精神品质,这为我们的"多元毓才"教育提供了弥足珍贵的条件,为我们开设四中特色课程提供了难得的支撑,学校的公民道德教育、校史教育都有自己的独特之处。

我校的德育活动形成了鲜明的系列化特色。高一年级侧重行为规范养成教育,通过组织新生参加军训并接受校史、校风、校纪、校规教育,促进学生良好行为习惯的养成;高二年级侧重人生观、价值观教育,组织学生上盘山林场劳动基地,参加植树、扛木、采摘茶叶等劳动和主题教育活动,接受艰苦奋斗传统教育,树立起正确的人生观、价值观;高三年级侧重理想信念教育,组织学生赴浙大参观,与名校零距离接触,帮助学生确立学习目标,激发学习信心。校史纪念馆是实物教材,反映四中校友的专著《浙东明月》又恰恰是最好的校本教材;几十位老师倾情打造的著作《公民德育读本》和德育处每年的公民主题教育活动遥相呼应。

2. 从历史传承中构建课程结构

我校在认真总结一百六十多年历史,尤其是改革开放以来的办学经验后,在2013年提出了"崇信毓才"的办学理念,以培养"崇信明德、大气灵动"的现代公民为目标。"崇信"取自我校办学的源头:创立于1845年的"崇信义塾";"毓才"取自于1903年时我校的校名"中西毓才学堂"。"信"还因为我校原是一所教会学校,意寓着信仰、信誉、诚信。这既和我们宁波帮的精神一脉相承,也是我校一百多年来文化的积淀。"毓"寓意着自然生长,意味着我们的教育要回归原点,尊重自然规律,尊重学生的兴趣意愿。我们的办学理念既要符合学生的成长规律,又应严守循序渐进的原则。"崇信毓才"就是要通过有信仰的教育,培养讲诚信的人才。"崇信毓才"贯通了传统传承与现实需要,是科学精神与人文情怀的融合,是面向未来和可持续发展的动力,也是我校办学理念的聚焦。"崇信毓才"也是四中人追求高尚的道德情操和遵循自主个性化发展方向的愿景。基于此理念,学校启动了系列工作,其中之一就是校本课程建设,着手梳理,把众多校本课程整合为体育与健康课程、数学与科技课程、人文与社会课程、文化与艺术课程、生活与品质课程等五大领域。

3. 积累和丰富课程内容

2006年以来,我校以新课程的理念为依托,将学校内所有教育都纳入课程,包括学科教学、德育活动、社会实践、拓展研究等。根据教学实际情况和学生发展的具体需要,广泛利用校外的图书馆、博物馆、展览馆、科技馆、青少年活动中心、电影院、工厂、农村、部队、政府机关、企事业单位、职业学校、成人教育机构、高等院校和科研院所等各种社会资源以及丰富的自然资源;积极利用和开发信息化的课程资源,有效发挥各种网络媒体的资源价值。目前,学校已经形成了4个共建单位,分别是盘山劳动基地天童林场、高一军训基地宁波公安海警学院和92074部队、高二职业技能实践基地宁波青少年绿色学校。同时,各类社会实践活动及调查点,如军训,到博物馆、天一阁、美术馆、厂矿、企业、商场、公司等进行社会调查研究,社区服务、职业体验、志愿者活动、野外生存训练、赴高校励志教育等都成为我校课程实施的社会资源。学校也重视校园文化活动,组织开展各类校园读书活动、学校文化知识竞赛活动、公益性社团活动、艺术节、成人节、科技节、体育节、国际姐妹学生间友好交流会等。每周五校园讲座课程"崇信大讲堂"还邀请知名校友、家长或社会成功人士来校举办讲座,对学生进行励志教育或为我校开设各类选修课。这些资源的利用,极大地激发了学生学习的兴趣和热情。

4. 大力推进学科融合

学校以学生的素养不断进阶提升为目标,打破学科界限,融通各学科知识,贯通价值观、思维力和创造力,充分尊重学生个性,并借此激发学生志趣,引导学生制定生涯规划,形成自我修持、自我完善、自我超越的终身学习能力与习惯,培养跨学科、跨领域人才成长的核心素养。

5. 构筑丰富多彩的特色课程群

2012年我校成为浙江省深化普通高中课程改革体育与健康实验基地校,2015年成为浙江省一级特色示范学校。学校根据自身特长,发挥自身优势,激活各方潜能,基本形成了基于学生自主选择基础上的具有宁波四中特色的课程运作路径。学校拥有一支潜心于教育研究、热心于教育改革的教师队伍。至今我校已有7门浙江省精品选修课程、2门宁波市精品选修课程、20门宁波市优秀选修课程。通过继承和发扬,我们进一步深入研究的课题"高中新课程综合实践活动的探索和实践"荣获2016年浙江省政府颁发的基础教育教学成果二等奖。通过十几年的积累,我校将校本课程教案和资料收集编印,形成了学科课程与活动课程、必修课程与选修课程、共性课程与个性课程相结合的"多元毓才"课程体系。组成宁波四中的五大课程领域和五大特色课程群。

6. 坚持教学方式改革,逐渐实现从有效、高效到活力课堂的转变

我校的课堂教学研究,经历了主题词为"有效课堂""高效课堂""活力课堂"的三个阶段。

我校作为2006年课改的样本学校和2012年课改的试点学校,积极进行教学模式、教育方法和教学手段改革,不断探索行之有效的教学方式,提高课堂教学效率,进行课堂教学的有效和高效研究,实施分层教学。分层教学是提高教学质量、实现有效教学的重要保障。对学生来说,适合自己

的教学就是最好的教学。分层教学的目的不是消除差异,而是在共同提高的同时缩小差距。分层教学才是真正的教学公平,它使得学生能够享受教学资源和重视程度的公平。我校分层教学的主要实践包括根据学生学习能力,分为创新实验班与普通班;根据学科与课程进行分层走班;根据学生学习层次进行提优补弱辅导。

第二节　关于走班制及教师发展的探索

在做好选修走班工作的同时,我校积极进行必修课程走班探索尝试。2013学年第二学期,学校在高一数学、英语,高二数学、英语、政治学科进行了必修课程走班尝试,取得了较好的教学效果。从高中生物理科学元认知、学业自我概念、学业成就相关性、普高学生哲学思维的培育研究与实践、高中生作文导写等的研究,到和北师大联合进行文科创新实验班的研究,我校不断推进教学方式的变革,促进学生个性发展。

我校教师发挥教育智慧,侧重教学设计、对课堂生成的引导、对课堂互动的把握。比如在关于希腊文化的历史课上,教师通过模拟苏格拉底的审判现场,让学生扮演角色并进行辩论,进而充分理解希腊文化的特质。再比如如何看待和应对学生接茬的情况。某种意义上说,接茬是学生发散思维的体现,是脑筋急转弯的结果,是意识流的本能反应;那些看似离课题中心很远的俏皮话中,往往蕴含着换位思考、辩证思维、奇思妙想,对学生"无效"语言中有用信息的敏感度,及将其与主要内容之间的关联能力,都是教师教育教学智慧的体现。可以说,一个专家教师和一个普通教师的区别,就体现在对课堂上那些引起大家兴趣、却在教学设计之外的横生的枝节的利用和引导的智慧上。

第三节　关于对学科核心素养的认知和理解

在当前的教育改革中，随着有关研究的不断深入，核心素养成为社会主义核心价值观落实的有效载体，也成为编制课程标准的主要依据。核心素养的研究将引领新一轮的课程改革，而在这个"让情怀落地"越来越受欢迎的时代，为了让学生核心素养落地，基于学科核心素养的"目标—教学—评价"体系孕育而生。我们提出将基础价值观教育融入学校各门课程的教学中。我们从学科知识、学科学习方法、学科思维和价值观四个层面自下而上架构学科素养的金字塔模型，并借助学科课程纲要的撰写来规范学科教学要求、教学进度安排、考试节点建议等内容。将学生核心素养转化为学科专业素养，为我们开展各层次、各类别学生的教学活动和评价活动指明了方向。同时通过构建"核心素养—学科素养—课程建设—课堂教学—综合评价"这一系列模型，能更好地将学生核心素养具体化、易操作化。

随着学生核心素养的逐渐完善，教育也有了自己的指路明灯。我们深入研究学生发展核心素养的具体落实路径，回归教育的原点，促进学生全面而有个性地成长。为此我们进行了以下的探索和实践。

1. 加深对核心素养概念的认知和理解

学生发展核心素养的本质是对"面向未来教育要培养什么样的人？如何培养？"这两个教育最根本问题的反思与追问。核心素养是学生在接受相应学段的教育过程中，逐步形成的适应个人终身发展和社会发展需要的必备品格和关键能力。它是所有学生应具有的最关键、最必要的基础素养，是知识、能力和态度等的综合表现，可以通过接受教育来形成和发展，具有发展连续性和阶段性，兼具个人价值和社会价值。而且，学生发展核心素养是一个体系,其作用具有整合性。

当前,我国学生核心素养体系基本形成,将它落实到教育教学过程中则需要各个学科根据核心素养体系和本学科特点,研制学科核心素养,并把它贯彻到学科教学当中。特别应该提出注意的是,核心素养是以整合各个学科、共同培养学生的核心素养为宗旨,在构建学科核心素养时,需要重视学科融合的思想,摆脱分科解构的思路,否则容易导致各学科抛开总的核心素养框架,各搞各的学科核心素养,从而把学生核心素养拆解为一个个与学科特定内容直接挂钩的零散部分,这样核心素养就变了质,发挥不了促进学生全面发展及学科整合的作用。

在学校层面如何落实核心素养的目标以及如何处理跨学科的共同素养和学科专门技能之间的关系正成为亟待解决的问题。我国的教育改革从素质教育到三维目标再到核心素养,其中有内在的必然性。核心素养可以纠正教育中存在的偏颇,相比素质教育,核心素养更强调后天的习得,它比三维目标也更适应当下的社会。核心素养本质上是三维目标在学生身上的综合体现,旨在培养学生的全面发展,但是它比三维目标更具关键性、情境性、情感性、动态性和终身性。相比素质教育,核心素养更突出教育教学活动对学生知识、能力、情感、态度等各种素养的后天培养作用。然而,从学生核心素养到课程标准的转化过程需要一个过渡环节,即学科核心素养,否则学科课程标准将"对不上"过于上位的学生核心素养,那么核心素养也就变成"空中楼阁"。

2. 进一步深入对学科素养的认知和理解

教育部提出的学生发展核心素养,是超越学科分野的一个框架。它本身是对党的十八大精神中"立德树人"要求的落实、落细,而各学科的学科素养又是对核心素养的落实、落细。基于学科素养,又可以制定出可操作、具体化的学科的学业质量标准,我们一线教师可以根据学科素养和学业质量标准开展自己的学科教学。目前,教育部已经启动了高中课程方案和高中课标的修订工作,在修订过程当中将会特别增加学科素养和基于核心素养制定出来的学业质量标准。

作为基层学校,我们深刻地感受到:对核心素养的贯彻和践行,必须要让一线学科教师对本学科独特的育人价值、育人功能有很好的思考。这个思考是理念澄清的过程,也是把核心素养细化到学科素养中的过程。作为核心素养的载体与体现,只有深入理解了学科核心素养,才能准确理解基于核心素养的新课程改革,为即将全面铺开的新课程标准及其教学提供充分的准备。应该如何界定学科核心素养的位置?学科核心素养,重点应该强调的是基础能力,还是学科的独特贡献?

从基础能力的角度来理解学科核心素养,其重点是强调核心素养的基础定位。从这个意义上说,学科核心素养应该与该学科的基础性学习密切关联,从一个学科最基本的教学内容中,落实对学习者的素质培育和人格培养。所以,学科核心素养关注的不应该是以题海战术为基础形成的应试经验,更不是"两耳不闻窗外事"的回避与逍遥。学科核心素养与学生的成长历程、学科的教学推进都有着密不可分的联系,它关注的正是学生通过学科学习可以得到培育和塑造的素质和能力。从这个角度来说,学科核心素养的培育过程,就是一个学习者通过学习实现成长的过程。在这个过程中,我们首先关心的是要将学习者培养成什么样的人,而不仅仅是关心他们记住了多少固化了的条目。这种目标的设计,应该是基础性的,面向学习者成长的全过程,可以在较长的时间内对其持续产生影响。

从独特贡献的角度来理解学科核心素养,其重点是强调核心素养的学科意义。核心素养体系繁杂,教育课程门类繁多。如何将这么多素养,通过这么多课程,整合到学生身上,成为一种具有整体性的学生素养表现?有的研究者就曾经提出这样的担心:每个学科都要有自己的核心素养,汇总到学生那里,会不会成为负担?这是在理解学科核心素养与核心素养关系时必须面对的一个重要问题。学科核心素养如何才能做到既体现学科价值,又不增加学生的负担?我们认为,最根本的方法,就是各个学科必须从自己的特性中提取本学科对于学生核心素养培育最有价值的东西,将这些东西作为本学科的核心素养,并落实到教育教学中,发挥其他学科不可替代的独特贡献。从这个意义上说,学科核心素养突出的应该是学科价值的个性与学生专业成长的综合性、整体性的有机结合,是该学科对于学生成长的意义和价值所在。

综上所述,我们得出了对学科核心素养的理解:学科核心素养是核心素养在特定学科(或学习领域)的具体化,是学生学习一门学科(或特定学习领域)之后所形成的,具有学科特点的关键成就,是学科育人价值的集中体现。

3. 进一步加强和改进课程建设

要将学科素养融入课程开发之中。学科素养和学科课程开发不可分割,学科的课程结构决定了学生的学科素养结构。从宏观上,教育部已经在组织专家力量修订课程标准和课程方案,其中必然会突出学科素养。这就需要一线学科教师对学科课程进行再开发,在内容的组织、资源的投放、课程的设计、评价的落实中融入学科素养的要求。

教育的终极旨趣在于育人,而课程是这一旨趣实现的最重要载体。就具体意义而言,正是课程决定着把学生培养成为什么样的人的问题。学生作为有思想、会思考,理性与情感同在、身体与心灵趋于成熟的独立个体,其成长成才的过程离不开与课程发生精神的相遇与交流。就基础教育而言,人的教育需要落实到所有课程中去。简言之,人的教育和课程强调的是对学生思想、人格、态度的培养。那么,课程所承载的把学生培养成为什么样的人的使命,实质就是要探寻课程与学生的深度交互关系,而学生核心素养是嫁接这一关系的重要纽带。一方面,学生核心素养的培养为课程育人价值的实现指明了方向,课程就是要在这一终极旨趣的确证中实现创新发展;另一方面,学生核心素养的发展以课程为载体,课程就是要在这一本体功能的发挥中进行自我创新。

落实核心素养,从学校的课程规划角度,我们完成了两种课程的设计:一是学科课程,二是跨学科课程(即综合性课程)。学科课程是基于学科的逻辑体系开发的，目的是要让学生掌握学科知识的间接经验。跨学科课程是学生获得直接经验的过程，它关注的是学生面对真实世界时的真实体验和直接经验，旨在以社会生活统合和调动已学的书本知识。它有利于学生获得对世界完整的认识，有利于培养学生的创新精神和解决实际问题的能力。两种课程的主要学习方式也各有特点，后者是以探究性学习方式为主导的。两种学习交互在一起，才能够让教育和学习回归生活，才能体现学生学习的全部社会意义。也许可以这样说，所有以核心素养为指向的教学，都需要通过学习者间接经验学习和直接经验学习之间的交互才能实现。因此，当前学校完善两种课程的设计就极为重要。

我们努力做好校本选修课程与国家、地方课程的有效衔接。浙江省新高考改革和课改的核心词是"选择"，因此学校需要开设足够多数量、足够高质量的校本选修精品课程来满足学生多样的选择。但是，选修课程的开发、开设并不是能随意决定的，也不是老师擅长什么内容就开什么课程，只有以国家和地方课程为主干，向四周不断衍生的选修课程才是符合发展核心素养的选修课程。另外，我们也在根据本校实际对国家课程和地方课程进行编排整合，打通必修课程与选修课程之间的通道，从而将核心素养的各项指标分解到具体的课程中，使得学生通过课程的修习达到发展的要求。

我们依据核心素养开发开设课程群。课程群是指一系列具有相同主旨的课程按照一定的逻辑和层次进行组合后的课程形态。一般来说，优质的课程群有两大来源：一方面可通过挖掘学科内部或者学科之间的逻辑来构建专业的学科课程群；另一方面也可以充分利用学校或地区特色来渗透多门学科。例如，我们就以天童林场课程构建特色选修课程群，将化学、生物、美术、历史、语文、外语等多门课程进行整合，体现了学生发展的多样性需求。

我们充分挖掘校内外资源，保证核心素养的有效实施。借助社会企事业单位、大专学校、职业院校等外在资源为学生多样化的核心素养培养提供支持;我们进一步挖掘校内资源,通过学科教室建设、教师专业化培养及学校文化建设等途径为核心素养落地生根护航。

课程体系的建设是促使学生核心素养落地最直接的方式,将核心素养分解为学科的专业素养则是一种"绕点画圆"的方式。不同学科对学生的核心素养发展都有贡献,但贡献程度却不一样,因此研究学科的素养体系成为促使学生发展核心素养的间接途径。首先,学科的核心素养目标是学生发展专业素养的具象化,是在充分考虑本学科对于发展学生核心素养贡献的基础上制定的。其次,学科的教学内容必须充分考虑专业素养的渗透和落实。再次,在学科教学中,要以多样化的形式促进核心素养通过课程真正内化于学生的心灵。最后,在评价体系建构上更要将学生核心素养的落实情况作为学科目标达成的重要依据,从而为进一步的教学提供诊断信息。

4. 把学科核心素养的培养落实在课堂教学中

基于核心素养的教学要把握知识本质、创设教学情境。核心素养的形成,不是依赖单纯的课堂教学,而是依赖学生参与其中的教学活动;不是依赖记忆与理解,而是依赖感悟与思维;它应该是与时俱进、日积月累、自我思考的经验的积累。因此,基于核心素养的教学,要求教师要抓住核心知识的本质,创设合适的教学情境,启发学生思考,让学生在掌握所学知识技能的同时,感悟知识的本质,积累思维和实践的经验,形成和发展核心素养。

我们在教学中引导学生感悟知识的本质。基于核心素养培养的课堂教学不仅要传授知识、培养技能,而且要帮助学生养成良好的学习习惯,启发学生独立思考,帮助学生积累经验(思维的经验、实践的经验)。其中,我们更强调让学生学会集中精力思考问题,因为集中精力是养成思考习惯的基础,而思考是理解的基础。

深化课改的主战场在课堂,创新人才培养的主阵地也在课堂。核心素养的落实,显然不仅仅是对教学内容的选择和变更,它更是以学习方式和教学模式的变革为保障的。我们在研究现状中注意到,在当下的教学中,知识灌输和技能训练仍然是教学的基本方式,过度关注固定解题过程和标准答案的现象非常普遍。所以,要把"知识为本"的教学转变为"核心素养为本"的教学,必须大力推进学习方式和教学模式的改变。

要真正实现这一改变,我们需要深刻理解人是如何学习的,进而回归到学习的本质。纵观人类社会,无论是思想发展史、社会进步史,还是科学发现史、技术革新史,无一不是在不断发现新问题中解决问题,又在解决问题中发现新的问题;而对于每一个独立的个体来讲,都是在不断的自我追问中寻找到自己的精神家园。所以,回归对问题的探求,并在这个过程中找回自己应有的智慧,应是学习的本意。

从以教师讲授为主的教学方式转变为以学生学习为中心的课堂,中间的桥梁是"问题化学习"。"问题化学习"让我们看到,所有的教学必须以学生学习为主线去设计,必须让学生真实的学习过程能够发生并且展开。但在现今的教学过程中,学生的学习并没有充分展开,甚至出现了"假装学习"的现象。因此,今天需要在教学中强调问题化学习。以真实的问题形成问题链、问题矩阵,试图让学生在学习中,在对问题的追寻中,慢慢形成一个知识结构——从低结构到高结构、从单一学科的结构到综合的跨学科的结构、从知识到真实的世界。在问题化学习的过程中,以认知建构的方式去重组问题、重组内容,让学生在问题与问题的联系中、在综合地带和边缘地带进行知识的碰撞以及认识知识与知识之间的联系。这就是问题化学习方式极具价值之处。

同时,问题化与情景化是紧密联系的,问题往往产生于情景。真实的生活情景在以核心素养为本的教学中具有重要价值。如果学生在学校学到的知识与现实生活建立不起联系,那么很重要的原因就是学校教学活动所应依存的情景缺失。情景是学生核心素养培育的途径和方法,也是核心素养实现的现实基础。

第五章　在课堂中落实核心素养经典课例三篇

【第一篇】

"教什么"及"怎么教"的思辨性探讨
——从《骑桶者》看人的生存困境
语文教研组　曾永明

与《普通高中语文课程标准（实验）》（以下简称"旧版课标"）相比，《普通高中语文课程标准（2017年版）》（以下简称"新版课标"）进一步提炼出了语文学科核心素养。在核心素养基本理念的指导下，语文教学获得了更多的延展性。新版课标明确指出，语文学科核心素养是学生在积极的语言实践活动中积累与构建起来，并在真实的语言运用情境中表现出来的语言能力及其品质；是学生在语文学习中获得的语言知识与语言能力，思维方法与思维品质，情感、态度与价值观的综合体现。

也就是说，学生主动建构语言模式是新课程改革的必然要求。学生语言模式的形成离不开教学实践，如果能够引导学生在课堂中运用辩证性思维，主动表达，那么学生在语言的习得上会取得更大的进步。王尚文先生也早在其《语感论》中提出过"语言图式"一说，笔者认为这个概念是具有前瞻性和可操作性的。这样，我们在政策层面和学术层面都获得了支持。

基于上述认识，以及对语文教学的心理期待，本设计将以外国小说名篇——卡夫夫的短篇小说《骑桶者》为例，来对语文核心素养作一个研讨，以期在核心素养的理解与实践上行走得更远。

卡夫卡生活和创作的主要时期是在一战前后。当时，经济萧条、社会腐败、人民穷困，这一切使得卡夫卡终生生活在痛苦与孤独之中。于是，对社会的陌生感、孤独感与恐惧感，成了他创作的永恒主题。其作品大都用变形荒诞的形象和象征直觉的手法，表现被充满敌意的社会环境所包围的孤立、绝望的个人，成为席卷欧洲的"现代人的困惑"的集中体现，并在欧洲掀起了一阵又一阵的"卡夫卡热"。

卡夫卡的经典作品有《变形记》《城堡》《审判》《地洞》，这些作品无不采用虚构与荒诞的手法。正如美国诗人奥登评价卡夫卡时说："卡夫卡对我们至关重要，因为他的困境就是现代人的困境。"那么在教学时，我们如何为学生去解剖一部充满荒诞意味的小说就变得充满挑战。虽然同为文学作品，但由于中外作家在创作思维、语言习惯和语言风格上的差异性，学生在研究外国作家的作品时，必定会遇到陌生化的语境。

本设计将围绕语文核心素养中的"语言构建与应用"及"思维发展与提升"来展开，这将异于依据旧版课标所做的教学设计。为此，笔者想从对《骑桶者》的教学设计综述开始，一来可以在前辈研究的基础上更加全面客观地与学生共同探讨文本，二来可以更加清晰地展示出学科核心素养背景下的教学设计。

一、旧版课标下的案例综述

（一）文本主旨综述

笔者通过查阅各类期刊及网络资料，对 22 个《骑桶者》的教学案例作了一番梳理。关于该小说的主题主要有"反映资本主义社会人性的自私冷漠""人与人的不可通融""现代人生存的某种物质和精神上的游离状态，以及现代人的生存困境"等。

（二）教学目标综述

1. 初步认识卡夫卡；
2. 理解真实与虚构的关系；

3. 领会文章的内容与主旨；

4. 培养小说的鉴赏能力；

5. 领悟小说的多重主题；

6. 通过分析造成悲剧的环境因素和骑桶者的形象意义，领悟小说的内涵。

以上综述可以比较直观地看出之前对于《骑桶者》的教学设计更多地停留在静态目标的呈现上，虽然旧版课标对"双基"作了特别强调，但还是缺乏更为细致的定位，操作起来难度较大。

二、新版课标（语文核心素养）下的教学设计

（一）教学目标

1. 通过小说情节的梳理，学生能习得一种新的文学语言图式；

2. 通过对文章主旨的探讨，学生能形成逻辑思辨能力；

3. 引导学生学会使用虚构的手法进行创作。

【设计意图】 教学目标的设定应该符合语文核心素养的要求，在核心素养的指引下，教学过程便有了清晰的目标和准确的定位。

（二）导语设计

你在干什么？我在等待戈多。

他什么时候来？我不知道。

我是在等待我的戈多，我却真的不知道他会什么时候来。

他告诉过我，他会来，让我在这里等他。

我答应他，等他。

我毫无指望地等着我的戈多，

这种等待注定是漫长的。

我在深似地狱的没完没了的夜里等待，

生怕在哪个没有星光的夜里就会迷失了方向。

开始是等待，

后来我发现等待成了习惯。

——塞缪尔·贝克特《等待戈多》

1. 内容介绍

《等待戈多》表现的是一个"什么也没有发生,谁也没有来,谁也没有去"的悲剧。作品着重表现人的心态、心理活动过程,以及人的心理活动障碍。作品中的人物没有鲜明的性格,作品没有连贯的故事情节。《等待戈多》是戏剧史上真正的革新,也是第一部演出成功的荒诞派戏剧。

2. 思想背景

荒诞派戏剧的哲学基础是存在主义。存在主义者否认人类存在的意义,认为人与人根本无法沟通,世界对人类是冷酷的、不可理解的,他们对人类社会失去了信心。

【设计意图】 从教师对《等待戈多》的话语描述中,学生会对荒诞艺术产生一种兴趣。这是他们走进虚构艺术的一个源动力。如果缺乏有效的指导,我国高中生对卡夫卡的小说并不会有特别强烈的心理感受。所以通过《等待戈多》这一荒诞派戏剧的导入,学生对于接下来的课堂教学会产生较为浓厚的兴趣。

(三) 教学过程

问题设置 1:初读《骑桶者》,你能够从文章中得到哪些最直观的阅读体验?

教学预设 1:学生的答案将会从文学形象、文章主旨及文本有趣的细节,比如"借煤方式""我的心理""我的语言""我的命运"来展开。无论学生从哪方面来提炼,都将有利于教学内容的生成。

【设计意图】 本问题的设置意在了解学生对文本最初的体验,这是一堂课走向成功的必经之路。正所谓"一千个读者有一千个哈姆雷特",不同的学生对一个陌生的文本的体验必然是不同的,哪怕他们关注的角度相同,其得出的认知结果也有很大的差异性。这是学生"学会表达"的重要路径。

在知晓学生对文章的关注点后,我们可以从学生的体验中提炼出几个核心问题,并以此来串联起整个文本。以下的问题将按照一定的文本逻辑来实施,在实施过程中,教师应始终将教学目标贯穿其中。

问题设置2:"骑桶"的原因是什么?

教学预设2:其一是需要煤的紧迫性,即"我可不能活活冻死,我的背后是冷酷的火炉,我的面前是同样冷酷的天空,因此我必须快马加鞭,在它们之间奔驰,在它们之间向煤铺老板要求帮助"。也就是说,骑桶的第一目的是为了迅速去,而不是为了去了以后迅速离开。其二,从文本看,把空桶骑过去而不是提过去,也是为说服煤铺老板提供一个有力的证据。

【设计意图】 这个问题的设计,不仅可以将故事发生的背景自然揭示出来,还可以由此去剖析骑桶者的内心世界。

问题设置3:文章采用第一人称来叙事,让我们觉得故事具有一定的真实性。如果采用第三人称,在表达效果上会有什么差异。

教学预设3:第一人称有助于增加故事的真实性,让读者信以为真。而且由于小说采用了虚构艺术,第一人称的使用将尽可能地避免读者对故事真实性的怀疑。通过"我"的叙述,"我"借煤的原因、"我"的尴尬处境、"我"与他人的沟通方式都得以呈现。

【设计意图】 本问题意在引导学生分析文章中的"我"是如何去陈述自己的处境,并且"我"又是如何与煤老板夫妇沟通的。这样设计,就将学生一步步导向"语言图式"这个教学目标上去。也就是说,这可以成为一个承上启下的教学设计,有助于增强教学过程的逻辑性。在这个基础上,我们可以进行如下设计。

问题设置4:你们觉得"我"在借煤前后的语言中有什么特点?"我"是一个怎样的人物?通过他的语言,你们认为"我"为什么不能够成功?

教学预设4:"我"在卡夫卡的小说中是一个底层小人物,穷困潦倒,在生存危机面前甘愿放弃一切尊严。为此,"我"的语言必然是卑微的,心灵也是允许被他人践踏的。

关于借煤失败的原因这一点上,学生应该有话说,可以分解出以下几点：(1)"我"没有采用正确的方式；(2)老板夫妇没有看见"我"。

【设计意图】 学生对于"我"的身份是比较容易把握的，但是对于为何失败是有较多的争议的。这个问题的设计就直接指向我们这个设计的主题，"教什么"和"怎么教"便有了最直接的张力，我们的思辨性教学在这里便有了生成空间。

问题设置5：你是否认可与煤老板夫妇的交流是"我"想象出来的？

教学预设5：借煤的失败不是正面交涉的失败，而是因为借煤者选择了飞翔的方式。而如果煤店老板并没有确切地看到你、听到你，他们没有借煤难道有什么值得责怪的吗？或许，我们也可以把"借煤"看作是发生在作者想象里的一件事，这件事强调的不是煤店老板娘的狠心，而是借煤者对世界的畏惧。

【设计意图】 很多读者会认为，煤店老板夫妇的对话是客观的，因为他们觉得这个对话场景很真实，连老板的身体状况都知晓得一清二楚，必定是在这个对话中实现了人称的转变。当然，教学时，教师不能对问题的答案作出过多的暗示，否则，生成空间就会被限制。如果学生认为与煤老板的交流是确有其事，那么小说的主旨可能就指向"世态炎凉，人心冷漠"，也有可能反映"人与人在这个世界的不可通融"。如果那个对话是"我"想象出来的，那么毫无疑问，"我"一定出了问题，因为"我"采用这么一种卑渺的形式，连自己都看不起自己，那又怎么可能被这个世界接纳呢？解决了这个问题，就顺理成章地过渡到文章主旨上来。

问题设置6：你认为卡夫卡究竟想告诉我们什么？

教学预设6：人性的冷漠自私，抑或小人物的生存困境等。结合芥川龙之介的观点"生活是多层面的"，也许小说想要表达的是一种人生命运的巧合、偶然。从"我"的角度看老板娘很可恶，但从老板娘的角度来看她很关心丈夫，并不可恶。生活是立体的，这大概就是小说想要表达的。

【设计意图】 这个问题的设计不仅可以将文本内容串起来，也揭示了文章主旨。所有相关要素都将得到呈现，比如文学形象、文学语言及文章结构。这让我们能够站在一个制高点来俯视整个文本。无论老板娘是否看见他,骑桶者都将消失,不复再见,最终都是悲剧,体现了一种命运的不可逆性。

问题设置7:小说的最后写道:"我浮升到冰山区域,永远消失,不复再见",请思考"我"是永远跟着"我"自己的,"我"又怎么会消失呢?

教学预设7:这体现了"我"对自己的否定。"我"一直在尝试与这个世界沟通,在地窖上空呼喊煤店老板,但这种尝试最终失败了。"我"始终无法打破这种隔离的状态,而被这个世界弃绝了。这种弃绝最终使"我"感到绝望,而绝望则渐渐模糊了"我"的意识,使"我"彻底与世界隔离。

【设计意图】 "我"由于"赌气",自甘堕落,主动远离这个世界,这恰恰吻合了卡夫卡的小说创作特点。一个虚构的故事居然让我们不得不对这个世界有着更多的思考,这就是虚构中的真实性。

问题设置8:我们是否是"骑桶者"?

教学预设8:学生根据自己从文本中得出的结论来观照自己的生命世界。在此,他们可以自圆其说。任何人都可能是"骑桶者",因为我们活在一个人与人的关系世界里,卑渺的人生与对世界的幻想是一个矛盾体。也许孱弱的个体终究有一天会变得强大,但无论我们身处怎样的处境,我们都会遇到强大与弱小相互对视的那种场景;无论我们是强大还是弱小,都逃不脱。从群体性角度来看,我们曾经都是"骑桶者",今天或未来我们的身边还有许许多多的"骑桶者",甚或我们一辈子都带着"骑桶者"的宿命。

资料补充:

> 一切障碍都能摧毁我!
>
> ——卡夫卡

德国学者安得尔对卡夫卡在这个世界上的处境曾作了精彩的总结:

作为犹太人,他在基督徒中不是自己人;

作为不入帮会的犹太人,他在犹太人中不是自己人;

> 作为说德语的人,他在捷克人中不是自己人;
> 作为波希米亚人,他不完全属于奥地利人;
> 作为劳工工伤保险公司的职员,他不完全属于资产阶级;
> 作为资产者的儿子,他又不完全属于劳动者;
> 但他也不是公务员,因为他觉得自己是个作家;
> 就作家来说,他也不是,因为他把精力常常花在家庭方面;
> 但是在自己家里,他比陌生人还要陌生。
>
> ——[德]龚特尔·安德尔

从这段文字中,你感受到卡夫卡有着怎样的人生困境呢?他是一个没有归宿感的作家,他没有自己的祖国、自己的宗教,没有家庭的温暖、爱情的甜蜜,甚至在职业上他也是一个介于职员与作家之间的"边缘人"。卡夫卡在家庭中感到孤独,在社会上更是如此,总有一种被隔离的感觉。

【设计意图】 人性是一个复杂之物。这个问题的设计使学生获得一种代入感,通过情感的代入,让学生去直面真实的生命。通过这种对生命的审视,学生在未来才能够形成一种观照生命的意识。我们需要的就是这种有热度的灵魂。

问题设置9:虚构与"心灵的真实"。

教学预设9:艺术上的虚构往往能够产生强烈的真实感,它表现得比生活更加真实。

【设计意图】 作为虚构艺术的代表作,其"虚构性"不能被忽视。通过对虚构方式的了解,学生能够习得一种新的叙事手段,这符合王尚文先生提出的"语言图式"这一主张。

(四)教学过程总结

问题的设计更多的是基于教学的一种预设,而内容的生成必然是在动态教学过程中产生的。一节课中,"教什么"与"怎么教"不是平行关系,二者你中有我、我中有你,相辅相成。教学过程不仅仅是向学生呈现某一种或几种结论,更多的是引导学生自己得出结论。既然我们要培养具有逻辑思维力的学生,那么让学生学会学习、学会思考就成了课堂教学最为适切的目标。

　　本堂课的教学设计应该是有层次的,遵循着学生的认知规律,也尊重文本内在的事理逻辑。教学方法上,尊重学生对文本的生命体验,是我们设计教学的原动力。基于学生的体验而生发出的教学形式,其本身就是建立在对人的尊重的基础之上。笔者以为阅读教学是最能体现学生生命意识的一种教学形态。教学生态能否永葆生机,完全取决于学生在课堂中是否展现出了自己真实的生命状态。倘若学生能够真正走进文本世界,那么无论文本语言是叙述,还是言论,抑或抒情等,都将激发他们的表达欲望。思辨性教学便能够从而在潜移默化中得以开展。

三、关于文本教学设计的余思

　　新版课标提出了"以核心素养为本,推进语文课程深层次的改革"这一基本理念,既关注了知识技能的外显功能,又重视了课程的隐性价值,这对于语文教学是一个很好的指引。但课程标准终究还停留在一个课程层面,它仅仅起到的是一个方向性的作用。正如有关专家指出,如果光有核心素养的提出,而没有教学评价机制的相应改变,我们的改革可能还会是穿新鞋,走老路。

　　作为一线的语文教师,我们要有一种内在的驱动力,用一种大格局的思路去扩大自己的阅读视野,使自己从一个单纯的教书匠向智慧型、研究型教师转变;用一个改革者的气度,去对自己的教学反复打磨,让自己变得更加卓越。当依照教材教学时,我们完全可以用自己深厚的积淀及以人为本的情怀去创新自己的教学之路。《骑桶者》的教学设计是众多设计中的一个,无论将来教材如何变化,不变的永远是"以变来求新,以变来求发展"。

【第二篇】

基于高中数学核心素养"教学建模"的课堂研究
数学教研组　毛丽娜

一、数学核心素养概述

数学核心素养的构成包括数学抽象、逻辑推理、数学建模、直观想象、数学运算与数据分析等六个方面。

其中，数学抽象是指舍去事物的一切物理属性，得到数学研究对象的思维过程。其主要包括：从数量与数量关系、图形与图形关系中抽象出数学概念及概念之间的关系，从事物的具体背景中抽象出一般规律和结构，并且用数学符号或者数学术语予以表征。

逻辑推理是指从一些事实和命题出发，依据逻辑规则推出一个命题的思维过程。它主要包括两类：一类是从特殊到一般的推理，推理形式主要有归纳、类比；另一类是从一般到特殊的推理，推理形式主要有演绎。逻辑推理是得到数学结论、构建数学体系的重要方式，是数学严谨性的基本保证，是人们在数学活动中进行交流的基本思维品质。

数学建模是对现实问题进行数学抽象，用数学语言表达问题、用数学知识与方法构建模型解决问题的过程。其主要包括：在实际情境中从数学的视角发现问题、提出问题，分析问题、构建模型，求解结论，验证结果并改进模型，最终解决实际问题。

直观想象是指借助几何直观和空间想象感知事物的形态与变化，利用图形理解和解决数学问题的过程。其主要包括：借助空间认识事物的位置关系、形态变化与运动规律；利用图形描述、分析数学问题；建立形与数的联系；构建数学问题的直观模型，探索解决问题的思路。

数学运算是指在明晰运算对象的基础上，依据运算法则解决数学问题的过程。其主要包括：理解运算对象，掌握运算法则，探究运算方向，选择运算方法,设计运算程序,求得运算结果等。数学运算是数学活动的基本形式,也是演绎推理的一种形式;是得到数学结果的重要手段,也是计算机解决问题的基础。

数据分析是指针对研究对象获得相关数据,运用统计方法对数据中的有用信息进行分析和推断,形成知识的过程。其主要包括:收集数据,整理数据,提取信息,构建模型对信息进行分析、推断,获得结论。数据分析是大数据时代数学应用的主要方法,已经深入到现代社会生活和科学研究的各个方面。

高中阶段数学教学的一个重要任务在于进一步培养和提高学生的数学核心素养,这是学生在数学方面获得良好发展的重要标志。数学核心素养的培养有利于学生正确数学观的形成,可以有效地指导数学教学实践,提升学习效率,增强学习信心。数学建模及其实施过程应更多地被看成是一种教学活动过程和模式,深挖目前的高中数学教科书,不乏适合数学建模的内容。本文摘取平时教学中的几个案例,谈谈高中数学建模的运用。

二、借助模型引入,促进概念生成

(一)"两个计数原理"的教学设计

鉴于学生已经学习过电学中串联与并联的知识,了解了相关电路图,笔者拟用物理中的"电路模型"来进行加法计数原理和乘法计数原理的教学。

师:请大家帮老师来分析一下这个电路(如图 3.5.1)。

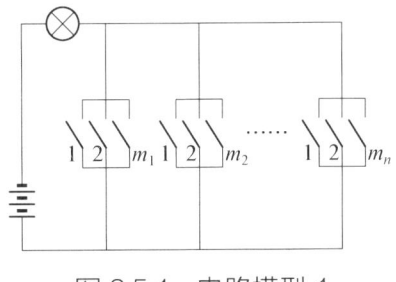

图 3.5.1 电路模型 1

生：这个并联电路共有 n 组开关，每组又分别有 $m_1, m_2, \cdots, m_n$ 个开关并联。

师：闭合其中任意一个开关，灯泡会不会亮？

生：会亮。

师：如果约定，灯泡亮为事件 A，那么闭合其中任意一个开关就是完成事件 A 的一种办法。请问：完成事件 A 总共有多少种不同的办法呢？

生：$N = m_1 + m_2 + \cdots + m_n$。

教师随后归纳出加法计数原理的定义：完成一件事 A，有 n 类办法，在第 1 类办法中有 m_1 种不同的方法，在第 2 类办法中有 m_2 种不同的方法，以此类推，在第 n 类办法中有 m_n 种不同的方法，那么完成事件 A 共有：$N = m_1 + m_2 + \cdots + m_n$ 种不同方法。

同样地，借助图 3.5.2 所示的电路图可以引入乘法的计数原理。

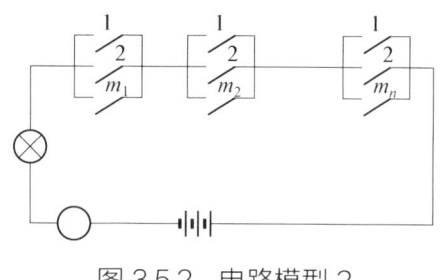

图 3.5.2 电路模型 2

【设计意图】 教材中是借用生活中的实例来引出加法计数原理和乘法计数原理，虽然容易理解，但由于具体知识准备不足，学生对抽象的概念缺乏认识。而"电路模型"的引入，不但可利用学生原有的知识结构来构建新的概念，而且表述方式上更贴近计数原理的定义，使学生容易接受新的概念。

（二）"圆锥曲线与方程"之章引言

由于章引言起着对整章知识体系、逻辑线索和结构顺序的导引作用，对于"圆锥曲线与方程"的章引言，笔者做了如下的教学设计（部分）。

1. 引入生活实例,增强学生感知。

请你尝试:用刀斜切圆柱形萝卜,得到的切口是什么曲线?投掷铅球,它的运动轨迹是什么曲线?

观察实物:发电厂的自然通风塔外形是什么曲线?探照灯的横截面是什么曲线?

2. 提前准备学具,体验形成过程。

把平面截圆锥的教具(随意拆装)提前分到学生手中,通过传递,请部分同学尝试操作,观察截口曲线的形状。

3. 课堂动画展示,感知圆锥曲线。

通过上述的教学环节,在学生对圆锥曲线初步认识的基础上,教师通过 flash 动画或几何画板的演示,抽象出椭圆、双曲线、抛物线的初步概念,促使学生感知圆锥曲线名称的由来;同时,让学生了解当平面与轴所成的角 θ 变化时(其中截面不过顶点),截口曲线的变化情况。

在研究平面截圆锥所得曲线的问题时,不能离开数学教科书(选修 2-1)第 42 页中"探究与发现"的提示"为什么截口是椭圆",以及学生普遍不太注意的"圆锥曲线与方程"之章引言与章末小结的一段话:用平面截圆锥,改变平面与圆锥轴线的夹角,可以得到的截口曲线分别是圆、椭圆、抛物线、双曲线,我们把它们统称为圆锥曲线。在学习本章节的后期,可将这个结论细化如下:

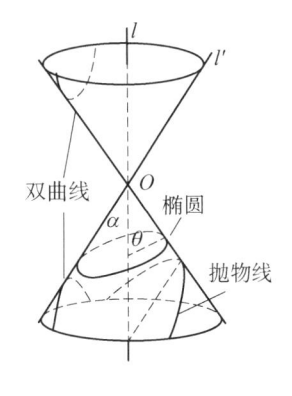

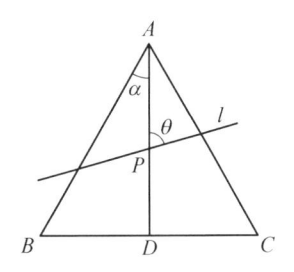

图 3.5.3 圆锥模型　　图 3.5.4 圆锥的轴截面△ABC

设圆锥的轴截面△ABC的顶角∠BAC＝2α$\left(0<\alpha<\dfrac{\pi}{2}\right)$，平面与圆锥轴线AC所成角为θ(平面不过圆锥顶点)，则：

(1) $\theta=\dfrac{\pi}{2}$，截口曲线是圆；(2) $\alpha<\theta<\dfrac{\pi}{2}$，截口曲线是椭圆；(3) $\theta=\alpha$，截口曲线是抛物线；(4) $0\leqslant\theta<\alpha$，截口曲线是双曲线。

今后，在判断这类动点轨迹问题时，可以利用上面的结论，并结合旋转体模型来寻求正解。

【设计意图】 从教学目标定位来说，在学生已初步学习解析几何的基础上，这节课的教学能让学生明白什么是圆锥曲线、圆锥曲线的由来及圆锥曲线的广泛应用等。所以，模型的运用是本节课不可少的环节，让学生产生"看个究竟"的冲动，兴趣盎然地投入本章节的学习。

三、通过模型生成，破解疑难问题

平行六面体模型应用

1.（2016·北京）某三棱锥的三视图如图3.5.5所示，则该三棱锥的体积为（　　）

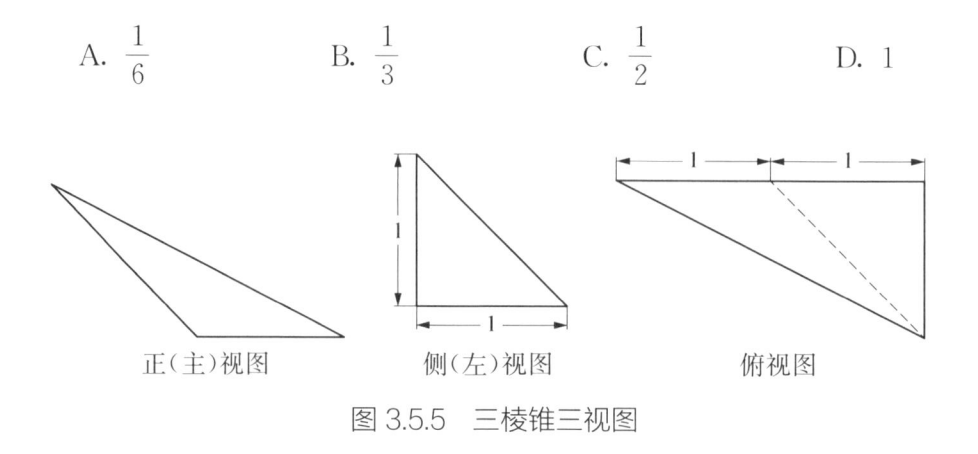

A. $\dfrac{1}{6}$　　　　B. $\dfrac{1}{3}$　　　　C. $\dfrac{1}{2}$　　　　D. 1

图3.5.5　三棱锥三视图

解析：如图3.5.6所示，题中的三棱锥，即长、宽、高分别为2、1、1的长方体中的四面体,所以其体积 $V = \frac{1}{3} S_{\triangle BCD} \cdot 1 = \frac{1}{3}\left(\frac{1}{2} \cdot 1 \cdot 1\right) \cdot 1 = \frac{1}{6}$。这样,可以避免由于审题不慎,误认为三棱锥的底面积是俯视图的面积 $\frac{1}{2}(1+1) \cdot 1 = 1$,而错选 B。

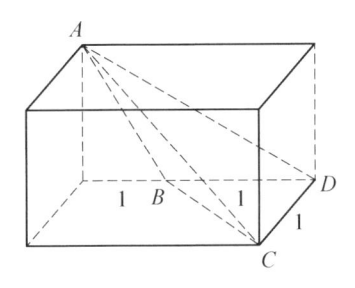

图 3.5.6 三棱锥模型

2. (2015・浙江模拟)已知线段 OA, OB, OC 两两垂直,且 $OA=1$, $OB=1$, $OC=2$。若线段 OA, OB, OC 在直线 OP 上的射影长相等,则其射影长为_____。

解析:作一个以线段 OP 为体对角线的长方体(如图 3.5.7),且点 A、B、C 分别在三条棱上,记 OP 与三条棱所成角分别为 α, β, γ, OA, OB, OC 在直线 OP 上的射影长为 l,则 $\cos \alpha = l$, $\cos \beta = l$, $\cos \gamma = \frac{l}{2}$,由于 $\cos^2 \alpha + \cos^2 \beta + \cos^2 \gamma = 1$,则其射影长 l 为 $\frac{2}{3}$。

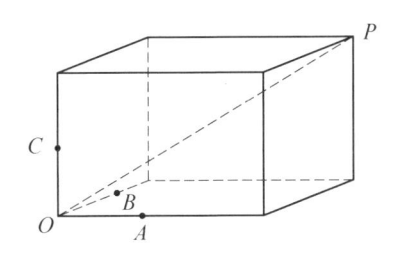

图 3.5.7 长方体模型

3.（2015·浙江）已知$\vec{e}_1,\vec{e}_2$是空间单位向量，$\vec{e}_1\cdot\vec{e}_2=\dfrac{1}{2}$，若空间向量$\vec{b}$满足$\vec{b}\cdot\vec{e}_1=2,\vec{b}\cdot\vec{e}_2=\dfrac{5}{2}$，且对于任意$x,y\in\mathbf{R}$，$|\vec{b}-(x\vec{e}_1+y\vec{e}_2)|\geqslant|\vec{b}-(x_0\vec{e}_1+y_0\vec{e}_2)|=1(x_0,y_0\in\mathbf{R})$，则$x_0=$_____，$y_0=$_____，$|\vec{b}|=$_____。

解析：依题意，作一个高为1的平行六面体$ABCD-A_1B_1C_1D_1$（图3.5.8），其中$AA_1=1,AB=x_0,AD=y_0$，作$CM\perp AB$于M，作$CN\perp AD$于N（图3.5.9），由$\vec{b}\cdot\vec{e}_1=2,\vec{b}\cdot\vec{e}_2=\dfrac{5}{2}$，得$AM=2,AN=\dfrac{5}{2}$，则

$$MN^2=AM^2+AN^2-2AM\cdot AN\cos 60°=\dfrac{21}{4},$$

$$AC=\dfrac{MN}{\sin 120°}=\sqrt{7},$$

$$CM=\sqrt{AC^2-AM^2}=\sqrt{3},$$

所以$y_0=AD=BC=\dfrac{\sqrt{3}}{\sin 60°}=2$，

$x_0=AB=AM-BM=2-1=1$，

$|\vec{b}|=|AC_1|=\sqrt{AC^2+CC_1^2}=2\sqrt{2}$。

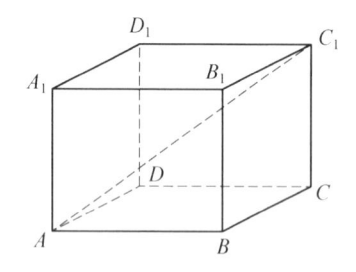

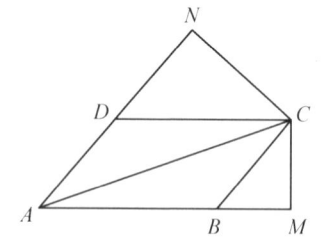

图3.5.8　平行六面体模型　　图3.5.9　平行六面体底面$ABCD$

【设计意图】　平行六面体模型，特别是长方体，是学习立体几何中非常有用的模型。立体几何中的线线、线面、面面关系，都可利用长方体这一

模型来反映。在学生刚开始接触立体几何时,我们可以让学生自己动手做一个长方体模型。学生在直观感知长方体的基础上,认识空间中的一般的点、线、面之间的关系,进而去认识空间图形的平行、垂直关系,并通过构造长方体解决一些疑难问题。

四、立足课本模型,发掘例题功能

(一) 在扇形上截取面积最大的矩形

在数学教科书(必修4)第141页有这样的例题:如图3.5.10,已知OPQ是半径为1,圆心角为$\frac{\pi}{3}$的扇形,C是扇形弧上的动点,$ABCD$是扇形的内接矩形。记$\angle COP=\alpha$,求当角α取何值时,矩形$ABCD$的面积最大?并求出这个最大面积。

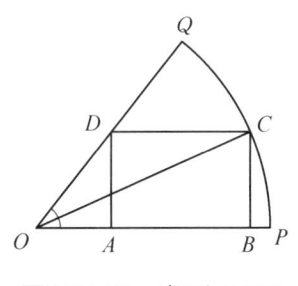

图3.5.10 扇形OPQ

根据这个例题,我们编制了一个探究性问题:

已知一个圆心角为$2\theta\left(0<\theta<\frac{\pi}{4}\right)$,半径为$r$的扇形废弃材料,现要截取一个矩形,如何使截取利用率最大?

学生经过分析与讨论,得出如下数学问题:

已知半径为r扇形的圆心角为$2\theta\left(0<\theta<\frac{\pi}{4}\right)$,分别按图3.5.11、图3.5.12作扇形的内接矩形,比较两图,求矩形面积的最大值。

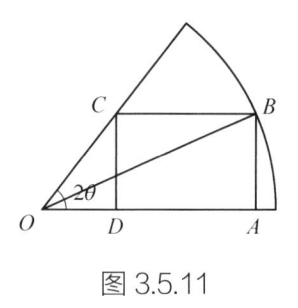

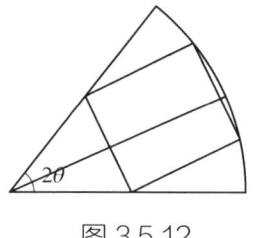

图 3.5.11　　　　　　　图 3.5.12

解析：对于图 3.5.11，设 $\angle AOB = \alpha (0 < \alpha < \theta)$，则 $AB = r\sin\alpha$，$AD = r\cos\alpha - (r\sin\alpha) \cdot \dfrac{\cos 2\theta}{\sin 2\theta}$，

$$S = r\sin\alpha \left[r\cos\alpha - (r\sin\alpha) \cdot \dfrac{\cos 2\theta}{\sin 2\theta} \right]$$

$$= \dfrac{r^2}{2} \left[\sin 2\alpha - (1 - \cos 2\alpha) \cdot \dfrac{\cos 2\theta}{\sin 2\theta} \right]$$

$$= \dfrac{r^2}{2} \left[\dfrac{\cos(2\alpha - 2\theta)}{\sin 2\theta} - \dfrac{\cos 2\theta}{\sin 2\theta} \right]，$$

当 $\alpha = \theta$ 时，S 的最大值为 $\dfrac{r^2}{2} \left[\dfrac{1}{\sin 2\theta} - \dfrac{\cos 2\theta}{\sin 2\theta} \right] = \dfrac{r^2}{2} \tan\theta$。

由此得，按图 3.5.12 作出的矩形的最大面积为 $2 \times \dfrac{r^2}{2} \tan\dfrac{\theta}{2} = r^2 \tan\dfrac{\theta}{2}$。

由于 $0 < \theta < \dfrac{\pi}{4}$，比较 $\dfrac{r^2}{2} \tan\theta$ 与 $r^2 \tan\dfrac{\theta}{2}$ 的大小，得最大面积为 $\dfrac{r^2}{2} \tan\theta$，即按图 3.5.11 截取。

【说明】　像这类问题我们可以作为研究性学习，例如若把 θ 的范围定在 $\left(\dfrac{\pi}{2}, \pi \right)$，那结果又是怎样。

(二) 联系实际的函数模型

表 3.5.1　某地区不同身高的未成年男性的体重平均值

身高(cm)	60	70	80	90	100	110	120	130	140	150	160	170
体重(kg)	6.13	7.90	9.99	12.15	15.02	17.50	20.92	26.86	31.11	38.85	47.25	55.05

（1）根据表 3.5.1 提供的数据，能否建立恰当的函数模型，使它能比较近似地反映这个地区未成年男性体重 y kg 与身高 x cm 的函数关系？试写出这个函数模型的解析式。

（2）若体重超过相同身高男性体重平均值的 1.2 倍为偏胖，低于 0.8 倍为偏瘦，那么这个地区一名身高 175 cm，体重为 78 kg 的在校男生体重是否正常？

这个例题没有一般应用题的冗长复杂，也不枯燥无聊，较贴近学生心理。题目一给出，学生就纷纷对照表格联系自己的具体数据，调动了学生学习的积极性。同时，借助信息技术，可以进行函数模型的拟合研究，以供学生的研究性学习。

五、结语

在数学教学过程中进行数学建模思想的渗透，不仅可以使学生体会到数学并非是一门抽象的学科，而且使学生感觉到利用数学建模可以解决实际问题，进而对数学产生更大的兴趣。数学建模思想与学生的能力培养关系密切，通过建模教学，可以加深学生对数学知识和方法的理解和掌握，调整学生的知识结构，深化知识层次。学生通过观察、收集、比较、分析、综合、归纳、转化、构建、解答等一系列认知活动来完成建模过程，弄清数学与相关学科及现实生活的联系，感受到数学的广泛应用。同时，培养学生应用数学的意识和自主、合作、探索、创新的精神，使学生能成为学习的主体。因此在数学课堂教学中，教师应逐步培养学生数学建模的思想、方法，使其形成良好的思维。

【第三篇】

基于高中政治核心素养的课堂实践探究
——以"价值判断与价值选择"为例
政治教研组　陈敏等

自教育部颁布了《关于全面深化课程改革落实立德树人根本任务的意

见》之后,在各科目的实际教学中,通过深化课程改革的方式着重培养学生的核心素养,这已经是新时期赋予教育的一个重大课题和任务,也是社会关注的热点话题。当前的政治教学更要与时俱进,将核心素养渗透到教学过程中。

一、对高中政治核心素养的认识

思想政治学科是面向高中生进行马克思主义、中国特色社会主义理论体系,特别是习近平新时代中国特色社会主义思想,以及社会主义核心价值观教育的主渠道、主阵地。《普通高中思想政治课程标准(2017年版)》修订组紧紧抓住政治学科的意识形态属性这一特点,经过深入研究,广泛征求意见,凝练了政治认同、科学精神、法治意识、公共参与四个核心素养。四个学科核心素养不是经济、政治、文化、哲学模块的简单组装,而是在内涵上相互交融、在逻辑上相互依存的一个有机整体。

第一,政治认同。四个学科核心素养中,培养学生的政治认同是思想政治学科最根本的任务。政治认同就是要培养学生对中国共产党和社会主义的真挚情感和理性认同,使学生拥护中国共产党的领导,坚定中国特色社会主义理想信念,弘扬和践行社会主义核心价值观,是其他素养的内在灵魂和共同标识。

第二,科学精神。科学精神不仅指自然科学学习中应体现的求真务实思想,也指坚持真理、尊重规律、实事求是等。思想政治学科培养科学精神,就是使学生坚持马克思主义世界观和方法论,对个人成长、社会进步、国家发展和人类文明作出正确的价值判断和行为选择。科学精神是达成其他素养的基本条件。

第三,法治意识。法治意识是法治国家建设的重要内容,是达成其他素养的必要前提或必然要求。思想政治学科培养法治意识,就是要使学生尊法学法守法用法,自觉参加社会主义法治国家建设。

第四,公共参与。公共参与体现人民当家作主的责任担当,是其他素养的行为表现。思想政治学科培养公共参与,就是要培养学生的集体主义精神,引导他们乐于为人民服务,积极行使人民当家作主的政治权利、履行义务。

通过思想政治学科学习,期望青年一代能成长为有理想、有本领、有担当的时代新人。

二、以哲学课为例使核心素养落地

"价值判断与价值选择"是《思想政治4必修·生活与哲学》(人教版)第四单元第十二课的内容。为更好地落实学生学科核心素养,笔者在教学过程中突出强调实践环节,引导学生在体验社会生活及自身的思维活动中理解理论的真谛,在践行正确价值观的过程中逐渐形成行动自觉。

(一) 以学生发展为中心的活动设计

笔者通过贴近学生学习和生活的活动设计,把理论观点的阐述寓于活动主题中。时下,浙江省新高考改革正在如火如荼地展开,由以往的"套餐式"文理分科改为政治、历史、地理、物理、化学、生物、技术"七选三",由三年磨一剑的高考改为从高二年级春季学期开始每年4月和10月可以选择的学业水平考试和"七选三"科目考试,即每位学生有两次机会。笔者所教学生正在经历着这场高考改革,遂打算以此背景为切入点开始这一节课。

在本节课初,笔者通过视频的形式展现了新高考改革以来第一次学考、选考的记者采访,从而导入新课。采访的问题是:对于新高考改革你是怎样看的? 在被采访的学生中,每个人的回答不尽相同,但都是基于自己的判断而做出的回答。教师从而引出知识点"价值判断的含义"(即对事物能否满足主体的需要及满足的程度做出的判断)和"价值判断与价值选择的关系"(即价值选择是在价值判断的基础上做出的)。这个活动的设计充分考虑了学生面临的生活、学习情况,能够迅速吸引学生的关注点和继续学习的兴趣,既导入了新课,也将本节课的第一个知识点讲解完毕。

(二)辨析式学习过程的价值引领

本节课的教学重点是"价值判断与价值选择的三个特点",怎样将新高考改革与这一知识点衔接呢?导入新课后,笔者立即化身记者,随机采访了班级同学:"高考改革后你是怎么样选择选考科目的?""打算什么时候进行学考和选考?"……笔者通过总结学生答案得出每位同学都是根据自身特点和需要来进行安排的结论,从而引出本节课的知识点"价值判断与价值选择的特点"之一,即人的社会地位不同,需要不同,价值判断与价值选择也就不同,这就是价值判断与价值选择的主体差异性。在这一教学环节中,学生们结合自身的实际情况回答教师所提的问题,而不是以往课堂中盲目、被动的思考。通过教师的引领,学生所思与本节课知识点紧密结合,使学生全面理解和消化这一知识点,做到了课堂与生活的融合。

教学环节的设计要环环相扣,知识点的衔接更要紧密自然。接下来,笔者设计了第一个小组活动:回顾我国的人才选拔制度,并分析每一时期人才选拔制度的特点。这不仅调动了学生的主动性和积极性,更拓展了学生的思维,打破了课堂和学科的界限。在教师的引导下,学生互相讨论,概述了我国人才选拔的历史,从察举制到九品中正制,到科举制,再到传统的文理分科高考制,直到现今浙江省推行的新高考制。通过不同人才选拔制度的对比,学生们发现各个时代对人才的评判标准不同,价值判断与价值选择具有社会历史性。"上品无寒门,下品无士族。"在阶级社会,价值判断与价值选择还具有阶级性。通过这样一个教学环节的设计,一举突破了两个教学重点,也就将价值判断与价值选择的三个特点讲解完毕。回顾这一环节,对于如何将哲学知识生活化,笔者做了思考,虽然古代的人才选拔制度学生们没有经历过,但是对这一制度学生却并不陌生,且与学生正在经历的新高考制度有相通之处。通过对不同时期人才选拔特点的范例分析,可以发现历史上的人才选拔制度与现如今的人才选拔制度存在的价值冲突,也能够了解新时代社会对人才的需求,从而结合自身的价值判断做出价值选择。

（三）倡导综合性教学形式

教学过程中应尽量避免单一的教学形式。本节课注重创设情境,引导学生多维度观察、多途径探究,进行综合分析,并开展了实践活动,从学生的成长需要出发,将学科内容与实践活动相结合,促进教学内容和形式的有机结合。

社会上一直有一种论调,认为哲学是虚无缥缈的,对现实生活并没有什么意义,因此不少人坚持"哲学无用论"。这有悖于"哲学是指导人们生活的更好的艺术"这一观点。那么如何使哲学课堂更接地气、更有现实意义呢？这也是本节课要突破的教学难点,更是本节课要达到的情感、态度和价值观的目标,即"如何做出正确的价值判断与价值选择"。

在这一教学环节笔者设计了两个教学活动,一个是探究在新高考改革的背景下宁波四中进行的积极探索,即实行的"成长导师制"。由于学生们正在经历着这一变革,因此,对学校的"成长导师制"他们也更有发言权。通过探索走班教学存在的问题及"成长导师制"的优势,学生们自主得出结论:宁波四中的"成长导师制"是新生事物,还有一些不完善的地方,但是它的生命力是强大的,它经过了实践检验,是符合学生需要,符合新的高考模式下个性化人才选拔需要的,也是符合社会发展需要的。做出正确的价值判断与价值选择是"自觉遵循社会发展的客观规律"的,宁波四中正是在这样一种世界观和方法论的指导下才这样做的。

那么,作为新高考改革下的学生,面对人才选拔标准的变化,我们应该怎样做呢？为此,笔者设计了第二个教学活动,就是为学校近期要开展的"闪亮四中人"评选活动预热,在班级展开"闪亮四中人"活动预选。这一环节的设计重在达到两个目标,一个是让学生们通过行动做出自己的价值判断与价值选择,另一个是通过这样一个投票活动,总结出学生们选择对象的共同点,即为同学服务,进而上升到为人民服务的高度。由此,我们明确了做出正确的价值判断与价值选择还应该"自觉站在最广大人民的立场上",处理好个人、集体和社会的关系,这也是当代中学生在正确的价值观指导下应该做到的。这样两个教学活动就使看似"虚无缥缈"的哲学走进了学生的生活中,也能够为学生今后的学习、生活提供指导作用,培养了学生的科学精神,将核心素养渗透到课堂当中。

三、结语

高中政治核心素养的培养要紧紧围绕学生的学习和生活实际,根据政治学科的特点,综合运用多种教学方式,增强学生的政治认同,培养学生的科学精神和法治意识,激发学生的公共参与,使核心素养在教学过程中落到实处。

后　记

三十几年来,本人长期从事一线教学和学校管理工作,边实践,边思考,边研究,常有思想的火花闪现,零零碎碎,点点滴滴。正如一个人埋头前行,蓦然回首,发现走过的路已开始延绵。

人的一生,无论在生活上还是事业上,总是在描绘一张属于自己的蓝图。所谓一张蓝图画到底,就是在循环往复的生活和工作过程中,不断地创新、深化、改进、拓展和提升。在这过程中,由点到线,由线到面,思想的轮廓就渐渐清晰起来。

我在学校的管理过程中,十分重视常规工作。在抓好常规工作的同时,重点关注以下三个方面:德育管理的模式,课堂运行的方式,课外实践的方向。我深刻地领会到,人不能拔着自己的头发离开地球,教育也是如此。这就需要有"诗外功夫",需要找到适合自己学校,符合教育规律的支点和杠杆。于是我提出"课堂为支点,德育为杠杆,社会实践为助推器"的学校管理思路。有幸的是,我发力改革的这三个方面恰恰与新时代学校教育改革的三个关键词——"立德树人""核心素养""研学旅行"——相契合。

在当今新课程改革的背景下,我一向提倡学校的教育工作者要欢迎改革、勇于改革、善于改革。我也一直坚定地认为:只要方向正确,没有尝试过,就不能轻言放弃。因为,办法总比困难多。十年多来,我带领学校全体师生,在"立德树人""核心素养""研学旅行"三个方面作了大胆的改革和尝试。有幸取得了一些可见的并为同行认可的成绩后,就有了表达的愿望。作为一线校长,虽然理论水平不够高,但好在我们的实践是扎实有效的;虽然挖掘得并不深刻,但好在完全符合党的教育方针和教育政策。这给了我把多年的实践和思考作一个总结提炼的勇气和信心。

一直以来,在前辈和同行的鼓励帮助下,我编撰了一些著作,也撰写和发表了不少论文。近年来,我对所取得的成果作了一个系统的梳理,形成了此书,分享给大家,与大家一起探讨,不妥之处敬请批评指正。

有人说"教有定法",又有人说"教无定法";学校管理也是如此,既有定法,又无定法。所以学校管理,很多时候,管理方式没有好坏,只有适合不适合。管理好一所学校并非易事,不同学校,校情不同,管理也各有特色。在符合党的教育方针和教育政策的前提下,学校管理方式理应百花齐放。但无论如何,我们将一直坚定地走在"从粗放发展走向精细发展,从同质发展走向特色发展,从模仿发展走向创新发展"的改革创新的大道上……

最后,感谢北师大著名教授林崇德先生为此书作序,宁波市教育科学研究所原所长沈兆良老师为我提供相关资料并悉心指导。感谢宁波市第四中学的全体师生的富有成效的研究实践和帮助。

思绪纷飞,不知所云,以此为记。

钱洲军

2023 年 10 月